JN027721

上方落語

伊勢参宮神賑

いせさんぐうかみのにぎわい

『東の旅』通し口演

四代目 桂文我

Pan Rolling

上方落語『東の旅』勧進前口上

民俗学者・旅の文化研究所所長　**神崎宣武**

「町人文化の勃興」と、たしか中学校の教科書にもあった。

江戸の中期のころ。井原西鶴や近松門左衛門、十返舎一九、滝沢馬琴などの著作が出版。浮世絵や浮世草子も出廻った。芭蕉・蕪村・一茶などの俳諧、市中での川柳。歌舞伎や浄瑠璃、お座敷芸などの芸能も華やいだ。つまり、総じて「娯楽文化」の発達をみたのである。

落語も、そのひとつに数えられる。

江戸初期に安楽庵策伝（あんらくあんさくでん）が大名などに滑稽話を聞かせたのが初め、とか伝わる。が、寄席（よせ）芸として隆盛をみるのは、江戸も中期以降である。

町人文化の勃興、というが、庶民文化の勃興といいかえてもよかろう。地方の農山漁村においても娯楽文化の発達をみた。神話にもとづいた神楽、地芝居や盆踊りなど、とくに民俗芸能が各地で多様な形態（かたち）を展開させているのである。

それには、庶民の旅の発達が少なからず影響を及ぼしている。

人の往来が頻繁になると、文化もそれにともなって伝播したり複合したりする。たとえば、文人墨客が旅を重ね、各地の篤農家が宿を提供することで、津々浦々の民家に襖絵や掛軸、短冊などの普及をみた。識字率も高まった。世界でも稀な文化の大衆化現象、といわなくてはなるまい。

江戸の中期のころ、旅が隆盛を極めた。

大名の参勤交代にあわせて、すでに街道や宿場の整備は仕上がっている。地方の手工業も体をなし、半農半工が主流をなしてきた。また、半農半漁、半農半商、半農半芸もそれに準じた。つまり、庶民の中心をなす農民たちも農間稼ぎ（作間稼ぎ）で小銭を貯えるようになったのだ。

社会と経済の安定が庶民の旅を促進したことは、いうをまたない。

そこで、大小の地域ごとに「講」の発達をみる。その講のひとつが、寺社詣を目的として旅費を積立てるもので、全国的な発達をみたのが「伊勢講」であった。国の祖神たる伊勢神宮に参る、それも農閑期をつかって講から何人ずつかが代参する。と、いう方便は、タテマエ上は厳しい幕藩体制をかいくぐるのにはまことにうがったものであった。そして、各地方ごとの代参者を束ねての道中の手配や伊勢での接待を担ったのが「御師」であった。

当時の日本は、世界に冠たる旅行大国であったのだ。そして、伊勢の御師こそは、世界ではじめての総合旅行業者というものであったのである。

さて、そうした庶民の旅の隆盛は、落語にも相応の影響を与えた。

いわゆる「旅もの」の噺が語られるようになった。それがまた、人びとの旅心を喚起することになった。

江戸の落語で代表的な旅もの噺となると、『大山詣り』と『三人旅』をあげなくてはなるまい。

『大山詣り』は、文字どおりに相模の大山に講中で出かけたあげくの一騒動、また一騒動。「往きの地蔵、帰りの観音」（お詣りまでは精進したところで、帰りの精進落しが楽しみの意）といった、当時の旅のありようが伝わる。

『三人旅』は、十返舎一九の「東海道中膝栗毛」が出て間もなく生まれた、とされる。万延二（一八六一）年の落語ネタ帳「風流昔噺」（桂松光）には、「伊勢道中あわて者三人なぐさみ参り」とある。

上方の落語でいうと、『三十石』が代表的な旅ものとして伝わる。

これは、『三十石夢の通い路』あるいは『三十石宝の入船』と題して語られることが多く、京見物をした二人（喜六・清八）が三十石船に乗って淀川を下り、大坂（阪）に帰る道中噺である。「風流昔噺」には、「三十石下り船と海道あるく人との喧嘩」とある。

この『三十石』は、じつは長編噺『東の旅』の完結部である。

『東の旅』では、大坂の玉造を出て暗峠（くらがりとうげ）を越え奈良に行き、上（かみ）街道・初瀬街道・伊勢本（ほん）街道を経て伊勢をめざす。四泊五日ほどの往路となる。ここに『東の旅・発端（ほったん）』から『宮巡り』までの七席（噺）がつくられ挿入されている。復路は、桑名に出て京にまわり、淀川下りで大坂まで。ここに『桑名船』から『三十石』まで十席が挿入されているのである。

合わせて十七席。もっとも、この十七席の構成は、従来の落語事典の類での数え方の一例である。これまで各所で演じられてきた部分ごとの噺は、一席を二席に分けたりもしているので、実際に何席分が正統かは不明のままであった。

何しろ、これまで『東の旅』を通して演じた例は、皆無に等しいのだ。それに、この度、四代目桂文我師が挑戦した。そして、一時消えていた噺を復元したり、一部新たに創作も加えたりして二十二席の構成をはじめて明らかにしたのである。

快挙である。その披露（おひろめ）を祝いたい。これからは、この二十二席が『東の旅』の典拠となるだろう。

と、ここまでは前口上。噺の委細は、本編でとくとおたしかめいただきたい。
東西(とざい)、東西(とうざ)ァ——い。
いや、おあとがよろしいようで……。

はじめに

桂　文我

上方落語で語り継がれてきた、お伊勢参りの大河落語『東の旅』の通し口演を思い立ったのは、約二十年前でした。

私の師匠・桂枝雀に「〝お話おじさん〟と言われてもいいから、どんな落語でも演れるようにしておきなさい」と言われ、師の没後も、ネタを増やすことに努めてきましたが、その中で大きく立ちはだかったのが、『東の旅』の通し口演だったのです。

当初、「全部で、何席ある？　滅んでいる噺は、再生が可能か？　再生の土台になる資料は、どれぐらい残っている？」などと、考えれば考えるほど、頭の中が混乱し、途方に暮れてしまいそうになりましたが、平成二十五年の伊勢神宮御遷宮までの数々の行事を、折りに触れ、地元の三重県で目にし、当たって砕けろの意気込みで調査すると、少しずつ光が見え、一つ一つのネタの構築と再生を繰り返す内に、通し口演に辿り着けた上、是非とも文章化しておきたいという願いも叶えることが出来ました。

但し、本書は桂文我が纏めた『東の旅』であり、他の演者であれば、構成・演出・オチまで違っていますし、また、あくまでも「読む落語」ということで、話し言葉を基本としながらも、書き言葉の表記となっていることを、ご了承下さい。

予め、本書のネタの出所を記しておきます。

私の師匠・桂枝雀からは『東の旅　発端』『野辺』『煮売屋』『七度狐』『軽業』『宿屋町～こぶ弁慶』『宿屋仇』を稽古してもらい、『三十石夢の通い路』の前半、『軽業講釈』『うんつく酒』は、アドバイスを受けました。

そして、大師匠・桂米朝から『矢橋船』、米朝一門の先輩・二代目桂歌之助兄には『三人旅』『浮かれの尼買い』を稽古していただき、後のネタは速記本から纏めた次第です。

『奈良名所』『宮巡り』は、現地の調査に時間を掛け、昔と現在の様子の違いも理解した上で、この度の形と致しました。

『鯉津栄之助』『コレコレ博打』には、遊びの部分を多く取り入れ、『軽石屁』『走り餅』『高宮川天狗酒盛』は、出来るだけ、コント風にならないような構成に仕上げたつもりです。

『桑名船』では、桑名の町の描写を加え、『三十石夢の通い路』のオチは会話に替えたりして、私が常に心掛けている「伝統の中に変化」を、色々試すことが出来ました。

最後までお付き合い下さり、当時の伊勢参りの道中を楽しんでいただければ幸いです。

上方落語『東の旅』通し口演

伊勢参宮神賑

目次

□復路

・扉図版「落噺顋懸鎖(あごのかけがね)」四代目 桂文我提供

上方落語『東の旅』通し口演

伊勢参宮神賑（いせさんぐうかみのにぎわい）

東の旅　発端

ひがしのたび　ほったん

漸うと上がりました私が、初席一番叟でございます。

お後が二番叟、三番叟から四番叟、ご番僧には、お住持。

旗に天蓋、銅鑼に鐃鈸、影燈籠に白張と、こう申しますと、葬礼の方で。

何やら、上がりますなり、葬礼のことを申し上げて、縁起の悪い奴やと、お叱りもございますやろが、これは決して、縁起の悪いことやない。

至って、縁起の良えことを申しております。

昔から日本には、三大礼と申しまして、祭礼に婚礼に葬礼という、三つの大きな礼式がございます。

その中でも、葬礼が一番めでとうございます。

何でやと申しますと、先ず、祭礼というのは、山車を引っ張り出したり、お神輿さんを担ぎ出したりしますが、お神酒が廻ってるだけに、隣り町の山車と心棒が擦れたとか、お神輿の先を切ったとか、しょうもないことから喧嘩になって、頭から赤いお汁を出したりして、後のゴタゴタが、祭の付き物みたいになってるだけに、めでたい物やない。

また、婚礼も、もう一つ、めでとない物で。

『高砂や』の一つも謡て、縁付きなさるまでは宜しゅうございますが、嫁入り先へ行ってみると、

「姑と折合いが悪い。婿はんと喧嘩した」と言うて、また帰ってくるという憂いがございます。

そこへ行くと、葬礼には、その心配は滅多にございません。

「去年、隣りのお爺さん。六十八で片付きなはったけど、『閻魔はんと仲が悪い。鬼さんと喧嘩した』と言うて、帰ってきなはった」というのは、根っから聞いたことが無い。

そこで、葬礼が一番めでたいとしてございまして、我々の方で、葬礼は「ハカ行きがする」と言うて、縁起を祝います。

さて、宵のお噺と申しますと、船様か旅様のお噂に決まってございまして。

船のお噺を申し上げますのは、当席を宝の入り船に準えて、お詰め掛けのお客様を、お乗合の七福神。


楽屋の三味線・太鼓を櫓櫂に借り受け、楽屋一同、物数ならぬ私までが、船頭気取り。

お客様の気を、ウカウカと浮かそうかにございます。

また、旅のお噺を申しますのは、お足取りの早いようにと、チャンと縁起が祝てある。

年柄年中、縁起ばっかり祝て、貧乏してるのは、噺家だけで。

旅と申しましても、色々ございまして、東の旅に、西の旅、北の旅には、南の旅。

嫌なんが、十万億土の旅。

白いのが白足袋で、黒いのが紺足袋。

鼠色が噺家の足袋で、赤いのがヘラヘラの足袋。

強いのが革の足袋で、も一つ頑丈なんがブリキの足袋……。

ブリキの足袋という物はございませんが……。

東の旅は『伊勢参宮神賑』、西の旅は『兵庫渡海鱶魅入』、北の旅は『池田の猪買い』、南の旅は『紀州飛脚』。

あの世に参りますのが『地獄八景亡者戯』、天へ上ると『月宮殿星の都』、海を潜ると『龍宮界龍の都』、異国へ参りますのが『島巡り大人の屁』と、どんな旅でも、ちゃんと仕込んでございますが、一番陽気な噺は『東の旅・お伊勢参り』でございます。

また、お伊勢さんという神様は陽気好きでございまして、道中、酒を呑んでも構わん、散財はし放題、姫買いは勝手次第、間男……。

これは、どうやわかりませんが……。

例え、親方の金を持ち逃げ致しましても、お伊勢参りをしたと言うて、お札一枚持って帰ったら、一度は帰参が叶うたというぐらいで。

しかし、やっぱり、旅は時候が良うないと、具合が悪い。

「旅は秋春」と申しますが、どうしても、春先の方が宜しいようで。

秋口は、何となく、物事が陰気になる。

道をトボトボ歩いてる、木の葉がバラバラ散ってくる、日が暮れて薄暗うなってくる、寺の鐘がボオ――ンと鳴るわしたら、心細うて、歩いてられや致しません。

「侘しさに　宿を立ち出で　眺むれば　いづくも同じ　秋の夕暮れ」と、良えことが言うてございます。

そこへ行くと、春先は陽気でございまして、野辺を歩いても、暑なし、寒なし。

畑には菜種やゲンゲ花が咲いていようか、空には雲雀が囀っていようか、襟筋の観音様までが、ゾロゾロと上這いをなさるという本陽気。

人の気が、ノンビリして参ります。

ここにございました喜六・清八という、気性の合うた二人の大坂の若い者。

大分、時候も良うなったよって、「一つ、お伊勢参りでもしょうやないか」と、ズボラな奴で、で、も付きの伊勢参り。

相談が纏まると、吉日を選んで、赤いご飯の一つも炊いてもろて、近所へ配って、暇乞いも済んだという奴。

ブラッと出掛けましたが、二人の風態が宜しゅうございます。

一人は薩摩絣の袷に下浴衣、一人は双子の藍弁慶に下浴衣。

筑前博多の帯を、貝の口にキュッと結びまして、その上から、シャラ解けをせんように、一巾半の浜縮緬を、二廻り巻き付ける。

前で真結びにグッと結んで、余った所を縄に綯うて、腰へ挟みましたが、一寸見ると、まるで大木へ〆縄を張ったか、スタスタ坊主が堂に迷たような恰好で。

メク（※盲縞）のパッチに、メクの脚胖、メクの手甲、メクの甲掛け、メクの草鞋に、メクの足。

メクの足という物はございませんが、身の周りがメク尽くしで、蝮捕り同様というような恰好。

道中差しの短い奴を、腰へ一本ブチ込んで、髷に埃が掛からんように、新の手拭いで、頰被らんを致します。

頰被りやない、頰被らん。

何で、頰被らんかと申しますと、ズボッと被ると、肥汲みみたいな恰好になって、具合が悪い。

手拭いの端を後ろへ廻して、首筋の所で結ぶので、頰被らんと申します。

道中の用意は胴巻に入れて、お腹へしっかり巻き付けてある。

小出しの銭だけを財布に入れて、懐へポォ――ンと放り込んでございます。

新の草鞋をトントンと踏み固めて、懐重とう、足元軽う。

旅は、これに限ります。

我々が旅をすると、得てして、これが逆になって、懐軽う、足元重とう。

これでは、どうにもなりません。

友達に送られて、安堂寺橋を東へ東へと出て参ります。

大坂離れて、早や玉造。

枡屋芳兵衛・鶴屋秀次郎という二軒の茶店がございまして、この辺りを二軒茶屋と申します。

ここで酸い酒の一杯も呑んで、見送りの友達と別れますと、後はもう二人連れ。

「さァ、歩きなはれ」「心得た！」と、中道・本庄・玉津橋から、深江へ出て参ります。

「笠を買うなら、深江笠」と申しまして、笠が名物。

名前は深江笠でも、その実は浅い笠の一蓋ずつも買い求めまして、高井田から、藤の茶屋。

御厨・額田・松原・豊浦を打ち越えて、出て参りましたのが、暗峠。

「暗がりと　言えど明石の　沖までも」という、面白い句が残ってございます。

「周りに木が生い茂って、暗いよって、暗峠と言う」とも申しますし、「坂が険しゅうて、馬の鞍が返るよって、鞍返り峠というのが、ほんまや」とも申しますが、これは何方でもええことで。

十八丁上ると、大師手向けの水。

二十五丁下りまして、ヤレヤレと思う間も無く、榁木峠。

上りが雀の茶屋で、下りが砂茶屋。

尼ケ辻から、道が追分になってございまして、右が大和の郡山、左が南都・奈良でございます。

「古の　奈良の都の　八重桜　今日九重に　匂いぬるかな」という、良えお歌が残ってる。

奈良には、印判屋庄右衛門・小刀屋善助という、有名な二軒の宿屋がございまして。

何日逗留致しましても、夜具と家具とが替わるのが、この家の自慢やそうで。

両人、印判屋で一泊して、明くる日、ゆっくり奈良の町を見物して、ブラッと野辺へ出てくると、
向こうの森蔭から出て参りました、一固まり。

下辺の道者か、伊勢参りの下向と見えまして、凡そ人数が百人余り、銘々、笠の揃え。

遠目から見ますと、さながら、シメジか松茸の行列同様。

『伊勢音頭』を歌いながら、やって参ります。

その道中の陽気なこと。〔ハメモノ／『伊勢音頭』。三味線・〆太鼓・大太鼓・篠笛・当たり鉦で演奏〕

『東の旅　発端』解説

『東の旅』の幕開きの『発端』は、『前叩き』とも言い、噺家になって間も無い若手が、修業のために演じる部分として伝えられています。

『前叩き』は、「前座として、見台を叩いて演じる」という意味であり、もっと詳しく述べると、「一座の口開けに、小拍子と張り扇を使い、パタパタと見台（※噺家の前に置く、小机のような書見台）を叩きながら、声・間の鍛練をする」ということになりましょう。

この修業が、いつ頃から始まったか、明確には述べられません。

上方落語で使用する見台と、膝隠し（※噺家の腰から下が隠れるほどの高さで、見台の前に置く、横長の衝立のような物）でさえ、いつ頃から現在の形になったか、明確ではないのです。

文政十三年（一八三〇）に刊行された「近世奇跡考」に、上方落語の元祖的存在・露の五郎兵衛（※元禄十六年〔一七〇三〕没と言われている）が、京都北野天満宮の境内で、数人の観客の前で演じている絵が載っていますが、それには見台のみが置かれており、五郎兵衛が没してから約百年後、初代桂文治の噺を集めた「大寄せ噺の尻馬」や、噺本「頤懸鎖」に描かれている見台は、書見台のように、本を乗せる板が斜めになっていたり、将棋盤のようであったりして、現在の形の見台ではありません。

その後、幕末頃に刊行された小型の噺本の表紙に、噺家の真似をする子どもの絵が描かれていますが、それには現在の形の見台が置かれ、小拍子らしき物も見られます。

そして、明治中期の小型の噺本の表紙には、見台・膝隠し・小拍子という、現在の形が描かれているので、この頃には上方落語の舞台演出様式が定まっていたと考えられましょう。

また、その頃の演芸評論に目を通すと、『前叩き』が出てくる記述もあることから、この頃には上方落語の修業形式も確立されていたと見てもよいと思います。

声・間の鍛練のために、何かを叩いて、その音に負けないような声を出したり、間を取るために行う修業は、落語だけではなく、古典芸能や、古い漫才にも見ることが出来ました。

『発端』は、講談や浪曲でも用いる「道中付け」という演出を取り、喜六・清八が玉造から旅立って、暗越奈良街道を通り、奈良へ到着するまで、宿場の名前や、土地の風俗を折り込んで、台詞の間に小拍子と張り扇を軽快に叩いて、ストーリーを進行します。

昭和五十四年、二代目桂枝雀に入門し、口移し（※ある部分まで師匠が数回演じ、弟子が覚えて、繰り返して演じる稽古法）で『発端』を習った時は、「短めに教えるから、細かく覚えたかったら、本に書いてある分を付け足しなさい」ということでしたが、それでも丁寧な口移しの稽古のお蔭で、後で付け足す時、何の苦労も要りませんでした。

「河内名所図会」椋嶺峠（くらがねとうげ、暗峠）

後に痛感したことですが、『前叩き』の修業をした者と、していない者では、声の出し方・間の取り方が違うようで、しっかり修業をしていない者が、テレビ番組で「前叩きのような物」を演じることがありますが、必死に叩くだけの姿は痛々しく感じます。

無論、『前叩き』の修業から始めても、有効利用が出来なかった者は、基本が無駄になる訳で、こればかりが大切とは言えませんが、昔から伝わっている修業形態には、軽々しく扱えないエッセンスが詰まっていると言えましょう。

余談ですが、大阪から奈良までの道中は、美味しい料理を味わえる店も多く、暗峠の

頂上から見る景色も抜群で、大阪と奈良の両方を遠望すると、心の洗濯になることは間違いありません。

令和の今日（こんにち）でも、暗越奈良街道は、往時（おうじ）の面影を残しながら、物流に於（お）いても、肝心な脈の一つとなっているのです。

最後に一言申し上げますが、『発端』の言い廻しも、演者により、少しずつ違いますし、時代を経（へ）て、変化したことも否（いな）めません。

「摂津名所図会」深江の菅笠

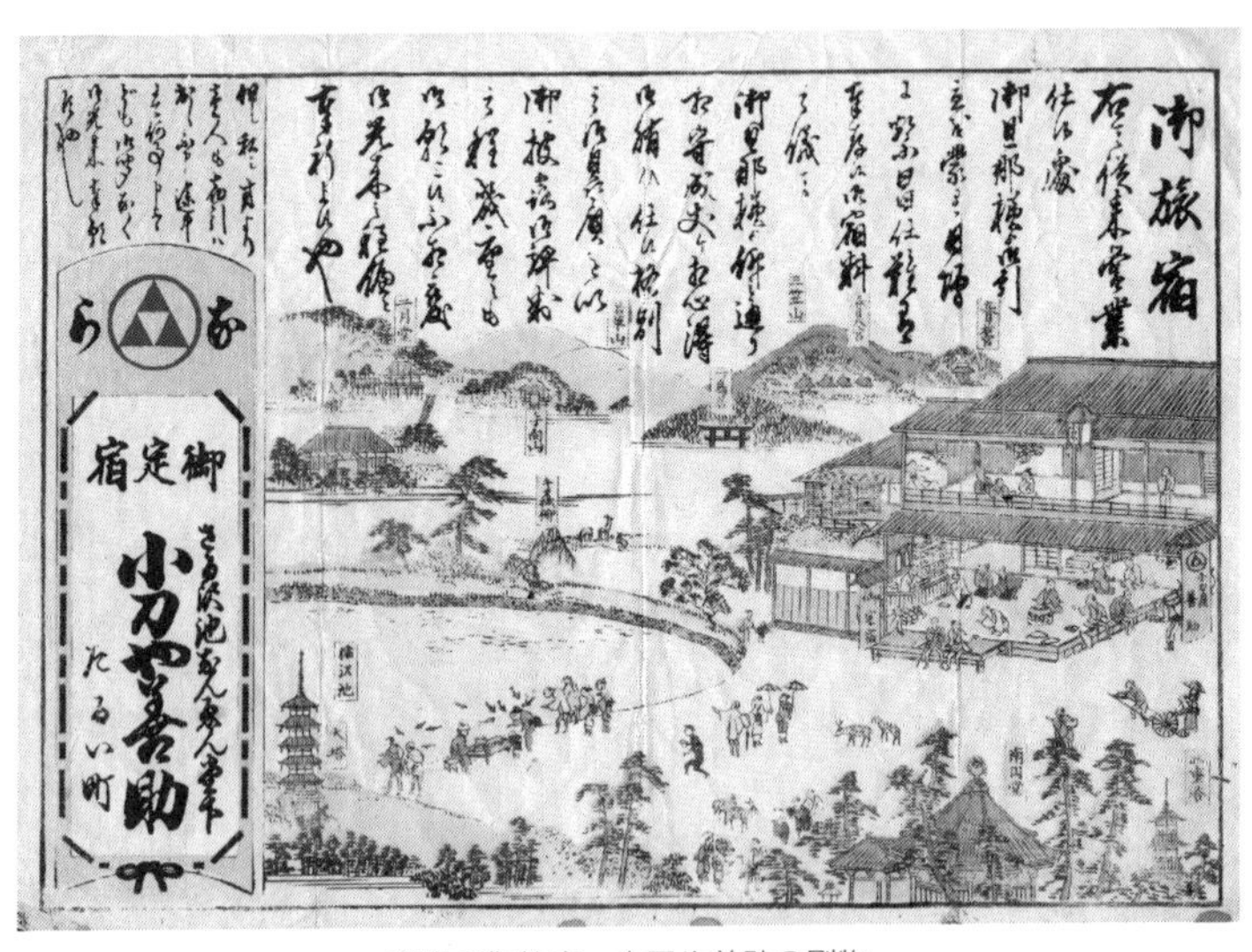

奈良の御旅宿　小刀や善助の刷物

奈良の御旅宿　小刀や善助の刷物

奈良名所

ならめいしょ

喜六・清八が、暗峠を越えると、奈良の印判屋庄右衛門という宿屋へ泊まって、明くる朝、奈良見物をしようと、猿沢の池の畔へ出て参りました。

「喜ィ公、此方へ出といで。これが、采女の宮や」

「このお宮さんは彼方を向いてるけど、面白無いことでもあったか？」

「これには訳があって、この柳は衣掛柳と言うて、昔、帝の寵愛が薄れた采女が嘆いて、この柳へ着物を掛けると、猿沢の池へ身を投げたそうな。その霊を慰めるために、御社を建てたけど、『采女が身を投げた池を見るのが辛い』と仰って、御社が一夜の内に、後ろ向きになったそうな」

「あァ、そうか。（泣いて）それは、気の毒！」

「お前が、泣かんでもええわ。（右を指して）これが、猿猴の松。（左を指して）此方にあるのが、十三鐘や」

「ほゥ、ケッタイな名前の鐘やな」

「これにも哀れな話があって、昔、十三になる、三作という子どもが手習いをしてる時、鹿が窓から首を突っ込んで、清書紙を食べた。硯を投げたら、当たり所が悪うて、鹿が死んだ。奈良の掟では、間違いでも、鹿を殺すと、石子詰の刑になる。三作は死んだ鹿と一緒に括られて、十三尺掘った穴の中へ放り込まれると、石を詰められて、殺された。三作の母親が悲しんで、伜の供養のために、朝の七ツと、暮れの六ツに鐘を撞いたよって、十三鐘と言うわ」

「あァ、そうか。（泣いて）ほんまに、気の毒！」

「一々、泣くな。お前が泣くと、雑巾みたいな顔になるわ。さァ、此方へ出といで。この辺りは浅芽ケ原と言うて、浅芽焼という焼物がある。ここから真っ直ぐ行くと、春日大社や」

「わァ、仰山の燈籠やな」

「春日大社の燈籠と、鹿の数を、三日三晩で数えた者は、長者になるらしい。ところが、数えた者も、長者になった者も無いそうな。釣り手に蝉が付いてる、蝉の燈籠。（右を指して）あれが、走り元の大黒。（前を指して）此方が、若宮神社。真っ直ぐ行くと、三笠山や」

「ここにも、名物はあるか？」

「食べる物やったら、火打焼という菓子。見る物は、三條小鍛冶宗近が鍛えた、小狐丸の名剣。刀を買いに入ると、見せてくれるわ。（左を指して）向こうへ行くと、氷室神社。春日山を越えると、鶯の滝、蝙蝠の岩屋、七本杉がある」

「（正面を指して）この山が、三笠山か？」

「安倍仲麻呂が、唐土の高楼で詠んだ、『天の原　ふりさけ見れば　春日なる　三笠の山に　出でし月かも』という、有名な歌があるわ」

「清やんは、何でも知ってるな。何で、出世せん？」

「人のことは、放っとけ！　（正面を指して）ここが、手向山の八幡宮。『この度は　幣も取り敢えず　手向山　紅葉の錦　神のまにまに』という、菅原道真が詠んだ歌がある。（左を指して）これが、四月堂。

（右を指して）向こうが、三月堂。正面が二月堂で、ご本尊は十一面観世音菩薩。身体に温みがあるよって、肉身の像と言うそうな」

「この井戸は、良え水が湧くか？」

「それは空井戸で、二月になると、水が湧く。若狭から水が通てるよって、若狭の呼び水と言うて、奈良のお水取りとも言うわ」

「この杉は立派やけど、謂れがあるか？」

「良弁杉と言うて、昔、子どもが鷲に攫われて、この木の上へ落とされた。その子を出家させたのが良弁僧正で、東大寺の開山になったそうや」

「東大寺の、お粥さんになった？」

「何で、お粥になる。開山というのは、東大寺を建てた人や」

「建てたのは、大工！」

「お前と話をしてると、阿呆らしいわ。（右を指して）これが、大仏の鐘や」

「大仏（※大分）、大きな鐘」

「しょうもない洒落を言うな。（左を指して）ここが、名物の大仏餅を売ってる店。（正面を指して）此方が、大仏殿」

「何と、大きな家や」

「家と言うたら、値打ちが無いわ。南大門の両側に立ってる仁王様は、右が湛慶、左が運慶の作やそうな。さァ、大仏殿の中へ入れ」

「広いけど、家賃は何ぼや？」

「大仏が、家賃を払うか。さァ、早う拝め。奈良の大仏は、金仏では一番大きい仏様や」

「わァ、大きいわ！　相撲を取っても、勝てん」

「大仏と、相撲を取る奴があるか。大仏の身の丈は、昔は五丈三尺五寸あって、今は五丈三尺。花瓶に差してある蓮の葉でも、一間ある。昔、大仏の目が、内らへ落ちたことがあるそうな。皆が思案をしてる時、親子が来て、『目は直してやるし、お礼は一文も要らん』と言うた」

「その代わり、『大仏餅を、タダで食わせてくれ』と言うたやろ？」

「そんな意地ましいことを言うか。どんなことをすると思て見てると、大きな金槌を腰へ差して、長い釘を口にくわえて、親子が足場も使わずに這い上がると、大仏の目の中へ入ってしもた。暫くすると、目を元の所に嵌め込んで、カンカンと釘を打って、直したそうな」

「それでは、親子が大仏の中へ閉じ込められたままや」

「どこから出てくると思て見てると、これが利口な親子で、鼻の穴から出てきた。それからは、賢い人のことを、『目から鼻へ抜ける』と言うわ」

「それは、ほんまか？」

「これは、嘘や。お前と話をする時は、嘘も入れんことには、頼り無い。大仏を拝んだら、大仏殿から出てこい。大仏殿の裏の正倉院には、南都の宝物が集めてある。これから、興福寺へ行こか。（右を指して）ここが、延寿院。西門に、ニコニコ瓦が乗ってる。お爺さんの顔が瓦に彫ってあって、前を通る人を見て、ニコニコと笑てるそうな。（正面を指して）これが、奈良の都の八重桜。『古の奈良の都の　八重桜　今日九重に　匂いぬるかな』と、百人一首の伊勢大輔の歌があるわ」

「ほゥ、伊勢の豆腐？」

「いや、伊勢大輔！」

「あァ、伊勢の大工？」

「黙ってえ！　奈良は昔の都だけに、結構な物ばっかりや。奈良で名代の名物は、奈良漬・菊屋の霰酒・奈良晒・奈良団扇・奈良足袋」

「落としても、音が良えのを、オナラと言う」

「一々、ケッタイなことを言うな。(正面を指して) ここが、興福寺。正面が、東金堂。(右を指して) 向こうに見えるのが、北圓堂。(左前を指して) その隣りが、藤原冬嗣が建立した、三面八臂不空羂索観世音菩薩が祀ってある南圓堂。西国三十三ヶ所・第九番の札所で、ご詠歌は『春の日は　南圓堂に　輝きて　三笠の山に　晴るる薄雲』や」

「清やんは、ご詠歌も知ってるか。いつ、お迎えが来ても大丈夫や」

「阿呆なことを言うな。これを抜けると、三条通り。日が暮れてきたよって、今晩も奈良で泊まろか」

その晩も印判屋へ泊まって、明くる朝、伊勢へ向かうという、『奈良名所』でございました。

『奈良名所』解説

『東の旅』をリレーで演じる場合、『奈良名所』は飛ばされることが大半です。「ギャグや笑いも少ないし、覚えることも多い。お伊勢参りのネタに、奈良見物の場面は肝心ではない」という理由で飛ばされるように思いますが、東大寺・興福寺・春日大社から、奈良の名物・名産を紹介し、落語版・奈良ガイドブックと言っても過言ではないだけに、このネタを飛ばすのは惜しいでしょう。

昔、大坂から伊勢参りに行く場合、奈良見物も楽しみの一つだったようで、江戸時代に刷られた伊勢参宮地図でも、奈良は大きな扱いになっています。

『奈良名所』は、喜六・清八が奈良見物をするだけではなく、僧侶や案内人が奈良の紹介をするという、一人しゃべりの演出を取ることもあり、その場合、『鹿政談』のマクラで語られる東大寺の盧遮那仏や、放し飼いの鹿のネタ、『猿後家』の中の興福寺や猿沢池のエピソードを入れ込んだりしますが、奈良は逸話が多い所だけに、もっとユニークな話を探し出し、ネタへ入れることも出来ましょう。

二代目三遊亭百生の録音が、ホノボノとして面白く、奈良の風情が濃厚に出ていますが、私の場合、二世曾呂利新左衛門（初代桂文之助）の「滑稽大和めぐり」（※駸々堂。明治中期の演芸雑誌「新百千鳥」に掲載されたネタを纏めた本）を土台に、奈良の名所・名物を検証して纏めた上、一つずつの逸話は短くし、数多く聞いていただこうと考えました。

因みに、寛政三年（一七九一）に刊行された「大和名所図会」には、放し飼いの鹿が、茶店の前で鹿煎餅をもらっている、微笑ましい絵が描かれています。

「大和名所図会」春日擔茶屋（かすがにないぢゃや）

野辺（のべ）

喜六・清八が、奈良で二泊して、奈良の町を見物すると、明くる朝は早立ち。

ブラッと野辺へ出ると、向こうの森蔭から出て参りました、一固まり。

下辺の道者か、伊勢参りの下向と見えまして、凡そ人数が百人余り、銘々、笠の揃え。

遠目から見ると、さながら、シメジか松茸の行列同様。

その道中の陽気なこと。〔ハメモノ／『伊勢音頭』。三味線・〆太鼓・大太鼓・篠笛・当たり鉦で演奏〕

「（団子を食べて）ヨイヨォ――ィ！」

「（煙草を喫って）コラコラ！」

「わァ、清やん。喧しゅう言うて、行きよった」

「ほんまに、賑やかな連中やったな」

「わしらも、負けんように行けんか？」

「それは、あかんわ」

「何で？」

「昔から、良えことを言うてる。『一人二人の良い声よりも、イカい連れ節しゃ面白い』と言うて、『小便タンゴも百荷』の譬えや」

「小便タンゴもハッカとは、何や？」

「ハッカやない、百荷。小便タンゴのような汚い物でも、百や二百も並んでたら、綺麗に見える。昔から、『多勢に無勢は適わん』と言うわ」

「あァ、悔しいな。何とか、負けんように行けんか？」

「負けんようには行けんが、何なと言うてたら、思わん道が捗るわ。ほな、跡付けでもしょうか？」

「それは、何？」

「早い話が、尻取りや」

「ゴミを入れて、放かす？」

「それは、塵取りや。わしの尻を、お前が取って、お前の尻を、わしが取る」

「ほな、二人で犬のサカリの真似するか？」

「阿呆なことを言うな。『そもそも、妹背の始まりは』と言うよって、お前が『は』から始まることを言うたらええ」

「それは、とても、よう言うててやない」

「人事みたいに言うてるわ。わしが一人でやるよって、お前は後から、『ハァ、コラコラ』と言うて、随いといで」

「よっしゃ、心得た！」

「そもそも、妹背の始まりは！　〔ハメモノ／『吉兆廻し』。三味線・〆太鼓・大太鼓・篠笛・当たり鉦で演奏〕

童こざかし、牛売らぬ」

「はァ、コラコラ」
「売らぬ、（※比良の）暮雪の雪よりも」
「はァ、ヨイヨイ」
「より（※夜）もチクチク、愛らしや」
「はァ、コラコラ」
「らしや（※頭）が廻らにゃ、尾が廻らん」
「はァ、ヨイヨイ」
「廻らぬ、（※俵の）藤太秀郷は」
「はァ、コラコラ」
「里は小町の、百歳の」
「はァ、ヨイヨイ」
「もとせ（※元手）の薄い、小商い」
「はァ、コラコラ」
「商い物の、煮え太り」
「はァ、ヨイヨイ」
「ふとり（※一人）娘の、お染とて」
「はァ、コラコラ」
「染（※住め）とて、ここに須磨の浦」
「はァ、ヨイヨイ」

「のうら（※三浦）の大助、百六つ」

「はァ、コラコラ」

「むつらうつら（※ウツラウツラ）と、恋い焦がれ」

「はァ、ヨイヨイ」

「恋い焦がれ（※ここまで）ござれ、甘酒を」

「はァ、コラコラ」

「甘酒呑まそと、猪口出しゃれ」

「猪口より茶碗の方が、得じゃいな！」

「わァ、大きな茶碗を出したな。その茶碗は、何や？」

「これは、お前が買うた」

「旅先で、茶碗を買うたりせんわ」

「最前の茶店で、『茶碗代を置くわ』と言うて、銭だけ置いて、茶碗を忘れてきたよって、持ってきた」

「あれは茶碗代やのうて、茶代や」

「あァ、茶代か。茶碗代を払て、茶碗を忘れたと思て、親切で持ってきた」

「コレ、無茶をするな。こんな茶碗は、五つでも十でも、数が揃てる。一つでも欠けたら、後が端になって、困りよる」

「そう思たよって、一つだけやないわ。此方の袂に二つ、此方にも二つ。懐に土瓶、背中にお盆」

「皆、持ってきたか！　ほんまに、無茶をするわ。口に出して言うたよって、罪は滅びたけど」

「口に出して言うたら、罪は滅びるか？」

「懺悔と言うて、口に出して言うたら、その身の罪は滅びるそうな」

「あァ、そうか。ほな、もう一つ滅ぼさそかな？」

「何ッ、まだあるか。一体、何をやった？」

「銅の金盥に、銅の湯沸かしに、銅の茶托や」

「何やら、銅けの物ばっかりやな」

「銅けの物は、売る時に値が良う売れて、足の付くのが遅い」

「盗人、一人前やな。一体、どこのをやった？」

「ウチの近所でな」

「そんなことをして見つかったら、所に住めんようになるわ。一体、どこの家や？」

「ウチから、三軒目」

「何方へ？」

「西へ」

「何ッ、西へ三軒？　それは、わしの家や」

「そうそう、お前の家」

「お前の家やないわ。そう言うと、ウチの嬶が『一体、どこへ行った？　確か、あったのに』と言うてた。

あれは、お前はんか？」

「あァ、お前はんや」

「人事みたいに言うてるわ。ウチやよって、笑い事で済むけど、余所でやったのは知らん」

「いや、大丈夫！　するのは、お前の家に決めてた」

「決められて、たまるか」

「清やん、腹が減った！」

「大きな声で、大坂者が腹が減ったと言うな」

「大坂の人間は、腹が減らんか？」

「そんなことはないけど、お百姓に聞かれても、面目無い。そんな時、大坂の人間やったら、粋言葉・洒落言葉で言えんか」

「ほゥ、粋言葉・洒落言葉とは？」

「あァ、隠し言葉や」

「ほゥ、隠し言葉？」

「周りの者に聞かれても、わからんように言うわ。腹が空いた時、『ラハが北山、底でも入れよか』と言うたら、人に聞かれても、何のことかわからん」

「わしが聞いても、何のことかわからん」

「お前がわからなんだら、仕方が無い。腹を引っ繰り返して、ラハ。これだけでも、腹ということがわからん。北の山を見たら、空いて見えるよって、ラハが北山で、腹が空いた。底でも入れよか、飯でも食おかとなるわ」

「腹が、ラハ？　人間の身体は、何でも引っ繰り返るか？」

「人間の身体、五輪五体、引っ繰り返らん物は無いわ」

「腹が、ラハか。ほな、胸は？」

「ネムや」

「背中は？」

「ナカセや」

「頭は？」

「タマアじゃ」

「デボチン（※おでこ）は？」

「チンデボや」

「わァ、チンデボとは面白い！　ほな、足の裏は？」

「ラウノシア」

「臍（へそ）のゴマは？」

「マゴノソヘ」

「何でも、引っ繰り返るわ。ほな、顔は？」

「オカや」

「目は？」

「目ェ？　目は、引っ繰り返らん」

「何で？」

「目は、肝心（かんじん）な物や。引っ繰り返したら、向こうが見えんようになる。目は、引っ繰り返らん」

「ほゥ、上手（じょうず）に誤魔化（ごまか）したな。ほな、手は？」

「手ェ？」

「目に手、毛に歯は、どうなる？」

「一々、選るな！　それは皆、一字やろ。二字より上やったら、何でも引っ繰り返る」

「ほな、耳は？」

「耳ィ？」

「おい、清やん。耳を引っ繰り返すと、音が逆様に聞こえるか？」

「逆らうな！」

「清やんは何でも引っ繰り返ると言うたけど、引っ繰り返らん物が仰山出てきたよって、コトマに、ボクメンダイシも無いとは思わんか？」

「何？」

「コトマに、ボクメンダイシも無いとは思わんかと聞いてる」

「それは、何や？」

「『誠に、面目次第も無い』を、引っ繰り返した」

「お前の方が、上手いわ」

ワァワァワァワァ言いながら、呑気な旅を続けるという、お馴染みの『野辺』でございます。

『野辺』解説

大坂から伊勢へ向かう旅は、東の方角へ進むため、お伊勢参りの上方落語の総称は『東の旅』になっていますが、奈良から桜井辺りまでは、上街道を南下し、その途中には、妊婦が腹帯を受ける帯解寺や、八代目市川團十郎が献納した井筒のある楢神社、三輪山が御神体の大神神社など、名所旧跡も多く、見所が満載で、古き良き時代にタイムスリップ出来ます。

元来、野辺とは野原のことで、特定の場所ではなく、奈良から南下する途次の道と捉え、麗らかな春先の雰囲気と、気楽な旅を感じ取っていただければ十分でしょう。

喜六・清八が暇潰しに遊ぶだけの落語ですが、このようなネタこそ、演者の実力と人柄を知るには一番かも知れません。

寄席や落語会で『野辺』という演題で演じられることは少なく、大抵、『発端』の後半で上演されたり、『煮売屋』の前半に含まれたりします。

『跡付け』という演題で上演することもありますが、跡付けは幕末頃から流行り出した、「附廻し」と言われる言葉遊びの尻取りで、発生当時は、既成の諺や譬えを繋ぎ合わせて遊んだそうですが、次第に文句の最後の一文字を頭に置いて繋ぐ遊びに転じました。

喜六・清八の跡付けの場面で、『吉兆廻し』というハメモノ（※その場に相応しい曲を、下座の囃子方が三味線・太鼓・当たり鉦・篠笛などで演奏し、ネタの雰囲気を高める演出）が入りますが、『吉兆廻し』は座敷遊びの一つで、詳しいことはわかりませんが、賑やかな曲に乗り、めでたいことを言い繋ぐ遊びと言われ、『野辺』の他、『浮かれの屑より』『綱七』『七度狐』などにも使われます。

また、『野辺』の冒頭で使われる『伊勢音頭』は、『百人坊主』『狸の化け寺』『深山隠れ』『南海道牛かけ』など、演じられる機会が少なくなったネタの、殊に地方が舞台になっているネタで使われることが多いと言えましょう。

江戸時代、爆発的に流行した民間行事の伊勢参りは、空から伊勢神宮の御札が降ってきたという珍事が、民衆の伊勢神宮信仰に火を点け、江戸や徳島などの遠方から、伊勢へ大群が押し寄せたことから始まったようで、古市などの色街や、伊勢の経済中心地・河崎は、連日連夜の大繁盛となったのです。

そして、色街で芸妓達が唄ったり踊ったりした『伊勢音頭』を参拝者が覚えて帰り、伊勢神楽の連中や、願人坊主達が唄うことで、全国各地に『伊勢音頭』を土台にした民謡が根付きました。

また、各地の参詣人が講を組み、団体で参拝した時、先達を務める参拝経験者が、講中の疲れを忘れさせ、集団の気持ちを纏めるために、道中で『伊勢音頭』を唄わせたとも言われています。

それだけに、道中で唄う『伊勢音頭』は、伴奏が無くても唄いやすいように、ノンビリした唄だったようですが、座敷唄などで唄われ出してからは、三味線や太鼓の伴奏に合わせた、賑やかな曲に変化しました。

しかし、『伊勢音頭』ほど解説に困る民謡も少なく、三重県伊勢市の伊勢音頭保存会や、民謡研究家も全容を把握しづらいほど、全国各地に『伊勢音頭』が存在しています。

大雑把な言い方をすれば、『伊勢音頭』は「伊勢近郊で唄われる唄の全てで、河崎で唄われた『河崎音頭』が土台になっているらしい」ということになりましょう。

「伊勢はな、津で持つ。津は、伊勢で持つ。尾張名古屋は、やんれ、城で持つ。ャァとこせ、よいやな、ありゃりゃ（※あれはいいせ）、これはいせ。このよいとこせ（※このなんでもせ。ささ、なんでもせ）」という歌詞が一般的で、「伊勢は良い所」という言葉が、彼方此方に散りばめられています。

「大和名所図会」奈良坂般若路（ならさかはんにゃじ

囃子言葉の「やァとこせ、よいやな」は、伊勢神宮が二十年毎に本殿を造り替える遷宮で、木曽から用材を運ぶ時に唄われた『お木曳き木遣り』から採られていると言われており、この歌詞の唄は『道中伊勢音頭』『伊勢津』とも言われました。

元来、伊勢の御杣山の木を用材としていたそうですが、長年、繰り返された遷宮で、伊勢の用木が無くなり、今日では木曽から用立てています。

また、郷土雑誌「上方」の百十二号に、囃子言葉は「彌長久、世怡彌成、安楽楽、是者伊勢、善所伊勢と記した古書があった」と記されていることも、紹介しておきましょう。

落語に使われる民謡も、様々な角度から見ると、違うジャンルの根本が見えたりするのが面白いと言えます。

煮売屋

にうりや

喜六・清八は、奈良で二泊して、明くる朝は早立ち。

ブラッと、野辺へ出て参りました。


「あァ、腹が減ったな。向こうに見えてきたのは、煮売屋らしい。一寸、一服しょうか」

「清やん、あかん。あの店は休みで、表に断り書きがしてあるわ」

「一体、どんなことが書いてある？」

「『一つ、せんめし、酒魚。いろくぅくぅ、ありやなきや』と書いてあるわ。『一つ、せんめし』と言うぐらいやよって、飯はせんと思うわ」

「そんなケッタイなことが、どこに書いてある？　『一つ、せんめし、酒魚』やのうて、『一膳飯、酒魚』。『いろくぅくぅ、ありやなきや』やのうて、『いろいろあり、やなぎや』と読むわ」

「あァ、悪い書きようや」

「お前の読みようが悪いわ。早う、店へ入れ。親爺さん、何ぞ出来るか？」

「山ガのことで、何も出来やせんが、出来ます物は、紙に書いて、壁に張ってありますで」

「親爺さんは、字が上手や。壁に書いてある物は、何でも出来るか？」

「あァ、何でも出来ますで」

「ほな、一番右に書いてある物を持ってきて」

「一番右は、何が書いてありますな?」

「『口上』というのを、二人前」

「何ッ、くちうえ?　あれは、こうじょうと読みますわ」

「あァ、こうじょうか。何でも構わん、二人前」

「そんな物が出来ますかいな。口上は、お品書きということじゃ」

「口の上と書いてあるよって、鼻でも料理して持ってくるかと思うた」

「阿呆なことを言いなはんな。口上から左は、何でも出来ますわ」

「ほな、一番左に書いてある物を持ってきて」

「ほゥ、一番左と言うと?」

「『元方現金につき、貸し売りお断り』というのは、具が多て、美味そうや。一寸、二人前」

「そんな物が出来ますかいな。その間やったら、何でも出来ますわ」

「間を取ると、『とせふけ、くしらけ、あかえけ』としてある」

「『け』じゃ、ありゃせん。汁という字を、崩して書いてありますのじゃ」

「あれは、汁か。えェ、とせふ汁」

「どじょう汁と読みなはれ」

「そやけど、とせふ汁と書いてある」

「『と』の肩、『せ』の肩に、濁りが打ってあるよって、どじょう汁になりますわ。字の肩に濁りを打つと、読みようが変わりますのじゃ」

「中々、親爺さんは学者や。どんな字でも、濁りが打てるか？」

「いろは四十八文字で、濁りの打てん字はありゃせん」

「ほゥ、偉そうに言うたな。ほな、いろはの『い』の字に濁りを打ったら、どう読む？」

「『い』の字に濁りを打ったら、イヒヒヒヒ！」

「何と、えらい顔をしたな。『い』の字に濁りを打ったら、どう読む？」

「イヒヒヒ！　『い』には、打てん」

「何で？」

「『い』は、『弘法大師の仮名頭』と言うわ。勿体無うて、打てん」

「あァ、上手に言いよったな。ほな、『ろ』は？」

「ロロロロロロ！　『ろ』にも、打てん」

「何で？」

「『ろ』（※どう）にも、しゃあない」

「しょうもない洒落を言うてるわ。ほな、『に』は？」

「ニニニニニ！　何で、『は』を飛ばしなさる！」

「打てん字に、濁りを打とうと思て、バナの頭に汗かいて」

「バナとは、何じゃ？」

「（親爺の鼻を指して）あァ、顔の真ん中にある」

「これは、鼻じゃ」

「肩に、濁りが打ってある」

「これは、黒子（ほくろ）じゃ！」

「あァ、黒子か。字を書く時に、墨（すみ）が飛んだかと思て」

「こんなに上手に二つ並んで、墨が飛びますかいな。ほんまに、腹の立つ人じゃ」

「ほな、どじょう汁をもらおか」

「やっと、決まりなさったか。コレ、婆（ばば）どんや。どじょう汁がええと言いなさるで、町まで味噌を買いに行ってきてくれ。わしは裏の池で、どじょうを掬（すく）うてくるで」

「一寸、待った！　今から町まで、味噌を買いに？　ほな、町は近いか？」

「あァ、山越（やまご）しの三里（り）」

「えェ、三里！　どじょうを掬うてくると言うてたけど、どじょうが居（お）るか？」

「一ト月前に大雨が降って、裏に大きな池が出来たよって、どじょうが湧（わ）いてるかと思て」

「阿呆なことを言うな。どじょう汁はええよって、くじら汁にして」

「気変わりの早い御方じゃな。コレ、婆どんや。客人は、どじょう汁を止めるそうじゃ。くじら汁がええと言いなさるで、握り飯を十（とお）ほど拵（こしら）えてくれ。わしは、これから熊野の浦へ、鯨（くじら）を買いに」

「一寸、待った！　親爺さん、ええ加減にしてくれ。それを待ってたら、ここで年越（としこ）しをせんならん。何か、直（じき）に出来る物は無いか？」

「直に出来る物やったら、そう言いなはれ。壁に書いてある中から選ぶやなんて、クソ生意気（なまいき）な」

「親爺さんが、あれから選べと言うたわ」

「あァ、そうじゃったかな。棒鱈（ぼうだら）は、どうじゃ？」

「アレは、歯に挟まる」

「ほな、人参は？」

「人参を食べると、人が『助平や』と言うよって、堪忍して」

「高野豆腐は、どうじゃ？」

「カスつく」

「煮豆は？」

「手が疲れる」

「牛蒡は？」

「屁が出る」

「生節は？」

「値が高い」

「おまへんわ！　今、値が高いと言いなさったが、高いと思たら、諦めとおくれ。山ガのことで、どうしても魚気の物は、値が高なりますで」

「一々、怒りなはんな。今日は、死んだ親父の精進日や。親父の遺言で、『わしが死んでも、精進だけは守ってくれよ』と言われてる。ほな、高野豆腐をもらうわ」

「あァ、高野豆腐にしなさるか？」

「一寸、待った！　高野豆腐を持ってくる時、汁を搾ってくれるか」

「高野豆腐は、汁の味で食べるのじゃ」

「何でもええよって、搾って」

「ソォ――ッと、包丁で押さえることにしますかな」

「包丁で怖そうに押さえんと、両手で握って、ギュ――ッと搾って」

「そんなことをしたら、食べられやせんで」

「何でもええよって、搾って」

「ほな、(両手で搾って)ギュ――ッと搾ることにしますで」

「わァ、カスつくやろな?」

「初めから、カスつくと言うてますわ」

「何ぼ何でも、それでは食えん。そこにあるのは、何の鍋や?」

「生節が、鍋で煮いてありますのじゃ」

「その汁を、高野豆腐に、サァ――ッと掛けてもらう訳にはいかんか?」

「わァ、上手いことを考えなはったな。最前、精進日と言うてなさった」

「これも親父の遺言で、『精進だけは、守ってくれ。その代わり、汁は何ぼ呑んでも構わん』」

「そんなケッタイな精進があるかいな」

「バレたら仕方が無いよって、生節をもらうわ。ところで、酒はあるか?」

「この村には、銘酒がありますで」

「銘酒と名が付いたら、結構。一体、どんな酒や?」

「村雨に、庭雨に、直雨という酒じゃ」

「ほゥ、聞いたことが無い酒やな。村雨は、どんな酒や?」

「ここで呑んでると、ホロッと酔いが廻って、何とも言えん、良え気持ちになりますで」

「ほゥ、それが酒の身上（しんしょう）や。その酔いが、ズゥ――ッと続くか？」

「村を出たら醒（さ）めるよって、村雨（※醒）じゃ」

「わァ、頼り無い酒やな。ほな、庭雨は？」

「庭を出た所で醒める」

「直雨は？」

「呑んでる尻から」

「呑まん方（ほう）が、マシや。酒の中へ仰山（ぎょうさん）、水を混ぜてるやろ？」

「コレ、何を言いなさる。そんなことを酒蔵（さかぐら）が聞いたら、怒りますで。酒の中へ、水を混ぜるようなことをしますかいな。水の中へ、酒を垂（た）らしますのじゃ」

「わァ、水臭（くさ）い酒やな？」

「いや、酒臭い水じゃ」

「一々、逆らうな！」

ワァワァワァワァワァ言いながら、呑気（のんき）な旅を続けるという、『煮売屋』でございます。

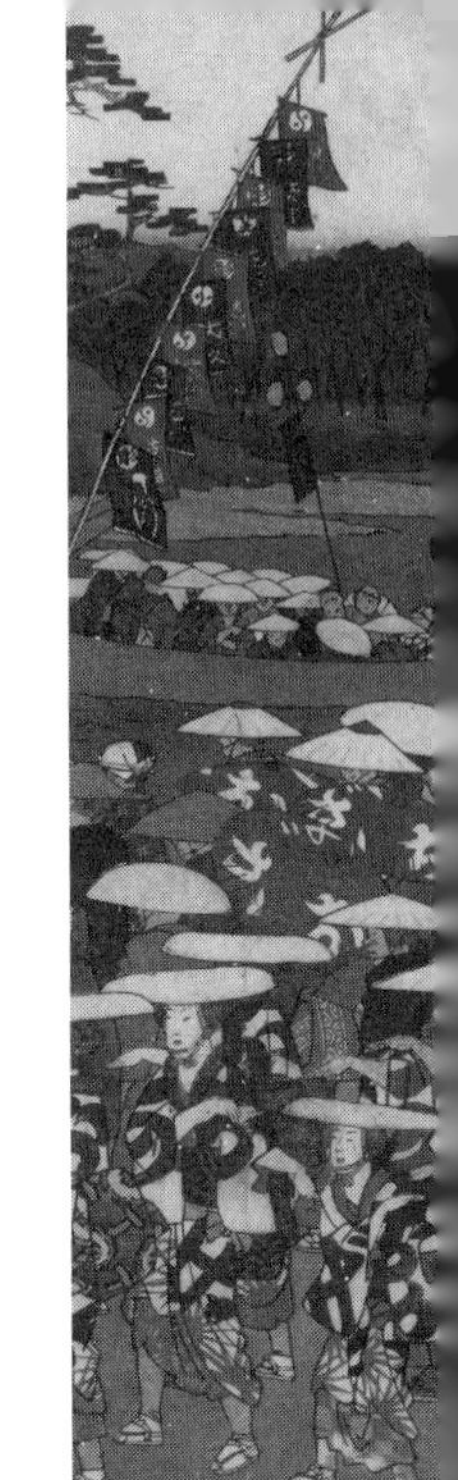

『煮売屋』解説

煮売屋は、魚・野菜・豆などの煮物を売る店で、『胴乱の幸助』『近眼の煮売屋』などにも登場しますが、このネタの煮売屋は、旅の茶店・旅の飯屋という扱いで、今日で言えば、道の駅の食堂という所でしょうか。

喜六・清八と、煮売屋の親爺の、他愛も無い遣り取りを楽しむだけのネタですが、その根底には、木目細かい心理作戦が展開されているのです。

喜六・清八が先制攻撃を仕掛け、煮売屋の親爺を困らせますが、後半は煮売屋の親爺が反撃し、圧倒的に勝利を収めるという、立場が逆転する流れを考えるだけでも、痛快な一席と言えましょう。

落語は、主人公の困りや愚かさが一貫する場合が多く、このネタのような展開になることは少ないだけに、短編でありながら、非常に良く出来たネタだと思います。

東京落語では『二人旅』という演題になり、このネタを土台にして、酒呑みと丁稚の会話に変化させて人気を得たネタが、三代目三遊亭金馬の『居酒屋』で、的確な演技力と、わかりやすい構成で、ラジオやレコードで、民衆の絶大な支持を得たのです。

コントや漫才で演じても面白さは十分に通じる内容だけに、様々な形に変化して、有効利用されたネタと言っても過言ではありません。

『野辺』と『煮売屋』を足して演じることも多く、『七度狐』まで通して上演することもありますが、かなり長演となるため、相当な芸の力が無ければ、飽きられてしまいます。

私の師匠・桂枝雀から、「煮売屋の親爺を楽しく描くことが肝心で、ネタの持つ、ホンワカとした雰囲気も失わないように」と教えられました。

コント的な構成でも、落語全体がドラマになっていなければ値打ちが無いということですが、どの落語にも同じことが言えそうで、笑いの多い、単純な構成のネタほど、気を付けた方が良さそうです。

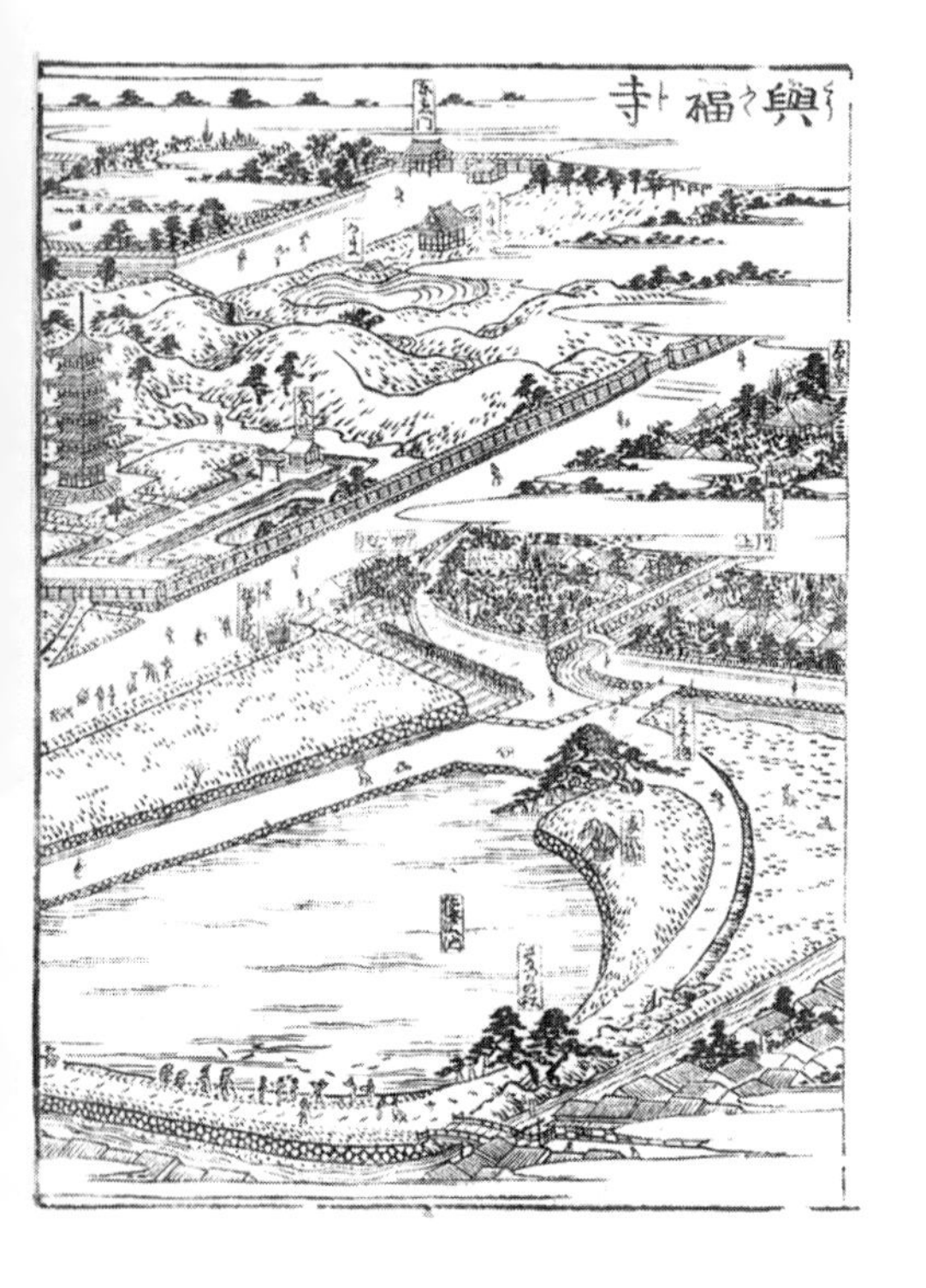

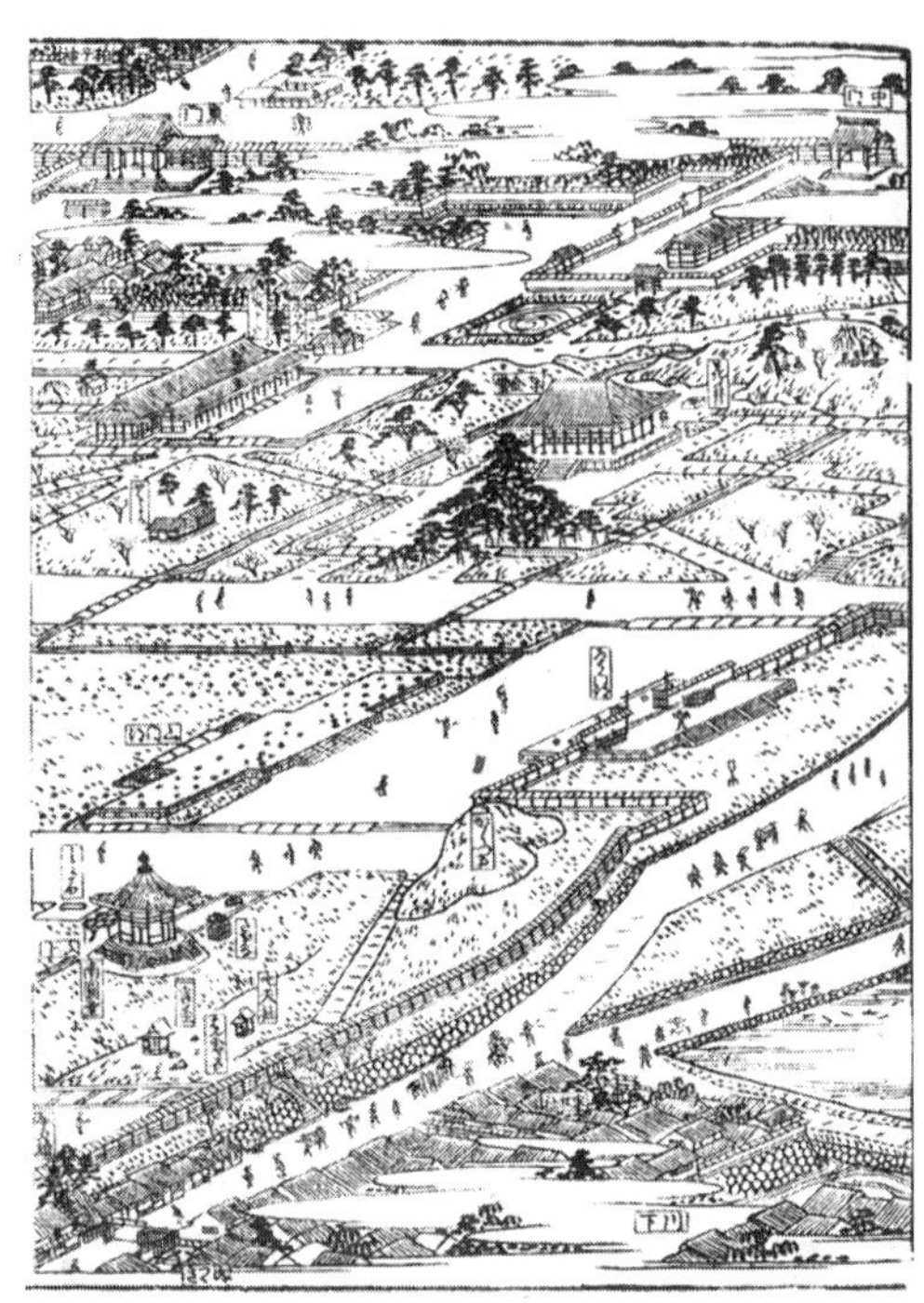

「大和名所図会」興福寺（こうふくじ）

七度狐

ひちどぎつね

喜六・清八が、奈良の町から野辺へ出て、一軒の煮売屋で呑み食いしております。

「親爺さん、何ぞ無いか？　煮豆と高野豆腐で呑んでたら、お通夜みたいや」

「山ガの村で、何にもありゃせん」

「擂鉢には、何が入ってる？」

「あァ、イカの木の芽和えじゃ」

「そんな良え物があったら、何で出してくれん。二人前、おくれ」

「これは、あきゃせんのじゃ。村で揉め事があって、昼から手打ちの式がある。そのために拵えたよって、あんたらには出せん」

「鯛のお頭付きと違て、盛付けで、何とかなる。ケチなことを言わんと、二人前」

「あきゃせんのじゃ」

「ほな、一人前」

「あきゃせん」

「ほな、半人前」

「あきゃせん」

「ほな、一寸」

「あきゃせん」

「ほな」

「あきゃせん！」

「もうええわ！　『ほな、要らん』と言うつもりやったけど、もう要らん。勘定は、何ぼや？（銭を払って）わしらには、ケッタイな癖がある。物を食べた後、ダァ――ッと走るけど、妙に思わんといて」

「銭さえもろたら、あんたらが走ろうが、引っ繰り返ろうが、妙じゃとは思わん」

「ところで、裏に生臭い物でも置いてないか？」

「棒鱈が、水に浸けて置いてある」

「犬がくわえて、走りよった」

「何ッ、犬が？　それは、えらいこっちゃ」

「おい、喜ィ公。尻からげをして、しっかり走れ。や、ドッコイサノサ！」（ハメモノ／『韋駄天』。三味線・〆太鼓・大太鼓・当たり鉦・ツケで演奏）

「一寸、待って！（走りを止めて）物を食べた後で走ったら、横腹が痛なる」

「さァ、笠の下を見てみい。親爺さんが片意地なことを言うよって、笠の下へ擂鉢を隠して持ってきた」

「そんなことをしたら、親爺さんが困りよる。取り敢えず、食べよか？」

「やっぱり、食べるのや。行儀が悪いけど、手摑みで食べよか。（食べて）ほゥ、美味い！」

「清やんばっかり食べんと、わしにもおくれ。（食べて）あァ、美味い！　こんな美味い物を食べるのは、久し振りや。（擂鉢の中を舐めて）ベロッ！」

「おい、行儀の悪いことをするな。舌が、ザラザラになるわ」

「擂鉢は、どうしょう？」

「その辺りへ放っといたら、足が付く」

「擂鉢から、足が生えるか？」

「煮売屋の親爺が追い掛けてきたら、わしらが盗ったことが、バレてしまうわ。わからんように、草むらへ放り込め」

「よし！　ひぃ、ふの、みっつ！」


ポォ━━ンと放り込みましたが、草むらの中で寝てたのが、一匹の狐。

擂鉢が、狐の眉間へ、コォ━━ンと当たった。

狐やよって、コォ━━ンと当たった訳で……。

眉間が割れて、血がタラタラタラ！

ムクムクと起き上がった、狐。

「あ、悪い奴な！（ハメモノ／『来序』。三味線・〆太鼓・大太鼓・能管で演奏）己、憎いは二人の旅人。ようも稲荷の遣わしたる、狐に斯かる物を投げ付けたな。思い知らさん、今に見よ！」

クルッと、トンボを返って、消えてしまう。

そうとは知らん二人は、呑気な旅を続けております。


「おい、清やん。立ち止まって、腕組みをしてるけど、どうした?」

「前に、川が出てきたわ。確か、こんな川は無かったように思う」

「おい、しっかりしてや。前に清やんは、お伊勢参りをしてるよって、お前だけが頼りや」

「上にも下にも、橋は無し。辺りの様子も、奇怪しい。これは、急に出来た川かも知れん」

「こんな大きな川が、急に出来るか?」

「上の村で大雨が降って、鉄砲水が流れてきたら、下辺の畑や田圃が、川になることがある。深い川は渡れんけど、浅かったら渡れるわ。川へ、石を投げてみい」

「何で、そんなことをする?」

「石を放り込んで、ドブンと言うたら深いし、チャブンと言うたら浅い。浅い所を探って、歩いて行く」

「ほな、放るわ。(大きな石を担いで)清やん。一寸、手伝て!」

「それは、岩や。大きな石やのうて、小石が転がってるわ」

「あァ、これか。(小石を投げて)ソォ――レ!」

「ドブンか、チャブンか?」

「いや、音はせんわ」

「一体、何を放り込んだ?」

「こんな砂」

「コレ、砂を放る奴があるか。その辺りの手頃な石を、放り込め。それは、馬の糞や。手を洗て、その辺りに落ちてる石を拾え」

「ほな、放るわ。（小石を投げて）ソォ――レ！」

「ドブンか、チャブンか？」

「バサバサと言うた」

「そんな、ケッタイな音がするか。もう一遍、放り込め」

「（小石を投げて）ソォ――レ、バサバサ！（小石を投げて）ソォ――レ、ガサガサ！清やん、あかんわ。何ぼ投げても、バサバサ、ガサガサ」

「やっぱり、下は麦畑や。麦が生えてる上へ、水が薄う溜まってるだけやよって、石を放り込んだら、バサバサ、ガサガサという音がする。これやったら、歩いて渡れるわ。裸になって渡るよって、着物を脱げ。脱いだら、畳んで、笠の中へ入れて、帯で括れ。手拭いを間に通して、もう一遍括って、こういう具合に頭へ乗せると、着物が濡れん。竹が二本落ちてるよって、それを持ってこい」

「こんな竹を、どうする？」

「わしが前を持って、お前が後ろを持つ。わしが前を足で探りながら歩くよって、お前が後ろから、『深いか、浅いか』と聞いてこい」

「何で、そんなことをする？」

「下は麦畑やよって、どこに野井戸や溝があるかわからん。足がズボッとはまったら、命取りになるよって、足で探りながら進む。お前が後ろから、『深いか、浅いか』と聞いてこい。わしが『浅いぞ』と言うたら、竹を前へ突き出してくれ。そのまま、前へ進むわ。その代わり、『深いぞ』と言うたら、竹をグッと引いて、助けてくれ」

「よし、わかった。『深いぞ』と言うたら、グッと突き出すわ」

「死んでしまうがな！　ほんまに、しっかりしてくれ」

「あァ、大丈夫！　天気は良えし、川幅も広いわ。絵で見た、大井川の川渡りみたいや。やァ、大井川ァ━━ッ！　深いか、浅いか！」〔ハメモノ／『吉兆廻し』。三味線・〆太鼓・大太鼓・篠笛・当たり鉦で演奏〕

「浅いぞ、浅いぞ」

「深いか、浅いか！」

「浅いぞ、浅いぞ」

「おい、田野四郎よォ━━ッ！　一寸、見てみよれ。旅の者が裸になって、お前の家の麦畑を踏み荒らしとるぞ」

「ありゃ、何をしとる？」

「大方、狐にでも騙されとるような。一遍、気を付けたろか。（頭を叩いて）コレ、しっかりしなされ！」

〔ハメモノ／『来序』。〆太鼓・大太鼓・能管で演奏〕

「深いか、浅いか！」

「コレ、何を言うとる。川も何も、ありゃせんわ」

「川は、どこへ行きました？」

「川なんか、どこにもありゃせん。あんたらは、狐に騙されたような。この辺りには、一遍、仇されたら、七遍騙して返す、七度狐という、悪々い狐が居るわ」

「えッ、七度狐？（眉毛に、唾を付けて）それは、油断がならん！」

「今頃、眉毛に唾を付けても遅いわ。執念深い狐やよって、気を付けて行きなされ。この道を真っ直ぐ行ったら、街道へ出るわ」

「ほな、行かしてもらいます」


恥ずかしいよって、大急ぎで着物を着て、お百姓に教えてもろた道を進むと、次第に上り坂になる。

気が付くと、片一方は高い山、此方側は深い谷。

トップリ日が暮れた山道を、二人並んで、トボトボ。


「さァ、出といで」〔ハメモノ／『凄き』。銅鑼を打ち、三味線・大太鼓で演奏〕

「清やん、一遍に日が暮れたな」

「最前、昼飯を食べたと思うけど、真っ暗になってしもた」

「ほんまに、これが街道か？」

「お百姓の言う通りに来たよって、どこかの宿場へ出るわ」

「清やん、清やん！」

「何や！　暗い道は怖ないけど、お前の『清やん！』という声が一番怖いわ」

「これから、どうなる？」

「この調子やったら、野宿を覚悟せなあかん」

「野宿て、何？」

「野で寝るよって、野宿や」

「あァ、なるほど。野で寝るよって、野宿か。ほな、山で寝たら山宿で、鳥は枝宿や。魚は川宿で、水たまりで寝たら、ジュクジュクか？」

「ケッタイなことを言うな」

「わしは、野宿も山宿も嫌や。宿屋宿の、蒲団宿が良え」

「それが出来んよって、歩いてるわ」

「野宿して、何も出てこんか？」

「出てきても、カメぐらいや」

「ほゥ、カメ？　こんな山の中に、カメが居るか？」

「『お』の付いた、カメや」

「カメは皆、尾が生えてる」

「頭に、『お』が付いてるわ」

「頭から、尾が生えてるか？」

「『お』を言うてから、カメを言うてみい」

「えェ、オカメ？　こんな山の中で、オカメが踊りながら出てくるか？」

「『お』を引っ張って、カメと言うてみい」

「オォ――カメ（※狼）！　〔ハメモノ／銅鑼〕あァ、怖い！　わしは、狼が嫌いや」

「誰かて、嫌いじゃ」

「断って！」

「断ったかて、出てくるよって、仕方が無いわ」

「狼が出てきても、『狼が出た！』と言うたらあかん。その声で、ガクッと腰が抜けるわ。狼が出てきたら、『狼が出ェ━━ッ！』と、『出』で引っ張っといて」

「一体、どうする？」

「わしが木の上へ上った所で、『た』と」

「ほな、わしが食われてしまうわ。それより、向こうを見てみぃ。『捨てる神ありゃ、助ける神』と言うて、灯(あか)りが見えてきた。さァ、わしの手の先を見てみぃ」

「わァ、太い指やな」

「指を見んと、指の先や」

「爪が伸びてる」

「爪の先や」

「垢(あか)が溜まってる」

「ええ加減にせえ！　指を指(さ)してる方角を見いと言うてるわ。向こうに、松の木がニュッと出て、白い壁(かべ)がチラチラ見えるやろ？」

「どこに？」

「向こうに、松の木がニュッと出て、白い壁がチラチラ見えるやろ？　お前には、アレが見えんか？」

「世の中には、見える物と、見えん物がある」

「何が見えて、何が見えん？」

「白い壁も、松の木も、よう見えてる」

「ほな、何が見えん?」

「ニュッと、チラチラ」

「そんな物が見えるか。阿呆なことを言わんと、此方へ出てこい。あァ、山寺や。泊めてもらえるように、頼んでみるわ。(表の戸を叩いて)こんばんは！　一寸、開けていただけませんか」

「はい、誰方でございます?」

「どうやら、尼はんらしい。伊勢参りの者ですけど、山道に迷い込んで、難渋しております。一晩、泊めていただけませんか?」

「(戸を開けて)それは、難儀なご様子。当寺は尼寺で、殿方をお泊めするという訳には参りません。下の村の、お庄屋さんのお家へでも、お行きになったら」

「下の村も、上の村も、どう行ってええやらわからん。歩き疲れて、一足も前に進めんので。庭の隅でも、軒の下でも結構。一晩だけ、ご厄介願いたい」

「『人を救うのは、出家の役』と申します。『本堂で、お通夜をなさる』と仰るのやったら、雨露ぐらいは凌げますで」

「ヘェ、お通夜で結構でございます」

「おい、清やん。お通夜て、何や?」

「一晩中、寝んと、本堂で仏様のお守りをするわ」

「寝なんだら、何にもならん」

「それは表向きで、ほんまは寝てもええわ」

「表向きはお通夜で、裏向きは蒲団宿か?」

「要らんことを言うな。もし、庵主さん。宜しゅう、お願いします」

「盥に、水が汲んでございます。足袋脱いで、草鞋脱いで、足を洗て、お上がりを」

「おい、清やん。やっぱり、この寺へ泊まるのは止めるわ。何やら、庵主さんが難しいことを言うてはる。足袋脱いで、草鞋脱いでと言うて、草鞋を脱がなんだら、足袋は脱げん」

「しょうもないことを言うな。草鞋脱いで、足袋脱いで、上がったらええわ」

「囲炉裏の火で、身体をお暖め下さいませ。お二人は、空腹ではございませんか？」

「いえ、何の不服なこと」

「不服やのうて、空腹。お二人は、お腹は空いてございませんか？」

「実は、ペコペコで」

「寺方で何もございませんが、その鍋に雑炊が炊いてございます。どうぞ、お上がりを」

「至って、雑炊は好きで、河豚雑炊・栗雑炊・松茸雑炊」

「いえ、そんな贅沢な物はございません。今日は、当寺の開山のお上人の忌日に該りますよって、月に一遍ずつ炊く、ベチョタレ雑炊がございます」

「えッ、ベチョタレ雑炊？　何と、ケッタイな名前の雑炊やな。ほな、頂戴します」

「お碗も、お箸もございますよって、どうぞ、お使いを」

「へェ、有難うございます。（鍋の蓋を取り、雑炊をよそって）湯気が上がって、美味そうや。ほな、頂戴します。喜ィ公も、よばれたらええ。（雑炊を食べて）もし、庵主さん。舌の先に、ザラザラした物が残りますけど、これは何ですか？」

「味噌が切れましたよって、山の赤土が入れてございます」

「えッ、赤土！　もし、そんな物が食べられますか？」

「赤土は、身体に精を付けますで」

「赤土で精を付けるやなんて、植木と変わらんわ。（雑炊を食べて）もし、庵主さん。一寸ぐらいに切ってあって、細長うて、噛みしめると甘い汁の出る、藁のような物は何ですか？」

「それは藁のような物やのうて、藁でございます」

「あァ、藁そのもので？　ほんまに、物も言いようや。庵主さん、藁が食えますか？」

「藁は、身体をホコホコと温めますで」

「なァ、清やん。赤土食て、藁食て、これで左官を呑み込んだら、腹の中に壁が塗れるわ」

「阿呆なことを言うな。（雑炊を食べて）もし、草みたいな物が出てきました」

「ゲンゲン花の蔭干しで」

「わァ、体毒下しや。（雑炊を食べて）わッ、蛙みたいな物が出てきましたわ！」

「あァ、出すのを忘れておりました。出汁を取るために、イモリが入れてある」

「えッ、イモリ！　おおきに、御馳走さんで」

「遠慮せず、お上がりを」

「十分、頂戴しました。今のイモリが、グッと腹へ応えたような塩梅で」

「とても、お口には合いますまい。明日の朝は、麦飯でも炊いて進ぜましょう。それから、お泊り早々、お願いがございます。お二人に、お留守番が願いたい」

「右も左もわからん山寺で、留守番は堪忍してもらいますわ。庵主さんは、どこへ行きなはる？」

「下の村の、お小夜後家という、金貸しのお婆さん。貧乏な方に、高い利子で貸し付けては、厳しゆう取り立てるという、あんまり評判の良え御方やございませんでしたが、今朝方、ポックリと、お亡くなりになりまして。村人が寄って、夜伽をしておられますが、貸してたお金に気が残ってるような塩梅。棺桶の蓋を撥ね退けて、『金、返せ。金、返せ』と出てくるのやそうで。悪い人でも、死にゃ仏。これから行って、有難いお経を唱えて、成仏させてあげようと思います。お二人で、お留守番を」

「一寸、待った！　行くのやったら、そんな怖い話はせんと行きなはれ。その話を聞いたら、いよいよ留守番は出来ん。どうぞ、夜伽を日延べ」

「いえ、夜伽を日延べするという訳には参りません。この寺も、今は淋しゅうございますが、もう少々、夜が更けて参りますと、賑やかになりますで」

「ほゥ、ケッタイな寺やな。宵が静かで、夜中が賑やかやなんて。庵主さんが若て別嬪やよって、村の若い衆が遊びに来ますか？」

「そのようなことはございませんが、本堂の真裏が墓場で。夜中になると、骸骨が出てきて、相撲を取ったり、踊りを踊ったり。ガチャガチャガチャガチャ、パキパキポキッ。ほんまに、賑やか」

「何の賑やかなことがあるかいな！」

「もう少々夜が更けて、丑三つ刻、ご本尊の真裏が、新仏のお墓。上の村のお庄屋の娘さんが余所へ縁付かはって、直に亡くなりまして。お腹にヤヤ子（※赤ん坊）があるのを、そのまま土に埋めましたが、土の温気で、子どもが生まれたような塩梅。雨がシトシト降る晩などは、（表を見て）丁度、降ってきました。そこの障子に、ボォ――ッと灯りが灯ると、母親がヤヤ子を抱いて、『ねんねんよう、お寝やれや』と、あやして歩かはります。ほんまに、情があって」

「何の情があるかいな！　そんな話を聞いたら、とても留守番は出来ん！」

「そう仰らず、お願い致します。ご本尊の阿弥陀様のお燈明の灯りさえ消えなんだら、そのような怪しい魔性の者は出て参りません。ほな、宜しゅうに」

「もし、行ったらあかん。オォ――イ！〔ハメモノ／銅鑼〕清やん、庵主さんが行ってしもた」

「行ったら、仕方が無いわ。お燈明の油が切れたら、『ねんねんよう』や、ガチャガチャが出てくる。油が切れ掛かってないか、見てこい」

「（燈明を見て）油は、何ぼも残ってない」

「油が切れたら、『ねんねんよう』や、ガチャガチャが出てくるわ。その辺りに、油徳利は無いか？　早う、油を注ぎ足せ」

「えッ、油徳利？　あァ、あった！　ほな、油を注ぎ足すわ。（油徳利に入っている物を注いで）ジュジュパチ、ジュジュパチ、ジュジュパチ、ジュジュパチ！　油を注いだら、火が点いたり、消えたりする」

「ほんまに、油か？」

「（注ぎ足した物を舐めて）あァ、醤油」

「阿呆！　そんな物を注いだら、火が消えてしまうわ」

「消える、消える。点いた、点いた。消える、消える。あァ、消えたがな！」〔ハメモノ／銅鑼〕

「ねんねんよう」

「わァ、出たァ――ッ！」

「今のは、わしや」

「しょうもないことをするな。ほんまに、寿命が縮んだわ」

二人がガタガタ震えてると、下の方から一固まりになった連中が、重たそうな物を担げて、松明を持って、此方へ上がってくる様子。

「行け、行けェ━━ッ！〔ハメモノ／『笠屋』。三味線・〆太鼓・当たり鉦で演奏〕水が溜まってるよって、気を付けて行けよ。寺へ着いたよって、そこへ下ろせ。（表の戸を叩いて）こんばんは！　もし、庵主さんは居られませんか？」

「直に開けますよって、お待ちを。（表の戸を開けて）へェ、お越しやす」

「お宅らは、誰方で？」

「伊勢参りの旅の者で、留守番を頼まれてます。庵主さんは下の村へ、お小夜後家というお婆さんの夜伽に行きはって」

「あァ、さよか。右の道を行くと言うのに、左の道が良えと言うよって、庵主さんと行き違いになってしもた。いや、お留守番。わしらは、お小夜後家の家から来まして。村の者が集まって、夜伽をしてたら、お婆ンが棺桶の蓋を撥ね退けて、『金、返せ。金、返せ』と出てきますわ。煩いよって、一晩早いけど、寺へ担ぎ込もかと言うて、棺桶を持ってきました。直に、庵主さんに帰ってもらいます。この棺桶は、其方で預かっといてもらいたい」

「あかん、あかん！　それでのうても、此方には『ねんねんよう』や、ガチャガチャがあるわ。おい、オォ━━イ！　清やん、一つ増えた」

「コレ、喜ぶな！　棺桶は、部屋の隅へ置いとけ」


二人がガタガタ震えてる内に、夜が更けてくる。

夜嵐(よあらし)がピュ――ッ、雨がザァ――ッ！

部屋の隅に置いてあった棺桶が、ミシッ、ミシッ、メリメリメリ！

掛けてある縄(なわ)がパラリと外れて、蓋がポォ――ンと飛ぶと、髪をおどろに振り乱した、老いさらばえた、お小夜後家。

それへさして、ズゥ――ッ！〔ハメモノ／『音取(ねとり)』。三味線・大太鼓・能管・銅鑼で演奏〕

「金、返せ。金、返せ！」

「わァ、出たァ――ッ！　私らは、お金を借りた者やのうて、伊勢参りの旅の者で」

「何ッ、伊勢参りか？　ほな、顔を見せえ！」

「いや、よう見せん！　あんたは、怖い顔をしてます。そんな御方に、顔は見せられん」

「見せなんだら、傍(そば)へ行って、頬(ほ)ベタを舐める」

「見せます、見せます！　見せるよって、此方へ来なはんな。怖いよって、目は瞑(つむ)ってますわ。あんたに、お金を借りた者と違いますやろ？」

「おォ、伊勢参りか？　ほな、『伊勢音頭』を唄え」

「こんな時に、そんな陽気な唄が唄えますかいな」

「唄わなんだら、頬ベタを舐める」

「唄う、唄う！　唄うよって、此方へ来なはんな。〔『伊勢音頭』を唄って〕お伊勢、七度。熊野にゃ、三度」

「あァ、ヨイヨイ！」

「あんたは、黙ってなはれ！〔『伊勢音頭』を唄って〕愛宕さんへはなァ━━ッ！」

「オォ━━イ、田野四郎よ。一寸、見てみよれ。最前の旅人が、今度は石地蔵の前で、『伊勢音頭』を唄とるぞ」

「また、狐に騙されとるような。もう一遍、気を付けたろか。〔頭を叩いて〕コレ、しっかりしなされ！」

「ヤァトコセ！」〔ハメモノ／『来序』。〆太鼓・大太鼓・能管で演奏〕

「何が、ヤァトコセじゃ」

「アレ？　ここにあったお寺は、どこへ行きました？」

「一体、何を言うとる。寺も何も、ありゃせん」

「向こうに、お寺がありますわ」

「コレ、田野四郎。あれが、寺に見えるとよ。狐が筵を持って、立っとるだけじゃ。悪いド狐じゃで、懲らしめたろか。わしは此方から行くよって、お前は其方から廻れ。〔狐を叩いて〕この、ド狐め！」

〔ハメモノ／『来序』。〆太鼓・大太鼓・能管で演奏〕

「お寺が、向こうへ行きました」

「〔狐を叩いて〕まだ、騙すか」〔ハメモノ／『来序』。〆太鼓・大太鼓・能管で演奏〕

「今度は、此方や」

「〔狐を叩いて〕こいつめ！　こいつめ！　こいつめ！」〔ハメモノ／『来序』。〆太鼓・大太鼓・能管で演奏〕

二人のお百姓に追い詰められた狐が、逃げ場を失うと、筵を放り出して、傍にあった穴へ、ゴソゴソッと潜(もぐ)り込む。

お百姓の一人が、グッと狐の尻尾(しっぽ)を摑(つか)んだ。

「よし、捕(つか)まえた！　引きずり出して、痛い目に遭(あ)わせなあかん」

「その尻尾は、放しなはんな」

「どんなことがあっても、放さん！」

お百姓の方は逃がすまいとする、狐は逃げようとする。

双方(そうほう)の息が合(お)うた時の弾(はず)みは恐ろしいもので、狐の尻尾が、ズボォ━━ッ！

「あッ、尾が抜けた！」

よう見たら、畑の大根を抜いておりました。

『七度狐』解説

元来、この落語は、喜六・清八が大名行列に出会ったり、肥溜めの風呂へ入ったりと、本当に狐に七度化かされたそうですが、昔の確実な記録が無く、桂米朝師も四代目桂文枝・初代桂南天両師に概略を教わったのみだったそうです。

昔話の雰囲気を濃厚に感じるネタだけに、狐に化かされる話を七つ繋いで、連続で演じたことはあったでしょうが、効果は薄かったでしょう。

七度化かされる中で、ウケの良い部分だけが残り、二度だけ化かされることになったようです。

何方にしても、一席の内に七度化かされることは無かったでしょうし、無理に七度化かされる場面を入れ込むのは、良い構成とは思えません。

私は三重県松阪市の山間部で育ったので、狐に化かされた話は、よく聞きましたし、私も狐に化かされたような経験をしたことがあります。

小学生の頃、友達と山の中の神社へ行くと、日光東照宮のような豪華な社殿が現れたので、境内で楽しく遊び、夢見心地で帰宅しましたが、親に言っても信用してくれず、「あの神社の社は崩れ掛けで、直さなければいけない」と言うばかり。

翌日、友達と現場を確かめに行くと、昨日の豪華絢爛な社殿は消えていたのです。

この経験を大師匠・桂米朝に話すと、「久し振りに、狐に化かされた者の話を聞いた」と喜ばれましたが、私の師匠・桂枝雀からは「あんたが迂闊やっただけで、夢でも見たのと違うか？」と、極めて現実的な意見が返ってきました。

今となれば、何方でもいいのですが、例え夢であっても、狐に化かされた経験は大切にしたいと思っています。

また、松阪市の隣りの多気町近辺にある「七度狐の森」が、本に写真入りで掲載された時、米朝師に「お前はんが名前を付けたのと違うか？」と言われました。

当然、否定しましたが、誰が、どのような理由で、そのような名前を付けたのか、今でも不思議で仕方がありません。

『七度狐』は、昨今でも上演頻度の高い落語ですが、今まで刊行された速記本に掲載された数は少なく、当時のチラシ・ポスター・プログラムで見ることも稀です。

現在は『七度狐』という演題ですが、昔の記録では『庵寺潰し』になっていることが大半で、それは現在のオチではなく、狐に「コラ、狐。ええ加減に、旅人を化かすのは止めんかい」と言うと、狐が「お前らも、ええ加減に、庵寺潰しとかんかい」と言うのがオチ。

上方言葉の「あんだらつくせ」と「庵寺潰せ」が洒落になっていますが、「あんだらつくせ」は「阿呆なことをし尽くせ」という意味だけに、「アホンダラし尽くせ」が「あんだらつくせ」になったように思います。

このネタの舞台は断定しかねますが、奈良から少し進んだ所で化かされており、川渡りの後の、山中の場面も狐に化かされていると考えると、上街道の入口付近かと思いますし、そうでなければ、笠置山地の山中でしょう。

現在、東京落語で演じられることは稀になりましたが、上方から東京に移住した初代桂小南・初代桂小文治・二代目三遊亭百生・二代目桂小南の各師により、以前は東京でも馴染みのある上方落語になっていたのです。

二代目桂小南師には、学生の頃に『七度狐』の他、『菜刀息子』『いかけ屋』『三十石』『しじみ売り』などに接し、落語の面白さを教えていただきました。

「関西と関東の言葉が入り交じって、良いとは思えない」と言う者も居ますが、アクセントや、言葉遣いだけで、三代目三遊亭金馬仕込みの抜群の力量まで否定するのは如何かと思いますし、関東で上方落語の面白さを伝えた功労者という点でも、議論の余地は無いでしょう。

『七度狐』には、ハメモノが多用され、抜群の効果を上げていますが、最初に狐が姿を現す場面で使われる『来序』は、雅楽の『乱声』（※超人・獅子の出に使う音楽）や、能楽の『来序（乱序）』という囃子があり、人物の出入り・獅子の出に使用されますが、これらが歌舞伎下座音楽の『来序（雷序）』（※帝王・神体・天狗などの出入りに使う音楽）となった後、獣が人間に化けたり、本性を現す場面にも使われるようになりました。

落語では『七度狐』の他、『天神山』『吉野狐』などは狐が、『猫の忠信』では猫が正体を現す場面に使用されます。

狐に化かされた喜六・清八が、川渡りをする場面で使う『吉兆廻し』は、『野辺』で解説しましたので、ご参照下さい。

喜六・清八が山中で迷う場面で使う『凄き』は、凄さ・淋しさを表現する歌舞伎下座音楽の『凄味の合方』を寄席囃子に編曲した物で、『皿屋敷』『唖の釣り』『ふたなり』『崇禅寺馬場』『南海道牛かけ』『片袖』『土橋萬歳』などにも使用されます。

大勢の村人が棺桶を担いで、寺へ来る場面で使う『笠屋』は、江戸の葛西村のお婆さん連中が念仏講で踊った「念仏踊」の鳴物をアレンジして、賑やかな囃子に編集した物が、歌舞伎下座音楽の『葛西念仏合方』となり、それに『なまいだァ』の唄を付け加えました。

笠屋は葛西の訛りという説もあり、傘屋と表記する場合もあり、『地獄八景亡者戯』でも使用されます。

「かつら小南落語全集」初代桂小南の速記本

お小夜後家が登場する場面で使う『音取』（※または、寝鳥）は、幽霊・人魂・生霊などが現れる場面で使用される歌舞伎下座音楽を、寄席囃子に編曲した曲で、『幽霊三重』とも言われていますが、「雅楽を演奏する前の、楽器の調子合わせを、音取と呼ぶことから採った」という説と、「寝ている鶏の、クゥクゥという声に準えた」という説があると聞きました。

曲の始まりや、台詞の間に銅鑼を打つと、不気味さが増しますが、庵主が出て行く後ろから、清八が「オォ――イ！」と声を掛けたり、燈明(とうみょう)の灯(あか)りが消える時、喜六が「消えたがな」と怖がる時に打つと、より効果的です。

『音取』は、『足上(あしあが)り』『皿屋敷』『高尾』『へっつい幽霊』『不動坊』『出歯吉(でばきち)』『夢八』にも使われ、大抵(たいてい)は「それへさして、ズゥ――ッ！」という台詞から始まり、恐ろしい物が現れる時は大きな音で演奏し、台詞が始まると静めますが、これが中々(なかなか)難しい。

音を大きくすることを「おやす」、小さくすることを「かすめる」と言い、音を大きくしたり小さくしたりすることを「生け殺し」と言いますが、これの上手下手(じょうずへた)で、全体がイキイキしたり、壊(こわ)れたりするので、心して演奏しなければなりません。

ハメモノの「生け殺し」は、上方落語の大きな特色であり、全体の美味(おい)しさを増幅させる演出の象徴なのです。

総じて言えば、『七度狐』は、ストーリー・構成・演出と、どれを取っても、超一級の内容と言えましょう。

軽業

かるわざ

喜六・清八が、奈良から三輪へ向かう途中、一つの村に差し掛かると、神社が見えてきた。

白髭大明神が、六十一年ぶりの屋根替え・正遷宮。

村の入口から、紅釣提灯という赤い提灯を吊って、景気が付けてある。

白髭大明神と書いた額の掛かった石の鳥居を潜って、境内へ入ると、真ん中が参道。

両側には、諸国の物売り・ブッチャケ商人が店を並べております。

正面は、本殿・お神楽堂・社務所。

正面の拝殿からは、お神楽の音が聞こえてくる。

「清めのお神楽！」〔ハメモノ／『神楽』。三味線・大太鼓・能管・銅鑼で演奏〕
「（寿司を握って）こんなんじゃいな、こんなんじゃいな。江戸寿司じゃいな、早寿司じゃいな。花のお江戸の、お寿司はどうじゃ。（クシャミをして）ハクション！（指で洟を拭き、寿司を握って）ハナのお江戸じゃ！」
洟も一緒に、握り込んでる。

「奥州は、孫太郎虫！」

「本家は、竹独楽屋でござァ――い！（見台へ小拍子を立て、独楽に見立てて）ウゥ――ン！　竹独楽屋、竹独楽屋。ウゥ――ン！」

「（見台の上で、小拍子を引っ繰り返して）ソレ、亀山のチョン兵衛はん！」

亀山のチョン兵衛という玩具は、今でも浅草の仲見世通りの店で、「跳んだり跳ねたり」という品名で売っており、竹が半分に割ってある台に、人形が引っ付けてある。

竹の台に、マッチ棒のような軸を糸で結わえて、それを逆にして、ギュ――ッと捩ると、竹の内側に、ニカワのような粘着性のある物が付いてて、それに軸を貼り付けます。

粘着力が弱ると、軸をバネにして、クルッと引っ繰り返るという、説明すればするほど、わからんようになる難儀な玩具。

「（見台の上で、小拍子を引っ繰り返して）ソレ、亀山のチョン兵衛はん！」

「伊勢の貝細工、貝細工！」

お参りを済ませて、横へ出てくると、筵掛けの小屋が並んでおります。

怪しげな物を見せて、田舎の人の懐を狙おうという、一名・もぎ取りという奴で。

小屋の入口へ四斗樽を置くと、板を渡した上へ胡坐をかいた男が座って、呼び込みをしてる。

上がった銭は、樽の中へ放り込む算段で、大きな声を出して、客を呼んでおります。

「さァ、評判、評判、評判、評判！〔ハメモノ／『籠毬』。三味線・〆太鼓・大太鼓・当たり鉦で演奏〕一間の大イタチ、一間の大イタチ。さァ、山から取り立て。端へ寄ったら危ない、傍へ寄ったら危ない。一間の大イタチ、一間の大イタチ！」

「清やん、見よか？」

「これは、まともな見世物やないわ。騙されるのがオチやよって、止めとけ」

「一間の大イタチは、大坂では見られんわ。『さァ、山から取り立て。端へ寄ったら危ない、傍へ寄ったら危ない』と言うてるよって、この中で暴れてるのと違うか？」

「言い出したら、聞かん男やな。おい、銭は何ぼや？」

「お一人さんが、八文じゃ」

「二人で、十六文か。ほな、銭を置くわ」

「あァ、有難うさんで。ズッと正面、ズッと正面！」

「正面には、何も居らんわ。一間の大イタチは、どこに居る？」

「あァ、ズッと正面！」

「もう、突き当たりまで来てるわ」

「あんたの目の前に、立て掛けてあるじゃろ」

「板が一枚、立ててあるわ」

「それが、一間の大イタチじゃ。その板は六尺、一間あって、板の真ん中に、血が付けてある。それで、一間の板血じゃ」

「何ッ、板血！　ほな、イタチと違うか？」

「あァ、大間違い」

「最前、山から取り立てと言うた」

「そんな物は、海からは取れん」

「そやけど、傍へ寄ったら危ないと言うた」

「倒れてくるよって、危ない」

「阿呆なことを言うな！　こんな物を見せて、銭を取ってるわ。ほんまに、馬鹿にしやがって。銭は、どうなる？」

「取ったら、もぎ取り。替わろ、替わろ！」〔ハメモノ／『受け囃子』。三味線・〆太鼓・大太鼓・当たり鉦で演奏〕

「さァ、評判、評判、評判！　三間の燈籠、三間の燈籠！　明るいぞ、明るいぞ！」

「清やん、これも見よか？」

「ほんまに、懲りん男やな。一間の大イタチで、えらい目に遭うたわ」

「今度は、大丈夫！　一間の大イタチは居らんけど、三間の燈籠はある。立派な燈籠に違いないよって、見よか」

「こんな小さな筵掛けの小屋に、三間の燈籠がある訳がないわ」

「ズゥ――ッと奥の、表から見えん所に置いてあるかも知れん。『明るいぞ、明るいぞ』と言うてるよって、灯りが入って、綺麗や。一寸、見よか」

「ほんまに、大丈夫やろな？　おい、銭は何ぼや？」

「お一人さんが、八文じゃ」

「どうやら、八文に決めてけつかる。ほな、二人前を置くわ」

「あァ、有難うさんで。ズッと正面、ズッと正面！」

「また、ズッと正面や。今度は、板も何にも無いわ。一間の燈籠は、どこにある？」

「あァ、ズッと正面！」

「正面まで来てるけど、何にも無いし、道が裏へ続いてるだけや」

「それが、三間の燈籠じゃ。裏へ抜けるまで、三間の道が続いてるじゃろ」

「そやけど、燈籠が無いわ」

「ゴジャゴジャ言わんと、早よ通ろう！」

「何ッ、通ろう！　ほな、燈籠と違うか？」

「あァ、大間違い」

「また、大間違いと言うてるわ。最前、明るいと言うてた」

「裏へ出たら、外は明るい」

「ほんまに、馬鹿にしてるわ。銭は、どうなる？」

「取ったら、もぎ取り。替わろ、替わろ！」〔ハメモノ／『十日戎』。三味線・〆太鼓・大太鼓・当たり鉦で演奏〕

「さァ、評判、評判、評判！　コゾウは、どうじゃ。コゾウは、どうじゃ！　海を渡って、やって来た。

ハナを、上げたり下げたりしてる。コゾウじゃ、コゾウじゃ！」

「清やん、これも見よか？」

「ほんまに、ええ加減にせえ！　大イタチで騙され、燈籠で騙され。仰山、銭を取られた」

「今度こそ、珍しい！　海を渡ってきたコゾウと言うてるけど、ほんま物の象は見たことが無いわ。

鼻を上げたり下げたりしてると言うてるよって、見よか」

「また、騙されたら、怒るで。おい、銭は何ぼや？」

「お一人さんが、八文じゃ」

「八文と聞くと、騙された気になる。ほな、二人前を置くわ」

「あァ、有難うさんで。ズッと正面、ズッと正面！」

「あれを聞くと、ゾッとするわ。子どもが座ってるだけで、どこにも象は居らん。子象は、どこや？」

「あァ、ズッと正面！」

「正面まで来てるけど、どこにも象は居らん」

「いや、そこに座ってる」

「これは子どもで、象やないわ」

「その子は店の丁稚で、小僧じゃ」

「何ッ、小僧？　ほな、子どもの象と違うか？」

「あァ、大間違い」

「もうええわ！　そやけど、海を渡って来たと言うた」

「淡路島から来たよって、海を渡って来たわ」

「淡路島でも、海を渡ったには違いない。最前、鼻を上げたり下げたりしてると言うた」

「垂らした洟を、上げたり下げたりしてるわ」

「洟を垂らしてる子どもを見せて、銭を取るか。銭は、どうなる？」

「取ったら、もぎ取り。替わろ、替わろ！」〔ハメモノ／『金比羅船々』。三味線・〆太鼓・大太鼓・当たり鉦で演奏〕

「さァ、評判、評判、評判！　取ったり見たり、取ったり見たり。さァ、飛び入り勝手次第じゃ。取ったり見たり、取ったり見たり！」

「清やん、これも見よか？」

「ほんまに、ドックで！　何ぼ騙されたら、気が済む」

「今度は見世物やのうて、相撲や。田舎の相撲は、人が取ってるのを見たり、自分も取ったりする。飛び入り勝手次第と言うてるよって、わしも取るわ」

「ほんまに、これで終いにしてくれ。おい、銭は八文か？」

「その通り、その通り！」

「今度は、その通りと吐かしてけつかる。ほな、二人前を置くわ」

「あァ、ズッと正面！」

「喧しいわ！　土俵も、何も無い。取ったり見たりというのは、どこでやってる？」

「あァ、ズッと正面！」

「正面まで来てるけど、お爺さんが汚い着物を脱いで、ゴソゴソしてるだけや」

「それが、取ったり見たりじゃ」

「何で、取ったり見たりや？」

「年寄りが着物を脱いで、虱を取ったり見たりしてるやろ」

「何ッ、虱の取ったり見たりか！　最前、飛び入り勝手次第と言うた」

「気があったら、一緒に取ったって」

「誰が取るか！　ほんまに、これより下は無いわ。おい、銭はどうなる？」

「取ったら、もぎ取り。替わろ、替わろ！」〔ハメモノ／『竹雀』。三味線・〆太鼓・大太鼓・当たり鉦で演奏〕

彼方で騙され、此方で騙され、神社の裏へ廻ると、一軒の軽業小屋。

只今のサーカスの元祖のような物で、お客の頭の上で綱渡りをするだけに、他の小屋より筵で高う囲てある。

表には、十二枚の絵看板。

式三番叟には、あやめ渡り・四ツ綱渡り・乱杭渡り・火渡り・石橋は獅子の飛び付き・一本竹・二丁撞目。

正面には、葛の葉の障子抜けの絵が、大きゅうに描いてある。

両木戸と言うて、両側に木戸を取ると、札場には札を山のように積み上げて、盛り塩で縁起を祝てる。

その前に四斗樽を置いて、上に板を一枚渡して、その上に座った木戸番は、鬱金木綿の鉢巻物。

襟に「太夫元より」と染め抜いた半纏を引っ掛けると、箱根知らずの江戸っ子という奴で、怪しげな江戸っ子弁を使て、二枚の札をパチパチ鳴らしながら、前を通る客を引いております。

「さァ、いらっしゃい、いらっしゃい！　〔ハメモノ／『辻打』。三味線・〆太鼓・当たり鉦で演奏〕札、買うて入ろ、札、買うて入ろ！」

「清やん、これも見よか？」

「軽業やったら、大丈夫やろ。おい、銭は何ぼや？」

「お一人が、三十二文じゃ」

「良え物は、高う取るわ。ほな、二人前を置く」

「ヘェ、有難うさんで。一寸、待った！　お客さん、銭が一枚多い」

「それは、ウッカリしてた」

「実は、一枚足らんのじゃ」

「今、多いと言うた」

「足らんと言うと、入ってしまう。多いと言うたら、出てくる。そこで、一枚もらう」

「ほんまに、考えてけつかる。一体、どこが足らん？」

「この筋が、一枚足らんのじゃ」

「ちゃんと、六十四文あるわ」

「お客さん、台の節穴を勘定に入れたらあかん」

「あァ、節穴は通らんか？」

「そんな物が通るかいな」

「（節穴に、人指し指を入れて）そやけど、指は通る」

「阿呆なことをせんと、もう一文出しておくれ」

「ほな、ここへ置くわ」

「ヘェ、有難うさんで。おい、二枚通りじゃ！」

「二枚やなんて、人を木の葉か、鉋屑みたいに言うて、馬鹿にしてけつかる」

「こんな所は、人の頭数を、札の数で数えるわ。ムカついてんと、中へ入れ」

「わァ、仰山入ってるな！　オォ――イ、早う幕を開けてや！」

「あれは、緞帳や」

「どんちょう（※何方）でも、だんない！」

「しょうもない洒落を言うな」


ワァワァワァワァワァ言うてる内に出てきたのが、口上言い。

檳榔樹の五ツ紋付に、カルサンの袴を胸高に締めると、手には頬張るような拍子木を持って、舞台の七三まで出てくると、ベタベタベタと、お辞儀をして、

「東西！　〔ハメモノ／三味線・柝頭・〆太鼓で演奏〕長々と打ち囃しまして、さぞ、お待ち久しゅうござりましょう。一座高うはござりまするが、御免お許しな被り、不弁舌なる口上な以て、申し上げ奉ります。〔ハメモノ／『すがき地』。三味線・〆太鼓で演奏〕当白髭大明神、六十一年目屋根替え・正遷宮の儀に就き、我々一座、お招きに預かりましたなれども、ご当地は花の御地と承り、再三、ご辞退致しました所、たってとのお勧めをいただき、おこがましくも推参仕り、初日出だしまするや否や、かくは栄当々のお運び様にて、太夫元・勘定元は申すに及ばず、楽屋一同。者数ならぬ、私めに至りまするまで、有難き幸せに存じ上げ奉ります。東西！　〔ハメモノ／三味線・柝頭・〆太鼓で演奏〕まだまだ述べたき口上の儀はござりますなれども、長口上は芸当番数の妨げ。楽屋内にて、

太夫、身仕度な調いますれば、お目通り。正座までは、控えさせまァ━━す！」〔ハメモノ／『渡り拍子』。三味線・〆太鼓・能管で演奏〕

「ほな、行きますわ。〔揚げ幕を上げて〕シュ━━ッ！」

「〔太夫が舞台正面まで出て、左右に挨拶し、平伏して〕」

「東西！〔ハメモノ／三味線・柝頭・〆太鼓で演奏〕これに控えましたる太夫は、姓名の儀、早竹虎吉が門人にて、和矢竹の野良一めにございます。お目通り相済みましたなれば、舞台半ばに於きまして、二度の身仕度に取り掛からせまァ━━す！〔ハメモノ／『衣装付け』。三味線・〆太鼓・大太鼓・当たり鉦で演奏〕東西！〔ハメモノ／三味線・柝頭・〆太鼓で演奏〕太夫、身仕度な調いますれば、あれに設えましたる蓮台の上へと、足を移す。蓮台は次第々々に迫り上がりましょうなれば、この儀 準え、出世は鯉の滝上り！〔ハメモノ／『早禅』。三味線・大太鼓・銅鑼で演奏〕東西！〔ハメモノ／三味線・柝頭・〆太鼓で演奏〕首尾良く、頂上まで上り詰めましたる上からは、此方より彼方へ張り置きましたる綱の上へと、足を移す。先ず、暫くは足調べ。深草の少将は小町が許へ、通いの足取り！〔ハメモノ／『御所車』。三味線・〆太鼓・大太鼓・能管・当たり鉦で演奏〕〔傘を渡して〕はい、しっかり！」

「〔渡された傘を開き、綱渡りをして〕ヨッ、ハッ！」

「危ない、危ない！」

太夫の足元を、御覧に入れます。

「野中に立ったる、一本杉。ハッ！〔扇子の上で、指を一本立てて〕お目に止まりますれば、体は元へと取り直す。達磨大師は、座禅の形。ハッ！〔扇子の上で、指を二本曲げて〕逆戻り！阿弥陀如来か、釈迦の寝姿。ハッ！〔扇子の上で、二本の指を横に倒して〕逆戻り！名古屋名城は、金の鯱立ち。ハッ！〔扇子の上で、二本の指を逆に立てて〕逆戻り！義経は、八艘飛び。〔扇子の上で、二本の指を飛び廻らせて〕ハッ、ハッ、ハッ、ハッ、ハッ、ハッ！」

どうにでもなりますが……。

「東西！〔ハメモノ／三味線・柝頭・〆太鼓で演奏〕これまでは太夫、首尾良く相勤めましたなれども、これより先は、太夫の身にとり、千番に一番の兼ね合い。綱の半ばで、両手片足の縁を離す。先ず暫くは、沖の大船。船揺りィ――ッ！〔ハメモノ／『錣』。三味線・〆太鼓・大太鼓・篠笛・当たり鉦・ツケで演奏〕さて、さて、さて、さて！さてに雀は、仙台さんの御紋。御紋所は、菊と桐。キリと褌、かかねばならぬ。ならぬ旅籠や、三輪の茶屋。茶屋の姐貴が飛んで出て、騙されしゃんすな、お若い衆。私も若い時ゃ、二度三度。騙された、ションガイナ。オット、違うた。ウチの太夫さんの軽業は、綱の半ばに於きまして、彼方へユラリ、此方へユラリ。ユラリユラリ、落ちると見せて、足にて止める。この儀準え、古い奴やが、野田の古跡は、下がり藤の軽業、軽業ァ――ッ！」

太夫が足一本でブラ下がるはずでしたが、呼吸が狂て、下へドシィ――ン！

「さて、さて、さて、さて！」

「コラ、いつまで口上を言うてる。太夫が綱から落ちて、大怪我(けが)をしてるわ」

「あァ！　長口上（※生兵法(なまびょうほう)）は、大怪我の元じゃ」

『軽業』解説

『東の旅』の中で、見て楽しむネタと言えば、『軽業』がナンバーワンでしょう。
ハメモノを多用し、神社の境内の賑やかさや、見世物小屋の芸の様子を如実に表現しています。

軽業を現代的に言えば、曲芸・アクロバットであり、奈良時代に大陸から伝来した散楽の竿登り・トンボ返りなどが源流とされ、室町時代から江戸時代まで工夫を重ね、盛んに興行されたのが、蜘蛛舞（※蜘蛛が巣をかけ、軒から軒へ渡るように、軽く業をなすことから命名されたらしい）でした。

幕末、江戸の両国や浅草などで、象やラクダを見せる動物見世物や、籠細工・生人形が人気を得ましたが、人間業で民衆を驚嘆させたのが、早竹虎吉。

京都生まれで、京都や大坂で軽業興行を催し、安政四年（一八五七）、江戸へ下り、十年以上、活躍しました。

得意芸は、曲差し（※肩に竿を立て、三味線の曲弾きをする）や、石橋（※長い竿を足で支え、竿に人間や動物を乗せる）などで、後に渡米し、サンフランシスコやニューヨークの興行でも大成功を収めましたが、現地で他界し、明治維新後、実弟が二代目を継ぎ、初代に負けないほどの活躍をしたそうです。

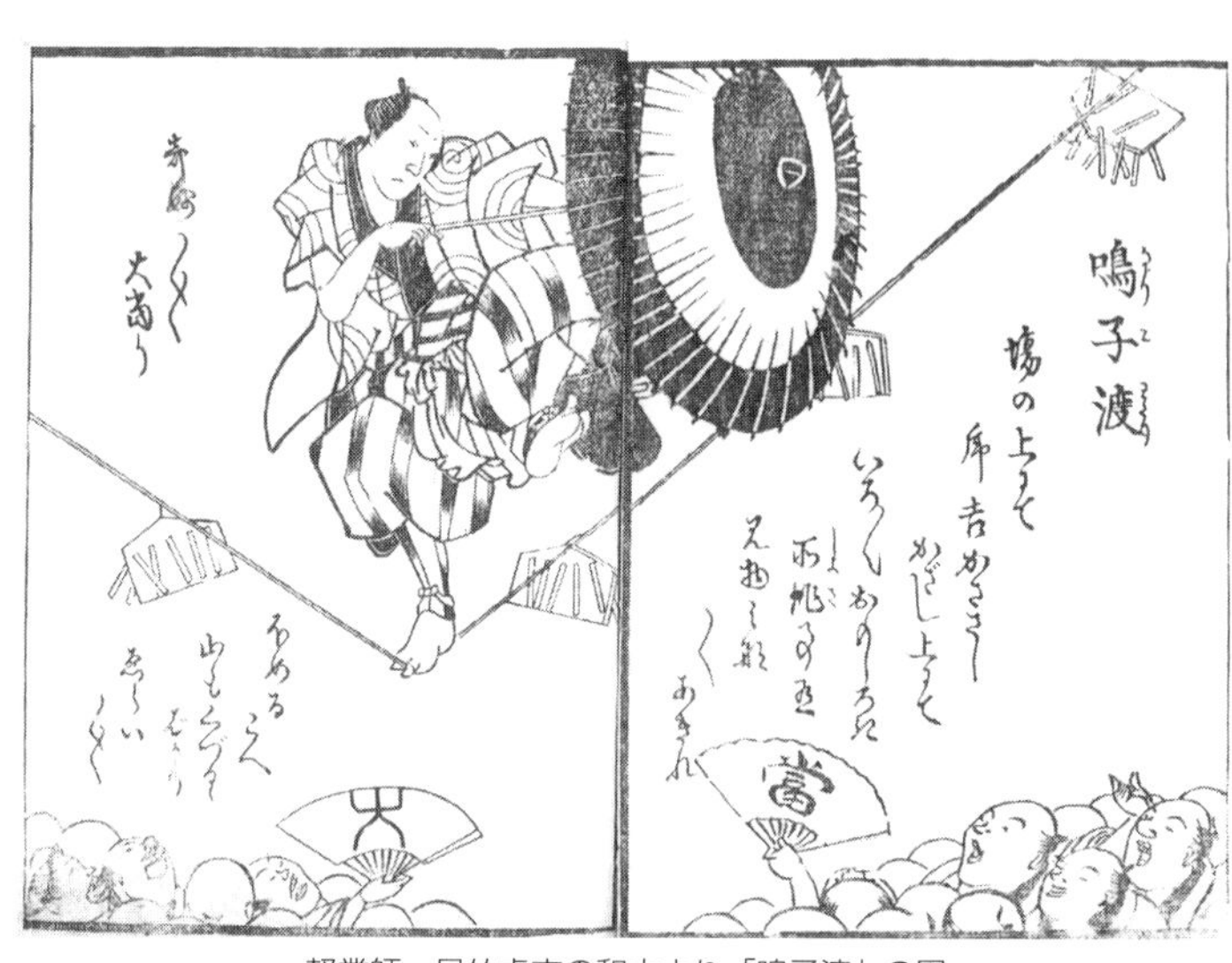

軽業師・早竹虎吉の和本より「鳴子渡」の図

話は現代に戻りますが、約二十年前、東京浅草の浅草寺の近くで、もぎ取りを催していて、入場料は百円。

「大ざる・小ざる」という看板の小屋に入りましたが、壁に小さい笊と、大きい笊が吊ってありました。

馬鹿々々しくて、吹き出してしまったのも味わい深い思い出で、「ケッタイな趣向を許す心が無ければ、殺伐とした時代を迎えてしまうかも？」と考えると、許して楽しもうという気になるのが不思議です。

オチの「長口上は、大怪我の元」は、「生兵法は、大怪我の元」（※中途半端な知識や技術で事を進めると、大失敗の原因になる）の洒落で、俄（※茶番とも呼ばれ、二輪加などとも書き、即興で演じる滑稽な芝居）のオチにもなっていました。

また、綱から落ちた軽業師が、「あァ、身体の彼方此方が痛い」と言うので、「ほんまに痛いのは、どこや?」と聞くと、「かるわざ(※身体)中が痛い」というオチもあります。

白髭大明神の参道の物売りの場面で使う『神楽』というハメモノは、歌舞伎下座音楽『神楽合方』が編曲された物で、もぎ取りで客を呼び込む時は、『金比羅船々』『十日戎』などの陽気な曲を軽快に演奏し、軽業小屋の前の場面では『辻打』に替わりますが、大道芸人が見物人に祝儀をねだる時に演奏する鳴物を、上方では『辻打』と呼んだそうで、四ツ辻で打ち鳴らす囃子が名称になったように思います。

喜六・清八が、軽業小屋に入ってからのハメモノは、口上言いの挨拶で『すがき地』、軽業師の登場で『渡り拍子』、舞台で身仕度を調える時は『衣装着け』(鎧着け)、蓮台で綱へ上がる時は『早禅』、綱渡りをする時は『御所車』、綱の上の芸の時『錣』と、次々に曲が変化することで、如何にも軽業小屋に居るような雰囲気に浸れましょう。

このネタの舞台は、奈良から三輪に至るまでの上街道にある村でしょうが、数々の資料を調べても、その辺りに白髭大明神(※延命長寿の神)という神社は見当たりませんでした。

猿田彦神が白髭大明神と同神であることに因み、伊勢参りのネタに、架空の神社を設定して、具体的な地名を出さずに演じるようになったのかも知れません。

軽業講釈

かるわざこうしゃく

喜六・清八が、一つの村に差し掛かると、神社が見えてきた。

白髭大明神が、六十一年ぶりの屋根替え・正遷宮。

村の入口から、紅釣提灯という赤い提灯を吊って、景気が付けてある。

白髭大明神と書いた額の掛かった石の鳥居を潜って、境内へ入ると、真ん中が参道。

両側には、諸国の物売り・ブッチャケ商人が店を並べております。

正面は、本殿・お神楽堂・社務所。

正面の拝殿からは、お神楽の音が聞こえてくる。


「清めのお神楽！」〔ハメモノ／『神楽』。三味線・大太鼓・能管・銅鑼で演奏〕

「（寿司を握って）こんなんじゃいな、こんなんじゃいな。江戸寿司じゃいな、早寿司じゃいな」

「奥州は、孫太郎虫！」

「本家は、竹独楽屋でござァ──い！（見台へ小拍子を立て、独楽に見立てて）ウゥ──ン！竹独楽屋、竹独楽屋。ウゥ──ン！」

「（見台の上で、小拍子を引っ繰り返して）ソレ、亀山のチョン兵衛はん！」

「伊勢の貝細工、貝細工！」

お参りを済ませて、神社の裏へ廻ると、一軒の軽業小屋。

只今のサーカスの元祖のような物で、お客の頭の上で綱渡りをするだけに、他の小屋より筵で高う囲てある。

表には、十二枚の絵看板。

式三番叟には、あやめ渡り・四ツ綱渡り・乱杭渡り・火渡り・石橋は獅子の飛び付き・一本竹・二丁撞目。

正面には、葛の葉の障子抜けの絵が、大きゅうに描いてある。

両木戸と言うて、両側に木戸を取ると、札場には札を山のように積み上げて、盛り塩で縁起を祝てる。

その前に四斗樽を置いて、上に板を一枚渡すと、その上に座った木戸番は、鬱金木綿の鉢巻物。

襟に「太夫元より」と染め抜いた半纏を引っ掛けると、箱根知らずの江戸っ子という奴で、怪しげな江戸っ子弁を使うて、二枚の札をパチパチ鳴らしながら、前を通る客を引いております。

その隣りの小屋は、講釈・講談の小屋ですが、中へ入ると、七分の入り。

正面に粗末な舞台を設えて、両袖を筵で隠して、何も無いより、「むしろ良え」という塩梅で。

お客が落ち着くまで、講釈の先生は筵の内側で待ってますが、暫くすると、「エヘン！」と咳払いの一つもして、舞台へ現れる。

こんな村へ来る講釈師に、良え先生は居らんようで。

この先生も、日本の津々浦々を廻ってますが、あくまでも津々と浦々だけで、江戸や大坂のような大きな町は行ったことが無いという、頼り無い先生。

着てる着物も、日本中を引きずり廻したような紋付で、黒紋付が日に焼けて、茶色い羊羹色になって、付いてる紋もドス黒うなって、何の紋やらわからんという有様。

袴は擦り切れて、腰に脇差を差してますが、切れるかどうかわからん。

髪を長う伸ばして、総髪。

わかりやすく申しますと、由比正雪か、桃中軒雲右衛門のような髪形をしてる。

余計、わからんようになりましたが……。

お客の前へ出ると、落ち着き払て、ボチボチ語り出した。


「（咳払いをして）オホン！　お早々のお運び様にて、有難き幸せに存じ上げ奉りまする。一席申し上げまするは、全国いずくの島々谷々へ参りましても御馴染み深き所は、『元禄快挙録・義士銘々伝』のお噂。後席は『浪花侠客伝・違袖の音吉』の前席として伺いまするは、『慶元両度・難波戦記』のお噂。頃は慶長の十九年も相改まり、明くれば、元和元年五月七日の儀に候や。所は大坂城中、千畳敷、御々上段の間には、内大臣秀頼公。御左座には、御母公・淀君。介添えとして、大野道犬、主馬修理之助数馬。軍師には、真田左衛門尉海野幸村、同名・大助幸安。〔ハメモノ／『辻打』。三味線・〆太鼓・大太鼓・当たり鉦で演奏〕四天王の面々には、木村長門守重成、長曽我部宮内少輔秦元親！

軽業ァ――ッ！　軽業ァ――ッ！」

「隣りの講釈の先生が、『軽業ァ――ッ！』と呼んではるわ。一寸、行っといで」

「ほな、行ってくるわ。（講釈場へ来て）へェ、先生。何ぞ、御用で？」

「御用では、ござらん！　何じゃ、隣りのドンチャンドンチャン騒ぎは！　私は、声だけの商売。隣りで、ドンチャンドンチャンと囃されては、お客様に声が聞こえん。また、此方の喉にも障る。其方も商売だけに、鳴物を使うなとは申さんが、大太鼓の代わりに〆太鼓、〆太鼓の代わりに鼓をあしろうて、もう少々、静かにしていただきたい！」

「あァ、すまんことで。今日が初日だけに、お神酒が入って、音が大きかった。講釈と軽業の小屋が隣り同士になることは滅多にございませんけど、先生が場割りの籤で、カスを引きはったよって、こうなりまして。少々の音は、ご辛抱願います」

「籤運の悪さはわかっておるが、ドンチャンドンチャンと囃されては、たまらん。もう少々、静かにしていただきたい」

「ほな、若い者に言いますわ」

「宜しく、頼みましたぞ。いや、お客様。甚だ、失敬致しました。あのように申しましたので、もう大丈夫。それでは、改めて、演らせていただきます。えェ、どこまで演りましたかな？　もう一度、初めから申し上げることに致しましょう。（咳払いをして）オホン！　頃は慶長の十九年も相改まり、明くれば、元和元年五月七日の儀に候や。所は大坂城中、千畳敷、御々上段の間には、内大臣秀頼公。御左座には、御母公・淀君。介添えとして、大野道犬、主馬修理之助数馬。軍師には、真田左衛門尉海野幸村、同名・大助幸安。（ハメモノ／『辻打』。三味線・〆太鼓・大太鼓・当たり鉦で演奏）四天王の面々には、木村長門守重成、長曽我部宮内少輔秦元親！　軽業ァ――ッ！　軽業ァ――ッ！」

「また、隣りの先生が『軽業ァ――ッ！』と言うてはるわ。もう一遍、行っといで」

「ほな、行ってくるわ。（講釈場へ来て）へェ、先生。何ぞ、御用で？」

「御用では、ござらん！　先程、頼んだことを、お忘れか。隣りでドンチャンドンチャンとやられたのでは、此方が演れんと申しておるではないか！」

「あァ、忘れてましたわ」

「何ッ、忘れてた？　先程、頼んだばかりじゃ。その方は、三足歩くと忘れる、鶏か！」

「最前、表へ出たら、知り合いにバッタリ会いまして。立ち話をしてる内に、先生の御用を忘れまして。今度は、静めて参ります」

「その方だけが頼り故、呉々も宜しく！　いや、お客様。重ね々々、失敬致しました。あのように厳しく申しました故、もう大丈夫。それでは、改めて、演らせていただきます。えェ、どこまで演りましたかな？　もう一度、初めから申し上げることに致しましょう。（咳払いをして）オホン！頃は、慶長の十九年も相改まり！」

隣りの軽業小屋では、益々、火の手が上がってる。

「東西！〔ハメモノ／三味線・柝頭・〆太鼓で演奏〕これまでは太夫、首尾良く相勤めましたなれども、これより先は、太夫の身にとり、千番に一番の兼ね合い。綱の半ばで、両手片足の縁を離す。先ず暫くは、沖の大船。船揺りィ━━ッ！〔ハメモノ／『錣』。三味線・〆太鼓・大太鼓・篠笛・当たり鉦・銅鑼ツケで演奏〕さて、さて、さて、さて！　さてに雀は、仙台さんの御紋。御紋所は、菊と桐。キリと褌、かかねばならぬ。ならぬ旅籠や、三輪の茶屋。茶屋の姐貴が飛んで出て、騙されしゃんすな、お若い衆。私も若い時ゃ、二度三度。騙された、ションガイナ。オット、違うた。ウチの太夫さんの軽業は、綱の半ばに於きまして、彼方へユラリ、此方へユラリ。ユラリユラリ、落ちると見せて、足にて止める。この儀準え、古い奴やが、野田の古跡は、下がり藤の軽業、軽業ァ――ッ！」

「〔ハメモノ／三味線・大太鼓・銅鑼で、喧しく演奏〕（講釈を語って）大手の門前、突っ立ち上がり、天地も割れる大音声！　やァやァ、我こそは、駿遠三三箇国に、その名ありと知られたる、本多平八郎忠勝が一子、同名・忠朝なり！　軽業ァ――ッ！　軽業ァ――ッ！」

「また、隣りの先生が『軽業ァ――ッ！』と呼んではるわ。ウチの囃子が喧しいよって、講釈が出来んと言うてるか。もっと静かにしてほしいとは、何を吐かしてけつかる。此方は賑やかな囃子が入らなんだら、商売にならん。わしが行って、文句を言うてくるわ。（講釈場へ来て）もし、先生。何ぞ、御用で！」

「今度は、違う奴が来たな。御用では、ござらん！　先程の者に、静かにしてくれと申したのに、隣りのドンチャン騒ぎは、何じゃ！　一向に大騒ぎが収まらず、とても講釈が出来ん。早々に、何とかしていただきたい！」

「もし、先生。軽業が鳴物無しでは、お客が喜ばん。ウチも商売で、先生のことばっかり考えられんわ。先生が籤でカスを引いて、隣り同士になったよって、隣りで鳴物の音がしても、仕方が無い。先生の講釈を聞いてたら、お客が眠とうなるわ。鳴物の音で、お客の目を覚ましてるよって、礼を言うてもろてもええぐらいや」

「言わせておけば、無礼千番！　腰の大小が、目に入らぬか！」

「そんな物が目に入ったら、日本の隅々まで廻れるわ」

「この上、手は見せんぞ！」

「見せん手やったら、隠しとけ」

「やァ、何を申す！」


余程、腹が立ったようで、サッと腰の刀を抜くと、「待てェ━━ッ！」と追い掛けました。

軽業小屋の男は、身が軽い。

ポイッと表へ飛び出すと、彼方(あっち)へ跳(と)び、此方へ跳び。

その後を追い掛けましたが、とても追い付かん。

その内に、小さな森へ入って、その後を先生が追い掛けましたが、芸人は口は達者でも、足元が頼り無い。

松の根方(ねかた)に足を取られて、ドタッと倒れた。

軽業小屋の男は、どこかへ逃げてしまいます。


「先生、帰ってきなはったか。あの男は、どうなりました？」

「捕(つか)まえても宜しかったが、武士の情けで、逃がしてやりました」

「嘘を吐(つ)きなはれ。そこで、ドタッと倒れてましたわ。しかし、惜(お)しかったですな。小さな森が無かったら、直(じき)に捕まえられたのに」

「またしても、林（※囃子）に邪魔をされました」

『軽業講釈』解説

東西の落語を通して、一番喧しいネタと言えましょう。

講釈師が講釈を語り出し、暫くすると、『辻打』という曲を喧しく演奏し、三味線ばかりでなく、〆太鼓・大太鼓・当たり鉦・銅鑼という、寄席囃子オーケストラが全力で、講釈の邪魔をするのです。

誰かが立ち直れるぐらいの難儀をするということが、笑いのポイントの一つですが、それは笑い事で済ませるような困りであり、講釈師の困りや怒りが強過ぎるとシラけてしまい、怒りが弱いと笑いに繋がらないだけに、怒りを程良く演じなければなりません。

上演時間に余裕がある場合、軽業師の芸の様子をタップリ演じますが、これも程良い長さが肝心で、軽業師の芸が見せ場になると、後の講釈師の場面が霞んでしまいます。

また、講釈師の身形や様子も細かく伝えておく方が、後の面白さが増すでしょう。

長年、五代目桂文枝師（三代目桂小文枝）の独壇場でしたが、講釈師が「軽業ァ――ッ！」と絶叫する声は絶品で、桂米朝師も「あんなに面白て、怒った声は出せん」と絶賛していました。

ハナ肇とクレージーキャッツや、ザ・ドリフターズ、コント55号でも、このネタのような構成のコントがあり、それが大衆に支持されるのは、近くに難儀な者が居り、自分の暮らしの邪魔をするという社会的問題も、見方を変えると、笑いに繋がるということの証明になるのではないでしょうか。

落語の舞台は昔であっても、普遍的な面白さがあるだけに、キチンと面白さを表現すれば、未来永劫、語り継がれて行くネタになるでしょう。

『東の旅』に『軽業講釈』を入れることに違和感を感じる方も居られるでしょうが、これも一つの記録として、また、『軽業』の変形として、採用した次第です。

元来は、「悪事、千里を走る」という諺を使うオチでしたが、昨今では理解していただける方も少なくなったので、本書のようなオチに改めました。

三輪社

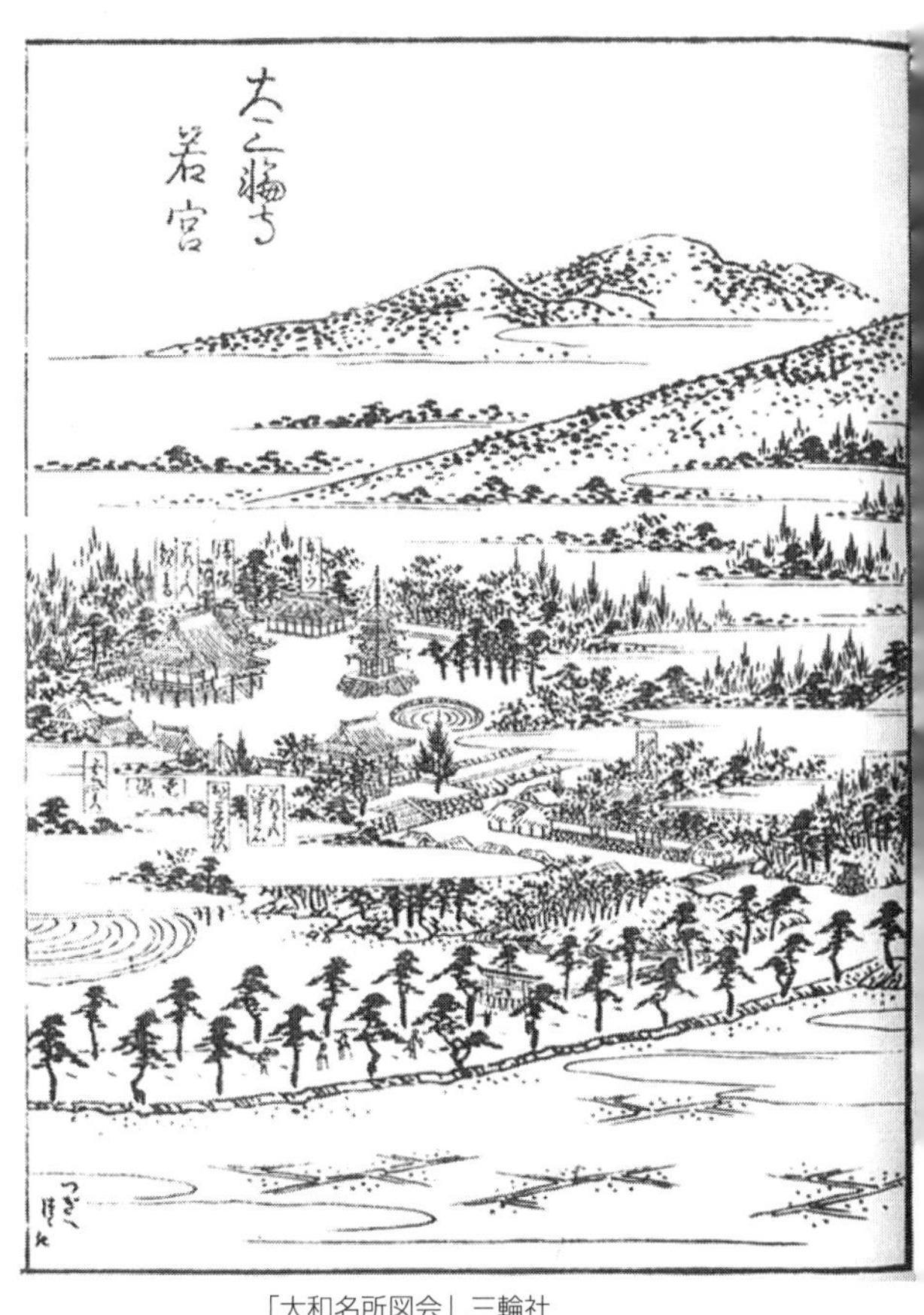

「大和名所図会」三輪社
本文中、軽業の口上に、「三輪の茶屋。茶屋の姐貴が飛んで出て、騙されしゃすんな、お若い衆」とある。

常太夫儀太夫

つねたゆうぎだゆう

喜六・清八が、奈良から三輪・桜井、西国三十三ヶ所・第八番の札所・長谷寺の手前まで来ると、雨が降ってきたので、日が暮れ小前、宿屋へ飛び込んだ。

「喜ィ公、よう降るな」

「この雨が酒やったら、有難い」

「難儀な時に、ケッタイなことを言うな。この雨の中を歩いたら、身体は冷えるし、道も捗らん。暫く、この宿屋で過ごすしかないわ。それより、腹が減ったな」

「寒いし、腹が減った。冷たい、ひだるい（※ひもじいこと）」

「今は冷とうて、ひだるうても、晩飯を食べたら、温うて、術無う（※腹一杯で、苦しいこと）なるわ」

「晩ご飯を、お持ちしました」

「あァ、姐さん。冷とうて、ひだるかったわ。温うて、術無うさせて」

「一々、情け無いことを言うな。女子衆さん、お膳をもらうわ。さァ、喜ィ公。温うて、術無うなれ！」

晩ご飯を食べて、ゴロッと横になりましたが、雨は上がりそうにもない。

他の座敷の客も退屈で仕方が無いようで、皆が集まって、博打（ばくち）を始めた。

「おい、清（せえ）やん。隣（とな）りから、ガラッポン、ガラッポンという音が聞こえるわ」

「退屈凌（たいくつしの）ぎに、博打を始めたような」

「わしは博打好きやよって、仲間に入れてもらいたい」

「皆の退屈凌ぎやったら、仲間に入れてくれるわ。（襖（ふすま）を開けて）えェ、御免」

「へェ、誰方（どなた）？」

「隣りの部屋の者ですけど、壁越（かべご）しに良（え）え音が聞こえてきました。嫌いやないよって、仲間に入れてもらいたいと思いまして」

「どうぞ、お入り。退屈凌ぎやよって、皆でやったら宜（よろ）しい」

「ほな、寄せてもらいます」

「あァ、許せよ」

「これは、お武家様。隣りが喧（やかま）しいようでしたら、直（じき）に片付けます」

「いや、左様ではない。大層、面白そうなことが出来ておる。部屋に居（お）れど、退屈でならぬ故（ゆえ）、身共も仲間に入れてもらいたい」

「どうぞ、ご勘弁下さいませ。お武家様に入っていただくような遊びやのうて、端銭（はしたぜに）の遣（や）り取りでございます」

「いや、案ずることは無い。僅（わず）かな銭（ぜに）の遣り取りの方（ほう）が、無難でよいわ」

「ほんまに、捌（さば）けた御方で。此方（こちら）へ、お座りを。さァ、張った、張った！　張って悪いは、親爺（おやじ）の頭。

張らねば食えん、提灯屋！」

「ほゥ、その方は面白いことを申す。町人の賭けは、斯様なことを申すか。一体、何と申した？」

「もう一遍、申し上げます。さァ、張った、張った！　張って悪いは、親爺の頭。張らねば食えん、提灯屋！」

「これは面白き故、身共も申してみよう。（咳払いをして）オホン！　さァ、張った、張った！　張って悪いは、提灯屋。張らねば食えん、親爺の頭！」

「いえ、それは逆様で。何で、親爺の頭を食べます？」


これから博打で盛り上がりましたが、喜六・清八は負けが込んで、懐の路銀や、着物も取られて、襦袢一枚になった頃、表から仰山の者が、バタバタバタ！

「この宿屋で博打を致しておるとは、けしからん。その座敷は、どこじゃ？」

「わァ、廊下が賑やかになってきた」

「喜イ公、喜ぶな！　捕まったら、えらい目に遭うわ」


蜘蛛の子を散らすように、バタバタと逃げ出した。

二階の屋根から落ちる者もあれば、裏の井戸の中へ落ちる奴も居る。

喜六・清八は要領が良うて、宿屋の裏口から、襦袢一枚で逃げ出しましたが、外は真っ暗。

「喜ィ公、出てこい」〔ハメモノ／『凄き』。銅鑼を打ち、三味線・大太鼓で演奏〕

「あァ、えらい目に遭うた。捕まらん内に逃げ出したけど、二人とも襦袢一枚や。雨が降って、傘は無い。外は真っ暗で、提灯も無いわ。襦袢一枚で、どうしょう？」

「真っ暗な山道を歩いて、次の村の家で泊めてもらうしかないわ」

「こんな夜中に、泊めてくれる家があるか？」

「田舎の人は、情け深い。涙の一つも零したら、断らん。頭を下げて、『私らは大坂の芸人ですけど、三輪から初瀬へ来る道で盗人に会うて、着物も金も盗られて、一文の銭もございません。一夜の宿を、お願いしとうございます』と頼むわ。『どんな芸人じゃ？』と聞かれたら、『大坂の浄瑠璃語りで、常太夫・儀太夫と申します』と言うたらええ」

「何ッ、常太夫・儀太夫？　わしは浄瑠璃を、よう語らん」

「いや、浄瑠璃は語らんでもええわ。『一晩泊めていただいて、お座敷を願いたい』と言うたら、浄瑠璃を語る時の着物も貸してくれるし、一晩泊めてくれる。田舎は、浄瑠璃が好きな者が多い。その家で飯を食べて、酒も呑んだ後で、『今晩は疲れてるよって、明日の昼間に語らせていただきます』と言うて、ゴロッと横になって、皆が寝静まった頃、逃げたらええわ」

「また、夜逃げか？」

「夜中に逃げとないけど、仕方が無いわ。とにかく、わしの言う通りにせえ」

「ほな、そうするわ。〔空を見上げて〕雨が上がって、月が出た」〔ハメモノ／銅鑼〕

「雨後の月は、悪々う冴えるわ。あァ、寒い晩になったな」

「身体が凍えて、腹も減ってきた。冷とうて、ひだるい。あァ、ケッタイな所へ出てきた。どうやら、墓原や。月明かりで、石塔が光って、気色が悪い」

「（か細い声を出して）常太夫ゥ――ッ、儀太夫ゥ――ッ」

「おい、清やん。誰かが、『常太夫、儀太夫』と呼んでる！」

「いや、わしが勝手に付けた名前を知ってる者は無いわ」

「常太夫ゥ――ッ、儀太夫ゥ――ッ」

「おい、清やん！　やっぱり、わしらを呼んでるわ」

「まァ、落ち着け。怖いと思うよって、そう聞こえる。耳を澄ませて、よう聞け」

「常太夫ゥ――ッ、儀太夫ゥ――ッ」

「なるほど、間違い無いわ」

「やっぱり、呼んでるやろ？」

「お前が怖がるよって、誰かが怖がらせてるような。大きな石塔の横で、菰を被った乞食が寝てるわ」

「常太夫ゥ――ッ、儀太夫ゥ――ッ」

「コラ、ええ加減にせえ！　わしらを怖がらせようと、『常太夫ゥ――ッ、儀太夫ゥ――ッ』と言うてるな」

「いえ、そんなことは申しません。菰を被って寝てたら、身体が冷え切って。何も食べてないよって、腹が減ってただけで」

「それが何で、『常太夫ゥーッ、儀太夫ゥ――ッ』になる？」

「私が言うたのは、『常太夫ゥ――ッ、儀太夫ゥ――ッ』やのうて、冷たァ――い、ひだるい」

『常太夫儀太夫』解説

『東の旅』では、喜六・清八が宿屋で騒動に巻き込まれ、夜中に逃げ出すネタが幾つもありますが、中でも『常太夫儀太夫』は、不気味な雰囲気の短編に仕上がっています。

意外な展開に、馬鹿々々しいオチが付いており、笑いが多いとは言えませんが、捨て難い魅力があり、私の好きなネタの一つと言えましょう。

桂米朝・露の五郎（※晩年、二代目露の五郎兵衛を襲名）両師の高座を拝見したのみで、それも粗筋を語る程度の、極めて短い構成になっていました。

『常太夫儀太夫』は、二世曾呂利新左衛門が刊行した「滑稽大和めぐり」に掲載されていますが、この速記は十返舎一九の「東海道中膝栗毛」を模して、主人公の名前も、彌次郎兵衛・喜多八に似せた、紛郎兵衛・似多八として、『東の旅』とは逆に、大坂から三十石で伏見に出て、京都から大津へ向かうコースになっています。

小説仕立てだけに、落語に纏め直す難しさはありましたが、場面の状況が書き込んである分、ネタの世界を把握するには好都合だったことも否めません。

また、常太夫・儀太夫が、常太夫・秀太夫になっており、確かに「冷たい、ひだるい」の言葉合わせなら、常太夫・秀太夫の方が近いようにも思いますが、言葉の言い易さからか、落語では常太夫・儀太夫になっています。

雨が降った後、墓原の石塔近辺で、乞食が「冷たい、ひだるい」と言って、震えている姿を思い浮かべると、「この後、どうなったのだろう?」と思ってしまいます。

私が幼い頃、近所の墓場に迷い込んできた者が居り、夕方、ガタガタと震えながら佇んでいる姿が、今でも脳裏に焼き付いているだけに、幼い頃の思い出と重なってしまいました。

喜六・清八が、長谷寺の手前まで来たということにしたのは、奈良から歩いて、一日の行程だったら不自然さが無く、あの辺りであらば、山の中の淋しい墓原が似合うと考えた次第です。

西国三十三ヶ所・第八番札所の長谷寺は、ご本尊の十一面観世音菩薩（※国の重要文化財）が、国宝や重要文化財の木造彫刻では国内最大の仏像ということに加え、昔から牡丹の名所でも知られていました。

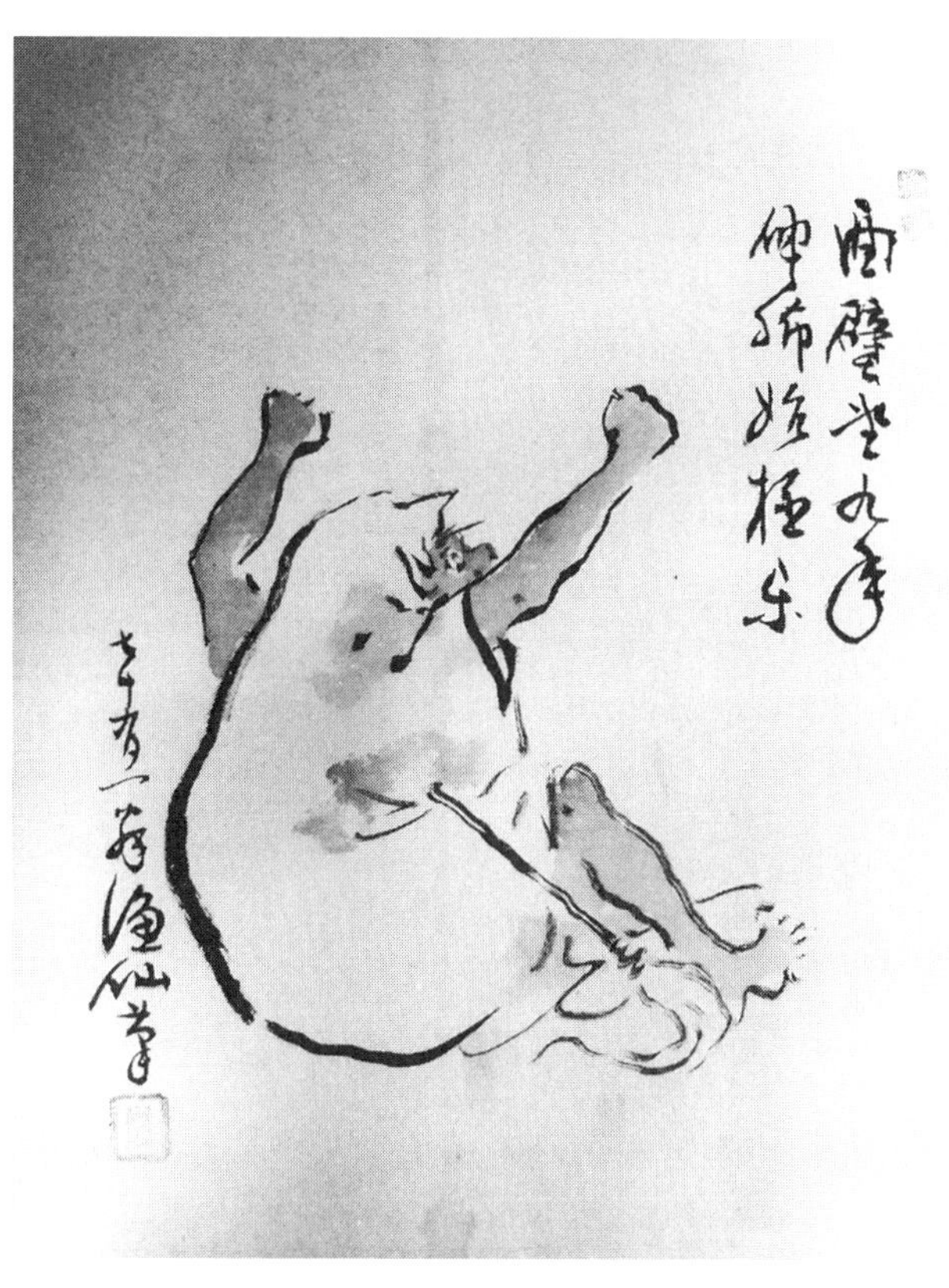

二世曾呂利新左衛門が描いた絵

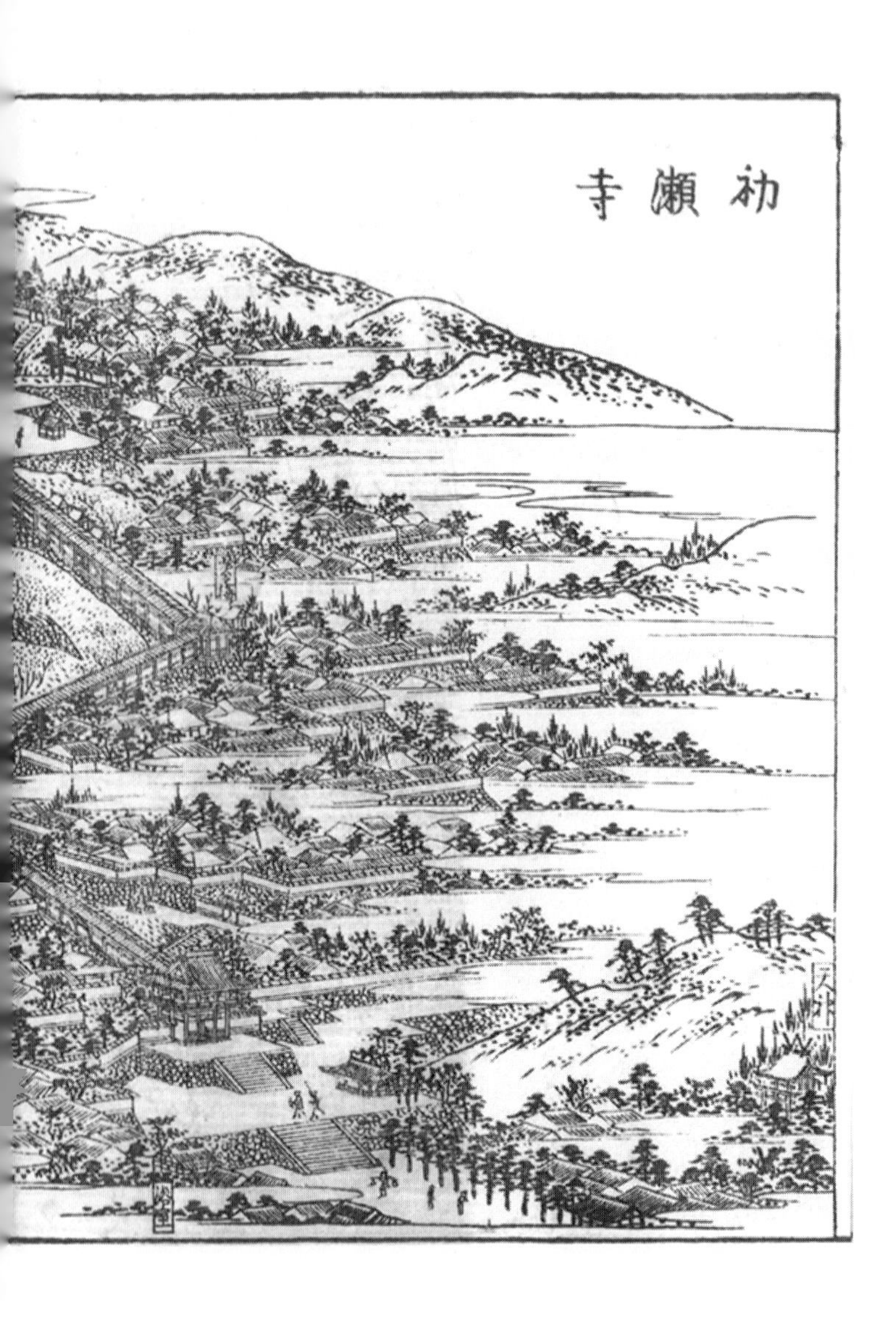
初瀬寺

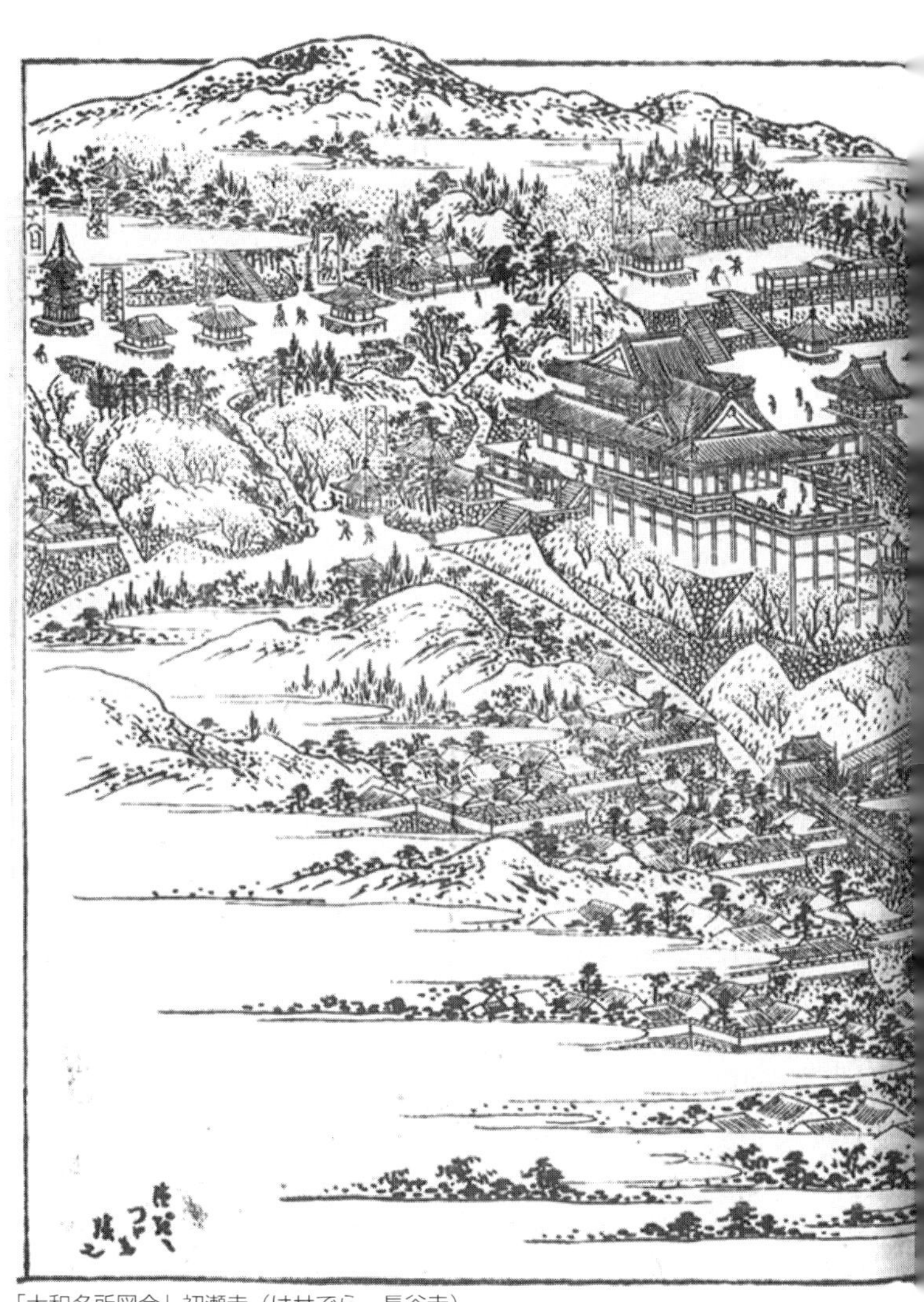

「大和名所図会」初瀬寺（はせでら、長谷寺）

うんつく酒

うんつくざけ

喜六・清八が、奈良から上街道を通って、三輪から榛原へ出ると、それから先は山道になりました。

「おい、清やん。夕べは、仰山呑んだ」

「嬉しそうな顔をするな。渋い酒を、喜んで呑みやがって。辛口・甘口は聞いたことがあるけど、生まれて初めて、渋口の酒を呑んだわ。酒の名前を聞いて、ビックリした。銘酒・トリカブトやて、今、寿命があるだけ幸せや」

「わしは、あの酒の味が大好き！」

「ケッタイな奴や。夕べの酒に、当たったような。頭の中が、ジンジン痛んでるわ」

「どうやら、渋が効いたような」

「ケッタイなことを、喜ぶな！　頭が痛うて、歩けんわ。迎え酒をせんと、ムカつきが治らん」

「向こうに見えてきたのは、酒屋と違うか？」

「軒先に立派な杉玉が吊ってあるよって、酒屋らしい。大きな看板を上げて、玄関に縄暖簾を吊ってる。造り酒屋やったら、ケッタイな酒は出さんわ。二、三合、分けてもらおか。（酒屋へ入って）えェ、御免」

「へェ、お越しやす」

「此方は、酒屋さんで？」

「はい、左様でございます」

「二、三合、分けてもらいたい」

「折角ですけど、ウチは造り酒屋で。町の店に卸してますよって、小売りは致しかねます」

「夕べの宿屋で、質の悪い酒を呑んで、頭が痛んでる。この店の酒を、二、三合、分けてもらいたい」

「お気の毒ですけど、誰方様に限らず、お断り致しております。お宅に売りますと、他の御方に申し訳無い。一樽・一駄と纏めて買うてもろたら宜しいけど、小売りは堪忍していただきます」

「薬を分けてもらうのと同じやよって、人助けと思て、二、三合」

「どうぞ、お引き取りを」

「これだけ、頼んでも」

「ヘェ、ご勘弁を」

「ほな、要らんわ！　何を、偉そうにしてけつかる。小売りをせんのはわかってるよって、頭を下げて、頼んでるわ。あんたは、この店の若い者か？　一人で、店を仕切ってるのやなかろう。旦那や、番頭に聞け！　大坂の大店やったら、どんな客も粗末に扱わんわ。これが、山ガの商法か？　ほんまに美味い酒が呑みたかったら、灘の生一本や、伏見の銘酒を浴びるように呑むわ。そんな応対しか出来ん店の酒やったら、夕べの酒と変わらんな。銘酒・トリカブトは、この店が卸してるか？　伊勢参りの者に、洒落たことを吐かすな。スットコドッコイのカンカンツク！」

「おい、清やん。横で聞いてて、腹が立ってきたよって、わしにも言わせて」

「言いたいことがあったら、言え！」

「ほな、言うわ。コラァ――ッ！　わッはッはッは！」

「笑うな！」

「人前で啖呵を切るのは初めてやよって、嬉しい」

「ほんまに、ケッタイな男や。しっかり、行け！」

「コラァ――ッ！　わしは、嬉しい！」

「それを言うな！　しっかり、行け！」

「コラァ――ッ！　ほんまに美味い酒が呑みたかったら、灘や伏見の酒を浴びて、ベチャベチャになるわ！」

「一々、ケッタイなことを言うな。わしは、『浴びるほど呑む』と言うた」

「ほんまに浴びたら、身体がネチャついて、気色悪い」

「お前の言うことの方が、気色悪いわ」

「酒が呑めなんで、清やんのムカツキが治らなんだら、どうなる？　頭は痛んで、胸がムカムカして、腹も下るわ。山の中で倒れて、息を引き取ったら、わしが葬式を出すことになる」

「コラ、縁起の悪いことを言うな」

「人の寿命は、わからん」

「それを言うな！」

「清やんの葬式は！」

「もうええ！」

「伊勢参りの者に、『威勢（※伊勢）が良え』と、しょうもない洒落を言うな！」

「そんなことは言うてないわ。『洒落たことを吐かすな。スットコドッコイのカンカンカンツク！』と言え」

「あァ、そうそう。オットドッコイのカンカンノウ！」

「お前は、黙ってえ。こんな店は、二度と来んわ。ドンツク！　喜ィ公、表へ出え」

「何と、えらい勢いや」

「コレ、藤助」

「あァ、旦さん」

「奥の間で、お客との遣り取りを聞いてた。ウチは造り酒屋で、小売りはせんと決めてるよって、あんたの応対を叱りはせんが、二人が出て行く時、気になることを言うたな。ドンツクと言うたが、この村には無い言葉じゃ。どう考えても、良え言葉とは思えん。口汚う罵ってたら、聞き捨てならんわ。早う、あの二人を呼び戻しなはれ。呉々も、荒い言葉を使てはならん。穏やかに言うて、呼び戻すのじゃ。『恐れ入りますが、お戻り願いたい。主が、〔五合でも、一升でも売る〕と申しております』と言うて。決して、逃がさんように。早う、行ってきなはれ」

「へェ」

「店の若い者は、割木を持って、集まりなはれ。事と次第によっては、皆で二人をドッキ廻せ！」

「（店に戻って）若い衆の話では、酒を呑ませてもらえるそうで」

「最前は、失礼致しました。私は、この家の主じゃ。此方へ上がって、お座蒲を当ててもらいたい。さァ、藤助。上等の酒を、湯呑みに注ぎなはれ」

「無理を言うて、すまんことで」

「いや、構わん。さァ、皆。表も裏も閉めて、しっかり閂を入れなはれ」

「おい、清やん。何(なん)やら、ケッタイな塩梅(あんばい)や。表も裏も閉め切って、奥から割木を持った若い衆が出てきた」

「一々、震(ふる)えるな。度胸を据(す)えて、出された酒を呑め！」

「いや、喉(のど)を通らん」

「しっかり、呑め！　（酒を呑んで）ほな、胡坐(あぐら)をかかせてもらいます」

「伊勢参りの御方、ウチの酒は美味いか？」

「久し振りに、良え酒をよばれました。ほんまに、極楽気分ですわ」

「極楽へ行く、末期(まつご)の水と思て、心して呑みなはれ」

「末期の水とは、ケッタイなことを仰(おっしゃ)る。一体、どういうことで？」

「あんたが店を出る時、何を言うた？　スットコドッコイのカンカンツクはええが、聞き捨てならんのは、ドンツクじゃ。この村では、そんな言葉は聞いたことが無いが、良えことやなかろう？　事と次第によっては、生きて村を出すことは出来ん。さァ、ドンツクの因縁(いんねん)を聞かせてもらいたい！」

「ほな、ジックリ申し上げますわ。旦さんの後ろの壁(かべ)に張ってある物は、何です？」

「これは日本長者鑑(かがみ)と言うて、日本中の金持ちの名前を番付にしてある。金持ち番付とか、長者番付とかいう物じゃ」

「御存知(ごぞんじ)は無かろうが、それを大坂では、ウンツク番付・ドンツク番付と言いますわ」

「何ッ、ウンツク番付？」

「御存知が無かったら申し上げますけど、大坂今橋に鴻池善右衛門(こうのいけぜんえもん)という御方が居(お)られますわ」

「鴻池さんは、よう存じてます。この番付で大関になってなさる、大金持ちの御方じゃ」

「大坂で初めて、鴻池さんが澄んだ酒を売り出した。昔は、今のような澄んだ酒やのうて、濁り酒ばっかり。ある日のこと、質の悪い職人が、金を貸してくれと頼んだのを、鴻池さんが断った。職人が逆恨みをして、酒を呑めんようにしてやると、酒樽へ火鉢を放り込んで、表へ出て行ったそうな。そうとは知らん鴻池さんが、酒樽から酒を汲み出すと、酒が澄み切って、味も良うなってる。ハテ不思議と、酒樽の底を調べてみると、火鉢の灰が沈んでた。あの職人が、火鉢を酒樽へ放り込んだよって、澄み切った酒が出来たに違いないと、これから鴻池さんが澄んだ酒を造って、ドンドン売るようになったそうな。ドンドン造ると、次々売れる。儲けた金を資本に両替屋を始めて、諸国のお大名へ貸し出して、日本一の金持ちと言われるようになった。ドンと運が付いたよって、ドンツクじゃ。また、三井八郎右衛門という御方は、諸国の巡礼・六十六部に出て、伊勢国・田丸の宿屋に泊まった。夜中に庭の井戸の中が光るよって、不思議に思て、夜が明けてから、井戸の中を探すと、三百両が出たわ。その金をお上に届けると、落とし主が現れんよって、八郎右衛門の物になった。それを元手に、松坂で呉服屋を始めて、ドンドン品物が売れたよって、大坂の高麗橋、江戸にも店を出して、大繁盛。井戸から出た金で運が付いたよって、三井の紋は、井筒の中に三百両の三を入れた。三井さんも、ドンと運が付いたよって、ドンツクじゃ。この店も初めから、こんな立派な店やなかろう？　山ガの村には似合わん、大きな造り酒屋。ドンと運が付いて、これまでになったと思う。ドンツクと言うて、どこが悪い？　人が褒めたことを逆恨みしてるけど、礼を言うてもろてもええぐらいじゃ！」

「（頭を下げて）これは、すまなんだ。どうぞ、堪忍しとおくれ」

「旦さんの周りに居る若い衆が割木を持って立ってるのは、ドツこうという算段で？」

「違う、違う！　コレ、皆。割木を持って、風呂を焚きに行きなはれ。お伊勢参りの御方に、汗を流してもらうのじゃ」

「表も裏も門を入れて、閉めたのは？」

「犬や猫が入ってきたらあかんよって、閉めました。どうぞ、気を悪うせんように。ドンツクと言うて、ウチを金持ちと褒めてもらいましたか？」

「大坂では、金持ちを、ドンツクと言うわ。喜ィ公、そうやろ？」

「いや、阿呆のことや」

「（制して）シャイ！　阿呆ほど金を持ってるという、上等の褒め言葉ですわ」

「知らんというのは、恐ろしい。気を悪されたら、堪忍しとおくれ。ウチを金持ちと褒めてもろたとは、有難い」

「ほんまに、ドンツクですわ」

「あァ、おおきに！　お二人に、酒を出しなはれ。早う、御馳走の仕度もするのじゃ！」

「まァ、お越しやす」

「此方へ来て、挨拶をしなはれ。これは、私の家内じゃ」

「旦さんのご家内だけに、ウンツク顔をしてなはる」

「何ッ、ウンツク顔！　頭を下げて、御礼を申せ。これから先も、こんなに褒めてもらえることは、滅多に無いわ」

「奥から、お子達が出てきました」

「あれは、私の伜じゃ」

「はァ、子ウンツクで」

「あァ、子ウンツク！　嬉しゅうて、涙が出てきた」

「お店の衆も、ウンツク顔をしてなはる。旦さんのような、ドンツクになるように」

「皆、礼を言いなはれ。早う、お酌をせんか。ドンドン呑んで、御馳走も食べてもらいたい」

「（酒・肴を呑み食いして）どうも、御馳走さんで」

「もっと、ドンドン呑みなされ」

「私らは、生まれ付きの貧乏性。出された物は、皆、いただく性分で。酒も御馳走も、頭の天辺まで詰め込みました」

「ほんまに、蛸みたいな御方じゃ」

「あァ、良え塩梅になりました。ボチボチ、発たしてもらいます」

「二、三日、泊まりなはれ。日本中の、ドンツクの話を聞かしてもらいたい」

「早う、伊勢へ行きたいよって」

「ほんまに、信心深い御方じゃ。『神信心を止めたら、止めた者に罰が当たる』と言いますで、止めやせんわ。この先の心得じゃが、道中で酒が呑みたかったら、造り酒屋で『酒を売ってくれ』と言うてもあかん。そんな時は、『利き酒をさせてくれ』と言うたら、呑ましてくれるわ」

「ほゥ、良えことを教えてもらいました。ボチボチ、発たしてもらいます。旦さんのドンツク、ご家内のウンツク顔、お子達の子ウンツク、お店揃てのドンツク。ほな、御免！（店を出て）喜ィ公、出てこい」

「清やんは、何でも知ってるな。ドンツクは、ド阿呆かと思てた」

「ドンツクは、ド阿呆のことや。あれは、とっさの機転で言うた」

「へエ、清やんは賢いな。それで、命が助かったか？」

「誤魔化さなんだら、どんな目に遭うかわからん。あれだけ呑み食いが出来たら、上等や。早う、この村を出よか」

「オォ━━イ！　お伊勢参りの、お二人りィ━━ッ！」

「あァ、酒屋の主が追い掛けてきた。ドンツクが、バレたらしい」

「いや、そんなことはないわ。旦那は、ニコニコ笑てる。旦さん、最前は御馳走さんで」

「一言、言うのを忘れてた。お二人も、わしらのような立派なドンツクになりなはれ」

「えッ、ドンツク？　私らは、ドンツクは嫌いです」

「生まれ付きの貧乏性は、仕方が無いわ」

『うんつく酒』解説

昭和十一年から約五年間、五代目笑福亭松鶴（しょうふくていしょかく）が私財を投じて、四十九冊も刊行しながら、戦争で紙の手配が出来ず、廃刊となった雑誌「上方（かみがた）はなし」は、昭和四十六、七年に、三一書房から上下巻の豪華本で再刊され、各巻七千五百円で発売されました。

当時、中学生だった私の小遣（こづか）いで買える本ではなく、郷里の三重県松阪市の書店の棚（たな）に並ぶような本でもなかったのです。

高校に進学し、落語研究会を作り、一生懸命に落語を覚えていた私は、三重県立図書館に上下巻が揃（そろ）っていることを知り、早速、借りに行きましたが、貸出禁止。

ノートに書き写そうと考えましたが、各巻八百頁以上あり、コピーも普及していない時代だったため、ガッカリして図書館を後にしましたが、どうしても諦（あきら）め切れず、学校長に貸出依頼書を書いてもらい、一週間の貸出許可を得て、家で必死に書き写しましたが、三分の一も写せず、悔（くや）しい思いをしました。

現在、この本は入手困難で、上下巻揃いで購入すると、十万円近い値がしますが、刊行時の労力を考えると、その値段も当然かと思います。

噺家（はなしか）になり、念願の上下巻を購入しましたが、その中には当時の上方落語界の興味深い記事と共に、聞いたことの無いネタが、数多く掲載されていました。

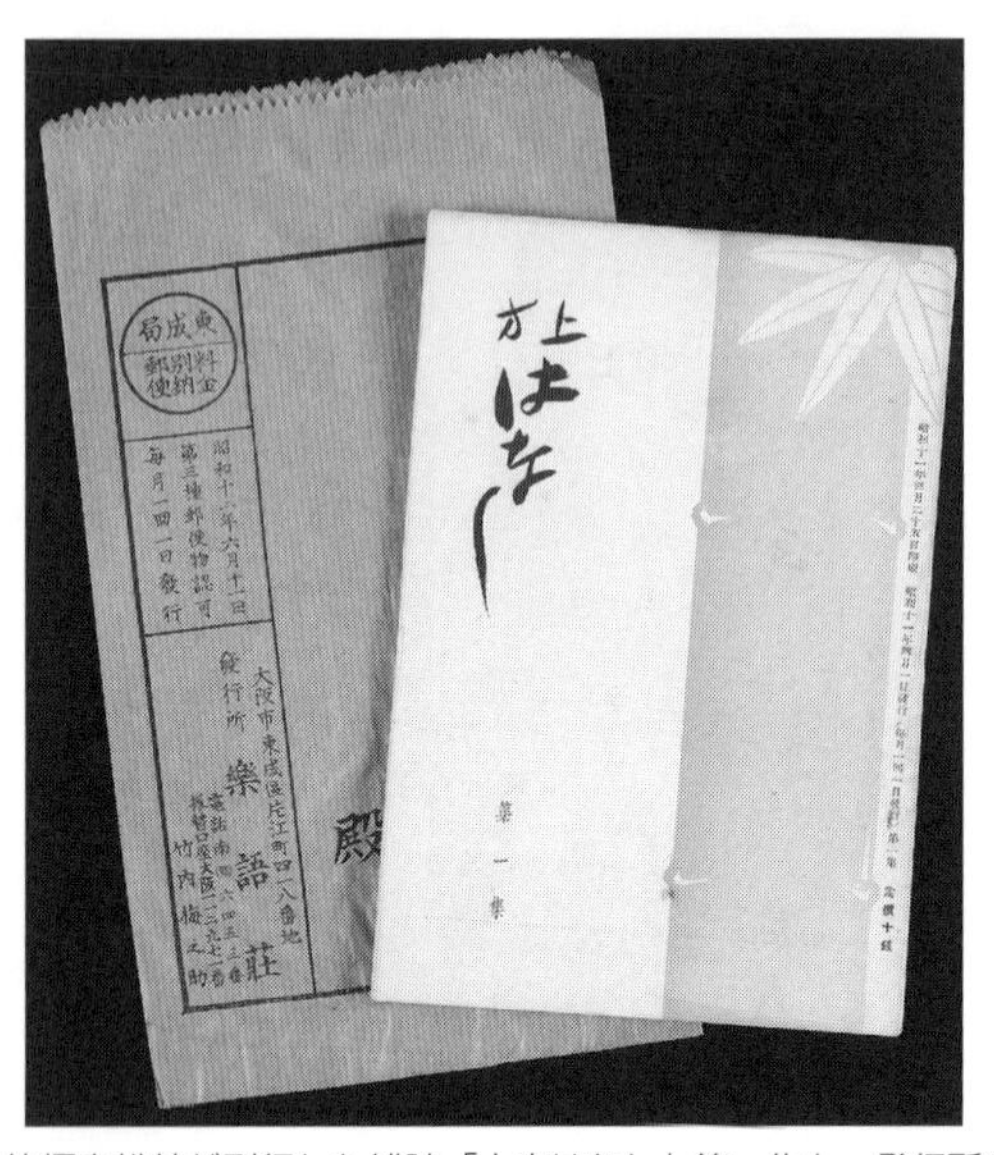

五代目笑福亭松鶴が刊行した雑誌「上方はなし」第一集と、発行所の封筒
昭和11年（1936）4月1日発行

『うんつく酒』は、第四十集（昭和十四年十月刊行）に載っており、この本を読むまでに、何人かの演者で耳にすることはありましたが、この速記のような細かい演出ではなかったのです。

この速記を下敷きにして演じてみましたが、意外に功を奏さず、理屈っぽく演じると、面白さが無くなることに気付いたので、中盤の長丁場の一人しゃべりを効率良く運び、前後に無邪気なギャグを付け、軽い一席物として、再構成しました。

いつも機嫌（きげん）が良く、善人の喜六（きろく）・清八（せえはち）が、『東の旅』では悪さを働くこともありますが、「旅の恥は、掻（か）き捨て」という諺（ことわざ）に免じて、許してやって下さい。

「うんつく」という言葉は、牧村史陽編「大阪方言事典」(杉本書店)では「阿呆。まぬけ。語源不詳」、「日本国語大辞典」(小学館第一版)には「知恵のない者を卑しめて言う語。あほう。のろま。(中略)方言では、東京・長野県北安曇郡・大阪・奈良県・和歌山県・徳島県・香川県高松・愛媛県・大分県宇佐郡(後略)」などと記されており、広範囲で使われていました。

また、「どんつく」という言葉は、「大阪方言事典」では「馬鹿の異称。ウンツクなどと同じく、鈍にツクを付けたものか」、「日本国語大辞典」には「にぶいこと。愚鈍なこと。また、そのさまやその人。のろま。(中略)方言では、新潟県・山梨県・長野県下水内郡・静岡県小笠郡・愛知県名古屋・三重県度会郡・滋賀県蒲生郡・岡山県・香川県高松・高知県土佐郡地蔵寺」などと記されており、古くは浄瑠璃の『平仮名太平記』、「柳多留」(※雑俳書)にも見られ、前田勇氏(※上方言葉研究者)の著書には、「元禄以降の言葉」と記されています。

但し、奈良地方でも、「うんつく」「どんつく」が使われていなかった村もあるようで、それを踏まえた上で作られたネタと言えましょう。

鯉津栄之助

こいつえいのすけ

喜六・清八は、榛原から伊勢本街道を通って、赤埴から諸木野まで来ましたが、昔、ここには興福寺管轄の関所があったそうで。

諸木野の関所まで来ると、突棒・刺股を飾って、正面に紗綾型の唐紙に、白い幕を張り巡らせて、二一天作左衛門・九九八十一郎という勘定高い名前の役人が、豆鉄砲を食ろた鳩のように、目をパチパチさせながら、渋紙で拵えた蛇のような顔で控えております。


「コリャ、待て！　その方らは、何方へ参る？」

「大坂から、伊勢参りを致します」

「両人は、大坂者か？」

「私らは病人やのうて、達者でございます」

「病人ではなく、両人と申したのじゃ。聞き間違いを致すとは、迂闊な奴。関所を通行致す折の、書いた物を所持しておるか？」

「最前、尻を掻きまして」

「汚いことを申すな。通行手形を所持しておらねば、関所を通すことは出来ん。大坂は摂津国であるが、郡(こおり)は何処(いずこ)じゃ?」

「肩に掛けるのが柳行李(やなぎごうり)で、弁当を入れるのが飯(めし)行李」

「そのような行李ではなく、摂津国の何郡と尋(たず)ねておる」

「それやったら、東成(ひがしなり)郡で。私は、指物屋(さしものや)の清八。この男は、下駄(げた)屋の喜六でございます」

「指物屋と、下駄屋か。先日、当国の鯉津栄之守(こいつえいのかみ)様のご嫡男(ちゃくなん)・栄之助(えいのすけ)様が、ご誕生遊ばされた。『めでたき折である故(ゆえ)、芸人が通らば、通行手形が無くとも、関所を通して遣(つか)わすように』とのお触(ふ)れが出ておるが、その方らは芸人ではないな?」

「芸人は通行手形が無(の)うても、通していただけますか? ほな、私らは芸人で」

「嘘・偽(いつわ)りを申すな。先程(さきほど)、指物屋に下駄屋と申したではないか」

「指物屋と下駄屋をしながら、芸人もしております。なァ、喜(き)ィ公」

「一寸(ちょっと)も知らなんだ。清(せえ)やんは、芸人か?」

「(制して)シャイ! えェ、お役人様。この男のトボけも、芸の内で」

「一体、どのような芸を致す?」

「面白いお経の、『阿呆陀羅経(あほだらきょう)』を演(や)りますので」

「清やん、そんな芸が出来るか?」

「噺(はなし)の席へ行ったら、噺家が余興で演ってたのを覚えてるわ」

「ほんまに、何が役に立つかわからん。やっぱり、噺は聞きに行かなあかんな」

「あァ、当たり前や。世の中で、噺ぐらい、役に立つ物は無いわ。お待たせ致しましたが、『阿呆陀羅経』の『無い無い尽(づ)くし』を演らしていただきます」

「『阿呆陀羅経』とは、滑稽な経文か？　然らば、この場で致してみよ」

「へェ、承知致しました。喜ィ公も、『コリャコリャ』とか、『間違い無いわい』とか、合いの手を入れてくれ」

「そんなことは、よう言わん」

「何でもええよって、演れ！」

「その方らは、何を揉めておる。早う、致さんか！」

「ほな、演らしていただきます。（小拍子を打ち、『阿呆陀羅経』を演じて）仏説・阿呆陀羅経」

「（高い声を出して）阿呆陀羅経！」

「中々、上手いがな。（小拍子を打ち、『阿呆陀羅経』を演じて）即ち段々、手枕厄介。イタコ和尚が唱え上げますお経の文句は、何が何だか、何が何だか、わからないけれど。剥げた木魚を横ちょに抱えて、彼方向いて、スカカン。此方向いて、スカカン。スカスカ、バカバカ。どうせ下らん、お経の文句に間違い無いわい！」

「（高い声を出して）間違い無いわァ━━い！」

「ひょっとしたら、どこかで演ってたのと違うか？（小拍子を打ち、『阿呆陀羅経』を演じて）馬鹿げたお経に間違い無けれど、無い物ばかりを取り寄せて、無い無い尽くしと出掛けよか。無い物尽くしのことなれば、ソレ無い、ヤレ無い、何にも無い。江戸の土地には、畑が無い。畑に蛤、掘っても無い。箱根の山には、番所が無い。三本差したる、侍無い。下手な医者では、覚束ない。そこで、命が請け合えない。尼寺さんには、亭主が無い。お布施の貸し借り、見たこと無い。上から上がった試しも無ければ、下から落ちたる試しも無い。私の言うこと、訳わからない。今まで言うこと、纏まらない。畳の三角、玉子の四角、寝巻の振袖、蛙の横跳び、見たこと無いわァ━━い！」

「(高い声を出して) 見たこと無いわァ━━い！」

「えェ、こんな塩梅で如何でございます？」

「中々、見事であった。然らば、通って宜しい。その方らに申しておくが、巷では『こいつは良え』という言葉が流行っておる。これから先も、『こいつは良え』と申してはならんぞ。先程も申した通り、ご誕生の若君は、鯉津栄之助様である故、『こいつは良え』と申すと、障りがある。呉々も、『こいつは良え』と申してはならんぞ」

「へェ、承知致しました。ほな、通していただきます」

「あァ、通れ！　次は、何者じゃ？」

「私は、大坂の浄瑠璃語りでございます」

「浄瑠璃とは、面白い。大坂には、竹本越路太夫という名人が居るそうじゃな？」

「私は越路太夫の弟子で、竹本腰抜太夫と申します」

「何とも、力の入らん名前じゃな。浄瑠璃が見事であらば、通して遣わすぞ」

「ほな、『三十三間堂棟木の由来』を語らしていただきます」

「然らば、語るがよい」

「三味線が無いよって、口三味線で語らしていただきます。チチチンツントン、チチチンチンツンチンツン、チリツチツツ、ツチツチチンツントン、チツチンチリツンチントン、トンテンチンリン、トンテンチン！」

「もう少々、静かに語ることは出来んか？」

「どうしても力が入りますよって、ご辛抱願います。口三味線の前弾き（まえびき）が済んだら、語りますわ。（浄瑠璃を語って）和歌の浦には、名所がござる。一に権現（ごんげん）、二に玉津島。三に下がり松、四に塩釜よ。ヨォイ、ヨォイ、ヨォイとな。（不思議な節になって）坊主、抱いて寝りゃ、可愛（かわ）ゆてならん。どこが尻やら、頭やら」

「暫（しば）し、待て！　浄瑠璃が、馬鹿げた唄になっておるではないか。この後は、心して浄瑠璃の修業を致せ。然らば、その方も通ってよいぞ」

「ヘェ、有難うございます」

「次は、何者じゃ？」

「私は、大坂の手妻（てづま）師でございます」

「手妻と申さば、何も無い所から鳥を出したり、切れ々（ぎれ）の縄（なわ）を一本にして見せたりする芸か？　名前は、何と申す？」

「ヘェ、愚伝斎酔一（ぐでんさいすいいち）と申しますので」

「何やら、酒呑（の）みの見本のような名前じゃな。然らば、見せてみよ」

「手軽な手妻を、御覧に入れます。懐中（かいちゅう）より白紙を一枚取り出し、表と裏を改めると、手の中で揉（も）み上げ、柔（やわり）かくなれば、関所を通った所の手水場（ちょうずば）へ一（ひと）走り！」

「おォ、関所の外へ走り去ったぞ。あァ、後を追うではないわ。あの男の智慧（ちえ）に免じ、関所を通してやる。次は、何者じゃ？」

「噺家（はなしか）と講釈師と音曲（おんぎょく）師の一座で、私は噺家の面白亭玉蘭（おもしろていたまらん）と申します」

「愉快な名前であるが、面白き噺を致すか？」

「大坂ではウケませんよって、旅に出ておりますので。ほな、一席演らしていただきます」

「いや、もうよい！　面白く無い噺を聞かされるほど、辛いことは無いわ。名前の面白さに免じ、通してやる。講釈師は、何と申す？」

「私は、御免名斎御破山で」

「何と、奇妙な名前じゃな。その方の講釈は、如何じゃ？」

「公私混同・支離滅裂・絶体絶命・四面楚歌でございます。ご所望であれば、『聖徳太子と弘法大師の忍術比べ』の抜き読みを！」

「いや、もうよい！　聞いておる内に、頭が痛うなる。その方も許す故、通るがよい。次は、何者じゃ？」

「音曲師の、うたた音亭寝言と申します。これは弟子で、ふんだり亭けったりと、行き当たり亭ばったりでございまして」

「次々と、奇妙な名前ばかりじゃ。音曲師であらば、良い声であろうな？」

「良え声かどうかはわかりませんけど、私と弟子の音曲で、近所の糠味噌が腐って、野良犬が泡を吹いて倒れたという噂でございます。ほな、一節！」

「いや、唄うでない！　そのような音曲を聞かされ、身共の腸が腐ってもいかん。格別の計らいで、通して遣わすぞ！」

「へェ、有難うございます」

皆が智慧を出して、諸木野の関所を通り抜ける。

「おい、喜ィ公。関所は通ることが出来たけど、腹は減ってないか？」

「最前から、ペコペコや」

「向こうに、茶店が見えてきた。一杯呑んで、腹拵（ごしら）えをしょう。（店に入って）親爺（おやっ）さん、邪魔するわ」

「邪魔するのやったら、出て行っとおくれ」

「何ッ？」

「今、邪魔すると言うた。商いの邪魔をされたら、難儀じゃ」

「ほんまに、ケッタイな親爺（おやじ）やな。邪魔するというのは、店へ入ることや」

「あんたは、どこの御方じゃ？」

「わしらは、大坂者や」

「大坂は店へ入ることを、邪魔すると言うか。店を出て行く時は、助ける？」

「ケッタイな理屈を言うな。腹へ入れたいけど、何がある？」

「腹へ入れるのやったら、湯たんぽか、懐炉（かいろ）にしなされ」

「ほんまに、話のしにくい親爺やな。腹へ入れるのは、何か食べたいということや」

「ほな、そう言いなされ。ウチの自慢の泥鰌汁（どじょうじる）は美味（うも）て、最前、拵えた所じゃ」

「山の中の泥鰌は泥臭（どろくさ）ないし、美味（うま）いと思うわ。二人前、持ってきて。それから、一杯呑みたい」

「前に小川が流れてるよって、好きなだけ呑みなされ」

「水を呑むのやのうて、酒が呑みたい」

「ほな、酒が呑みたいと言いなされ。一々（いちいち）、訳のわからんことを言うて」

「大抵（たいてい）、わかると思うわ。冷（ひ）やでええけど、良え酒はあるか？」

「ウチの自慢の、ウメ酒があるわ」

「何でも、自慢や。ほゥ、梅酒は有難い。口当たりも良うて、身体にも良え。梅酒に泥鰌汁は、良え取り合わせや。おい、喜ィ公。田舎の酒や料理は、ビックリするぐらい、美味い物があるわ」

「さァ、仕度が出来た」

「ほな、よばれるわ。（酒を口に含み、吐き出して）ペッ！　何と、えげつない味の梅酒や。梅の匂いもせんし、酸っぽうて、口の中が熱うなるわ。この梅酒は、酸っぱいな」

「あァ、それが自慢じゃ」

「ケッタイなことを、自慢するな。口の中が熱うなって、喉を通らんわ」

「ほな、水でウメとおくれ」

「世の中に、水でウメる酒があるか？」

「それで、ウメ酒じゃ」

「梅酒やのうて、ウメ酒か？　中々、考えてあるな」

「さァ、泥鰌汁も食べなされ」

「酒は諦めて、泥鰌汁で口直しや。（泥鰌汁を食べて）何や、この泥鰌汁は？　泥臭いし、口の中がジャリジャリするわ」

「あァ、それが自慢じゃ」

「自慢は、もうええ！　この泥鰌汁は、土の匂いがするわ」

「この村は、良え土が採れて、それを食べて育った泥鰌じゃ。土のことを、土壌と言うそうな。良え土壌を食べて育った泥鰌で、日本一の泥鰌汁」

「ほんまに、ややこしい泥鰌汁や。何やら、土だけ食べてるような気がするわ」

「清やんが『田舎の酒や料理は、ビックリする物がある』と言うたけど、ほんまや」

「こんな酒や料理では、喉を通らん。〔ハメモノ／『我が恋』。三味線・〆太鼓・大太鼓・篠笛・当たり鉦で演奏〕裏の家は、三味線や太鼓で、賑やかに唄てるわ」

「今日は婚礼で、村の者が集まって、呑めや唄えの大騒ぎじゃ」

「あァ、婚礼か。ほゥ、こいつは良え！」

「上意！　この二人を、縛り上げよ！」

「一寸、待った！　何で、私らが縛られます？　床几に座って、吐き出すようなウメ酒と、土の匂いのする泥鰌汁を食べただけで」

「関所を通る折、『こいつは良え』と申すなと、戒めたであろう！」

「暫く、お待ちを。決して、『こいつは良え』と申しておりません」

「黙れ！　その方の『阿呆陀羅経』を聞き、怪しき奴と思い、後を随けて参った。『こいつは良え』と申したのを、確かに耳に致したぞ」

「それは、お役人様の聞き間違いでございます。裏の家は婚礼で、賑やかに唄てますけど、一人は友禅の着物を着て、もう一人は縞の着物で、若い女子は濃茶の紋付。濃茶の紋付を着た女子は、唄や三味線も上手で、『濃茶は良え』と申しました。決して、『こいつは良え』と申したのではございません！」

「何ッ、『濃茶は良え』と申したとな？」

「へェ、左様でございます。嘘・偽りはございません」

「その方らは、大坂者と申したな？　大坂者は悪賢いと申すが、『こいつは良え』を、『濃茶は良え』とは。わッはッはッは！　あァ、こいつは良え！」

「上意！」

役人が、縛られてしもた。

『鯉津栄之助』解説

年末になると、今年の流行語大賞が話題になりますが、昔から流行言葉はあり、私の好きな流行語は、谷啓の「ガチョーーン！」や、ハナ肇の「アッと驚く、為五郎」、ケロヨンの「バハハァーーイ！」という、今の若者は知らないような言葉ばかりです。

どの時代でも流行言葉はあったようで、その一端を垣間見ることが出来る落語が『鯉津栄之助』で、以前から演じる者が少ない上、昔のチラシ・プログラム・ポスターにも、上演した記録を見つけることは難しく、かなり前から珍品扱いになっていました。

二世曾呂利新左衛門の「滑稽大和めぐり」には、『鯉津栄之助』が細かく綴られています。

このネタは、米朝一門の大先輩・桂朝太郎兄が、手品を入れて演じた高座を見たのと、露の五郎師が演じた速記を読んだだけなので、「滑稽大和めぐり」で前半を構成し、後半の茶店の親爺との会話は、新たに拵えました。

様々な芸を入れ、独自の演出を考えることは出来るでしょうが、それが主になってしまうと、ネタ自体の面白味が薄くなる危険性があります。

趣向は程々に、喜六・清八や、周りの人物の滑稽度を強める方が、ラストまで聞いた時の満足度が増すでしょう。

茶店の裏の家の宴会で使うハメモノの『我が恋』は、上方座敷唄の代表曲で、一番の歌詞では男女の恋を細谷川の丸木橋に譬え、「怖いながらも、渡らねばならぬ」と、恋の険しさを述べ、二番では自らを奴凧に譬え、「他人の忠告では切れない」と意地を張り、三番では儚い恋を、松の名所・住吉浦に譬えて、「逢おう逢おうと、待つばかり」という未練心を述べています。

一番の歌詞は、『菊江仏壇』『稲荷俥』『さくらん坊』などの酒宴の場面で使われ、『地獄八景亡者戯』『貧乏花見』では、ネタに合わせた歌詞に替えられました。

清八が、「阿呆陀羅経」を演じる場面がありますが、元来、この芸が流行り出したのは明治以降で、幕末に演じられていたとは思えませんが、このネタに入れると面白いと考え、時代のズレは承知の上で、遊びとして入れたことを、ご了承下さい。

日本の関所の設置は、飛鳥時代が始まりと言われていますが、江戸時代になると、参勤交代のために、江戸へ続く街道が整備され、諸藩が警備を強化しました。

一般庶民が関所を通るためには、奉行所や寺院が発行した通行手形を見せることが義務付けられていましたが、芸人や力士は芸を披露して通してもらうこともあったようですから、その様子を土台にして、『鯉津栄之助』が纏められたのでしょう。

この落語の舞台は、喜六・清八が伊勢本街道を行くか、伊勢表街道を通るかで、全く違うコースになります。

大坂から伊勢参りをする時、江戸後期までは、伊勢に一番近距離の伊勢本街道を、幕末以降は、北へ大廻りする伊勢表街道の利用が多かったそうですが、私は伊勢本街道の赤埴宿を過ぎた、諸木野辺りを舞台にすることに決めました。

赤埴宿は、室生寺へ向かう分岐点として、旅籠や茶店が立ち並ぶ宿場で、諸木野・山粕・土屋原・菅野・神末に至りますが、諸木野を越えた石割峠の手前に、室町時代中期に興福寺大乗院が設けた、諸木野関所跡があります。

露の五郎師の速記では、喜六・清八が伊勢表街道を通り、伊賀の名張を関所の場所としていました。

名張は藤堂藩で、津に本城があるため、名張は殿様が居るような居ないような複雑な所で、殿様の名前を使ったネタを演じても、お咎めが弛かったという理由によるそうですが、それも一つの考え方と言えましょう。

何れにせよ、武士と庶民の遣り取りが楽しめる、機嫌の良い噺になればと考えています。

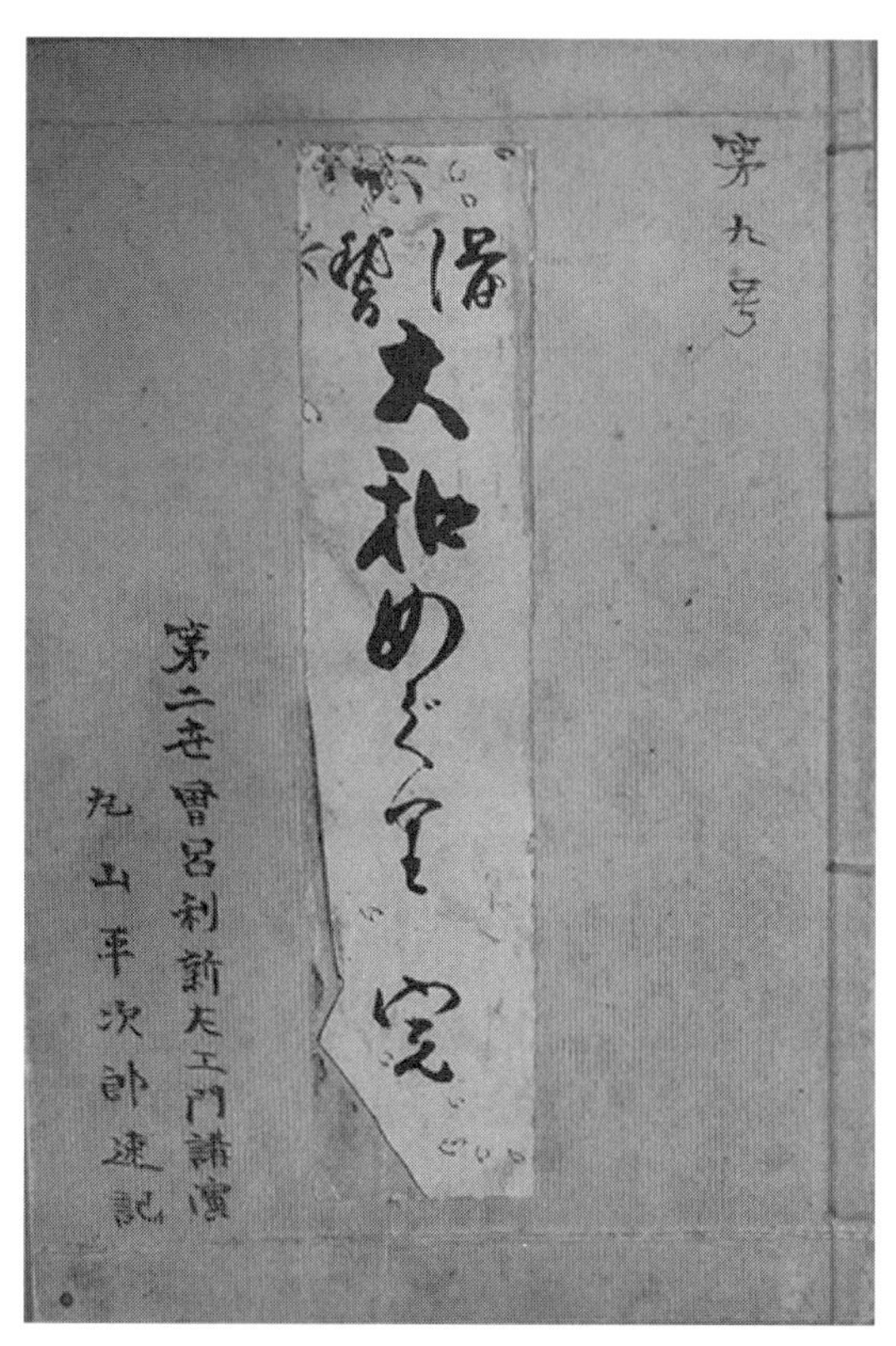

二世曽呂利新左衛門の著書
「滑稽大和めぐり」明治31年刊

三人旅

さんにんたび

喜六・清八が、榛原・神末・上多気を過ぎて、道中で出会うた源兵衛と一緒に、津留の渡しを越えて、相可から田丸の手前まで参りました。


「おい、清やん。何を、ボォ――ッとしてる？」

「源やん、眠たい」

「夕べ、清やんが一番初めに寝たわ」

「確かに、その通りや。夜中に目が覚めて、手水へ行きとなった。雪隠場でしゃがんでたら、雪隠場の隣りで、男と女の話し声が聞こえるわ。宿屋の女子衆を、客が口説いてた。『用が済んだら、お宅の部屋へ遊びに行きます』『ほな、この一文笛を渡しとくわ。用が済んだら、段梯子の下で、ピィ――ッと吹け。わしも部屋から、ピィ――ッと吹く。笛を頼りに来たら、部屋を間違わん』『ほな、そうさせてもらいます』。この話を聞いて、ムカついて！」

「何も、ムカつかんでもええわ」

「色事の話をしてる隣りでしゃがんでるのは、情け無い。今更、『結構な、お話で』と言うて、出て行けるか？　二人の話が終わるまで、雪隠場でしゃがんでたけど、用が無いのに居る場所やないわ。

暑いし、狭いし、臭い。ムカついたよって、二人の話が済んでから、表へ出て、宿屋の前の駄菓子屋が開いてたよって、あるだけの一文笛を買い込んで、宿屋の番頭みたいな顔をして、客の部屋を廻った。『この街道も物騒になりまして、ゴマの灰・枕探しが横行致しております。我々も気を付けますけど、怪しい者が入って参りましたら、ピィ――ッと笛を吹いていただきますように。また、笛の音をお聞きになったら、ピィ――ッと吹いて下さいませ。怪しい者は、ビックリして、逃げると思います』『この宿屋は、気が利く』と言うて、笛がスックリ捌けてしもた。わしも笛を持って、段梯子の下で待ってたら、夜中も大分廻った頃、足音を忍ばせてきたのが、最前の女子衆や。段梯子の下で、嬉しそうに、ピィ――ッ！　二階では、待ちかねたとばかり、ピィ――ッ！『やっぱり、二階や』と言いながら、女子衆が二階へトントントン。上がらせてたまるかと思て、わしも段梯子の下から、ピィ――ッ！『アレ？　笛の音が、下の方から聞こえる』。下へトントントンと降りたら、二階でピィ――ッ！　二階へトントントン、下でピィ――ッ！　下へトントントン、上でピィ――ッ！　何遍も上がり下りした頃、部屋で笛の音を聞き付けた客が、自分の笛をピピピピッ！　その音を聞くなり、女子衆が『あッ！』と言うて、段梯子を上から下まで、ゴロゴロと落ちて、目を廻した。慌てて部屋へ帰って、蒲団の中へ潜り込んだけど、可笑しゅうて。一晩中、蒲団の中で笑てたよって、眠たい！」

「阿呆！　喜ィ公、清やんの話を聞いたか？　おい、喜ィ公。足を引きずって、豆でも潰したか？」

「足が痛いのは、深い訳がある。今朝、顔を洗てたら、宿屋に良え銅の金盥があった。これを売ったら、酒が二升は買えると思て」

「コレ、盗人はするな」

「荷物へ入れようと思たけど、大き過ぎる。懐へ入れたら、布袋の腹みたいになるよって、襟首から背中へ落として、その恰好で飯を食べたけど、気が付かなんだか?」

「いや、一寸も知らなんだ」

「源やんが気が付かなんだら大丈夫と思て、玄関先で草鞋を履いてたら、わしの横へ女子衆が座って、『お発ちになるのは、お名残り惜しい』『もっと居りたいけど、一人だけ勝手は言えん。帰りに寄ったら、ゆっくり話をしょう』『まァ、嬉しいわ』と言うなり、わしの背中を、ポォーーンと叩いた。背中で金盥が、グワァーーン! 『今の音は、何です?』『二人の別れを惜しむ、鐘の音や』『大坂の御方は、口が上手いこと』と言うて、ポンポラポンと叩いた。背中で金盥が、ガンガラガン! 女子衆が『怪しい!』と言うて、えらい力で襟首を摑んで、尻を蹴ったら、背中の金盥が、首筋から飛び出した。『一つ足らんと思うたら、こいつが盗んでた。盗人が知れたよって、皆、出てきて!』と言うと、板場の連中が出てきて、高下駄で向こう脛を蹴ったよって、足が痛うて、歩けんわ」

「一体、何をしてる。一人は居眠って、一人は足を引きずって。仕方が無いよって、馬に乗せたるわ」

こう申しますと、三人だけが街道を歩いてるようですが、そこは天下の伊勢本街道。

伊勢へ向かう者や、上方へ帰る者で、ごった返しております。

大坂辺りの道者が『伊勢音頭』を唄てる、飛脚や鳥追が走るという塩梅。

駕籠屋や馬方も出てますが、この辺りの馬方は、寒い盛りでも、尻切れ半纏に、褌一丁という恰好で、髪の毛は後ろで小そう結うて、爪楊枝で杭を一本打ってる。

昔から、「馬方・船頭、御乳の人」と申しまして、馬方や船頭は、無理を言うたり、口の悪いのが愛嬌で、

「ドゥドゥ、ド畜生が！　長い面、さらしやがって！　脛っぽし、歪んでるがな！」。

落ち着いて聞くと、ケッタイなことを言うてる。

「ド畜生が！」と断らんでも、馬は畜生に間違い無いし、「長い面、さらしやがって！」と言うて、この年になるまで、馬の丸顔は見たことがございません。

「脛っぽし、歪んでるがな！」と言うて、脛は歪むよって、シャンコシャンコと進む訳で、真っ直ぐやったら、跳んで行くしかない。

上品な方が良うても、京言葉で追うたら、馬は前へ進まん。

「チャイチャイチャイ！　何をしておいやすな、阿呆クサ。あんさん、いっかいお顔どすな。おミヤ、歪んでおすわ」と言うたら、馬が「そうどすかいな」と言うて、寝てしまう。

馬は、荒い言葉で追うた方が宜しいようで。


「ほな、馬に乗せてくれるか？」

「質の悪い馬方に摑まったら、酒手や豆代をせびられるわ。喜ィ公は耳が遠て、清やんは物が言えんことにせえ。わしが馬方の応対をするよって、二人は黙っとけ」

「ドゥドゥドゥドゥ、お客さんよォ。馬は、どうじゃな？　コレ、お客さん。馬は、どうじゃ？」

「おい、馬方。その男は、物が言えんわ」

「あんたは、物が言えんか？」

「あァ、物が言えん」

「ちゃんと、言えてるがな。ほんまに、人を嬲るのやないわ。あァ、其方のお客さんよォ。馬は、どうじゃな?　コレ、あんたも返事をしたらどうじゃ!」

「おい、馬方。その男は、耳が聞こえんか?」

「あんたは、耳が聞こえんわ」

「わしは、耳が聞こえん」

「ほんまに、聞こえんか?」

「ほんまに、聞こえん」

「コレ、聞こえてるがな。あんたら、ええ加減にしなはれ!」

「わッはッはッは!　馬方、堪忍して。ほな、わしが応対するわ」

「ほんまに、腹の立つ人じゃ。ほな、あんたに聞くわ。馬は、どうじゃな?」

「あァ、その通りや」

「何が?」

「馬は、ドゥや。牛は、シャイと言うたら、モォ━━ッ!」

「コレ、牛の啼き真似は止めなはれ。馬は、どんな物じゃ?」

「馬は、そんな物や。顔が長て、鬣が生えて、ヒヒィ━━ン!」

「一々、啼きなはんな。わしは、馬をやろかと言うてる」

「馬をもろても、道中の飼葉に困るわ」

「ほんまに、わからん人じゃ。わしは、馬の上へ乗ってくれと言うてる」

「下にも、乗る所があるか?」

「コレ、覗きなはんな。乗るか乗らんか、何方じゃ!」

「とうとう、馬方が怒り出した。乗ってもええけど、何ぼや？」

「あんたらに高う言うても、よう乗らんじゃろ。今から宮川を越すに越せんことはないが、夕景が急わしない。田丸の車屋へ、玄関横付け。オンテで、どうじゃな？」

「オンテは高いよって、オニテに負からんか？」

「何ッ、オニテ？　わしも古うからの馬方で、いろんな符牒を知ってるが、オニテと言われたのは、初めてでな。オニテとは、何ぼじゃ？」

「あんたの言うオンテは、何ぼや？」

「あんたは、知らんと値切ってなさるか。ほんまに、ケッタイな人じゃな。オンテというのは、五本の指を象って、五百で行くと言うのじゃ」

「やっぱり、オニテにして」

「昔から、鬼の指は三本と言うよって、三百にせえと言うのか？」

「いや、唯の三文や」

「何ッ、三文！　嬲ってたら、ド頭を腹の中へにえこまして、臍の穴から世間を覗かすで！」

「馬方が、怒りよった。早う、逃げよ！」

「（走って）おい、待ってくれ！　わしは、足が痛い。何で、あの馬に乗らん？」

「高い馬に乗らんでも、馬は何ぼでも居るわ。もっと、安い馬に乗せたる」

「ドゥドゥドゥ、お客さんよォ。馬は、どうじゃな？」

「言うた通り、何ぼでも出てくるやろ。馬方、何ぼで行く？」

「今から宮川を越すに越せんことはないが、夕景が急わしない。田丸の車屋へ、玄関横付け。ヤミで、どうじゃ?」

「ヤミは高いよって、ツキヨにせえ」

「何ッ、ツキヨ? ヤミというのは、晦日の晩を象って、三百で行くと言うのじゃ。ツキヨは、十五夜を象って、百五十か?」

「『月夜に釜抜く、慌て者』と言うよって、釜抜かれたと思て、タダで行け」

「何ッ、タダ! 嬲ってたら、青竹を口から尻まで突き通して、表裏をコンガリ焼いて、人間の焼物を拵えるで!」

「あァ、怒りよった。早う、逃げよ!」

「(走って)おい、待ってくれ! わしは、足が痛い。何で、あの馬に乗らん?」

「段々、安なる。初めの馬は五百と言うて、今の馬は三百と言うた」

「その分、わしらが前へ走ったように思う」

「要らんことを言うな。百姓が野良仕事の片手間に、豆代稼ぎに出てる馬方は、高いことは言わん。そんな馬に乗ったら、安いわ。この辺りの百姓は、馬と言わんと、オマと言うよって、直にわかる」

「ドゥドゥドゥドゥ、お客さんよォ。オマは、どうじゃな?」

「ほんまに、オマと言うてるわ。おォ、オマ方が出てきたな。ほな、オマに乗ろか」

「お前が、オマと言うな。馬方、何ぼで行く?」

「何ぼかんぼと言うて、オマの飼葉代さえ出たらええわ」

「わしらは、旅慣れてる。高う言うたら、乗らんわ。今から宮川を越すに越せんことはないが、夕景が急わしない。田丸の車屋へ、玄関横付け。一体、何ぼで行く?」

「あんたは、この街道筋に詳しいのう」

「わしらは、一年に何遍も伊勢参りをしてるどころか、一日に何遍も行ったり来たりしてるわ」

「あんたらも、オマ方か？」

「阿呆なことを言うな。一体、何ぼで行く？」

「ほな、二百も張り込んでもらえんか？」

「いや、二百は高いわ。そこを、二百に負からんか？」

「わしは、二百でええと言うてる」

「後から、酒手や豆代をくれと言うやろ。それも込みで、二百で行け」

「ほんまに、旅慣れてなさる。ほな、二百で行かせてもらいますわ」

「あァ、そうか。喜ィ公、お前が先に乗れ。三宝荒神(さんぽうこうじん)の櫓(やぐら)が組んであるよって、三人が一遍(いっぺん)に乗れるわ」

「真ん中に一人乗って、後の二人は、オマの脇に振り分けで乗れる。そこの石に乗って、オマへ乗りなされ。それは、犬の頭じゃ。犬の頭と、石を間違う奴(やつ)があるか。犬に吠(ほ)えられて、不細工な人じゃ。鞍(くら)を持って、オマの上へ乗りなされ」

「(馬に乗って)どっこいしょ！　馬方、この馬に乗るのは止めるわ」

「何でじゃ？」

「この馬は、首が無い」

「あんたは、後ろ向きに乗ってるわ」

「(振り向いて)あァ、あった」

「あらいでか」

「わしも、ケッタイな塩梅と思た。この馬は、首筋から屁をこきよる」

「阿呆なことを言わんと、乗り替えなされ」

「乗り替えるのは、邪魔くさい。尻を上げるよって、キリッと馬を廻して」

「何を言うてなさる。早う、乗り替えなされ。オマが苦しむで、皆が引っ付いてな。ほな、行きますわ。(馬の尻を叩いて)ハイ、ハイ、ハイ。ブゥ！　ハイ、ブゥ！　ブゥ！　ドゥドゥドゥ、ド畜生が！

前の宿場で、豆を仰山食ろたな」

「馬方、何を怒ってる？」

「お客さんよォ、堪忍しとおくれ。オマが、ド屁をタレますのじゃ」

「屁で怒ってるのは、堪忍したれ。今の屁は、わしや」

「あれは、お客さんの屁か！　あんたの屁は、人間離れしとるな。(馬の尻を叩いて)ハイ、ハイ、ハイ。ブゥ！　ハイ、ブゥ！　ブゥ！　ドゥドゥドゥ！　コレ、お客さん。そんなにやられたら、下に居る者がたまらんわ」

「今のは、馬や」

「あんたらは、掛け合いでやっとるか！　もっと、お手柔かに頼みますわ。ほな、行きますでな。(馬の尻を叩いて)ハイ！」

「どうや、喜ィ公。馬に乗ったら、楽や。歩かんでも、(前のめりになって)田丸の宿屋まで着くわ」

「(前のめりになって)何が、楽や。おい、馬方。この馬は、どうなってる？　わしは最前から、ズッと、お辞儀してるわ。前から来る人に、失礼が無うてええけど」

「お客さんよォ、堪忍しとおくれ。このオマは、前足が悪うてな」

「ほな、右足が短いか？」

「いや、左足が長い」

「それは、同じことや。一寸、待った！　馬が、左へ左へ寄って行くわ。左は、えらい崖や。一体、どうなってる？」

「お客さんよォ、堪忍しとおくれ。このオマは、崖が好きじゃ」

「えッ、難儀な馬やな。この馬は可愛らしい顔をしてるよって、大人しいやろ？」

「気の小さい奴で、こないだも目の前を赤犬が横切ったら、ヒヒィ━━ンと嘶いて、棹立ちになったよって、持ってた手綱を」

「ほゥ、グッと引いたか？」

「いや、離した」

「コレ、離すな！　それで、どうなった？」

「ダァ━━ッと、えらい勢いで走って行きよって」

「そやけど、客が乗ってのうて良かったな」

「あァ、一人だけ」

「えッ、乗ってたか！」

「大きな声で、『助けてくれェ━━ッ！』と」

「それは、えらいことや！　一体、どうなった？」

「しかし、可愛い奴じゃ。日が暮れ小前になると、腹が減ったか、家へ帰ってきて、窓から首を突っ込んで、ヒヒィ━━ンと嘶かれたら、怒れんわ」

「そやけど、客は怒ったやろ？」

「いや、何にも言わなんだ」

「それは、ほんまか？」

「明くる朝、谷底で冷とうなっとった」

「おい、死んでるわ！　そんなことは、滅多に無いやろ？」

「あァ、日に一遍」

「コレ！　今日は、もう済んだか？」

「ボチボチ、始まるような」

「早う、降ろしてくれ！」


馬の上で半泣きになってるという、『三人旅』でございました。

『三人旅』解説

学生の頃、テレビで「大坂の喜六・清八が伊勢本街道を通って、明星の手前まで参りました」と演じている『三人旅』を聞いて、「明星は、参宮街道。伊勢本街道やったら、田丸の宿場を通るはず」と思い、首を傾げたことがありました。

榛原から伊勢本街道を通り、菅野・神末・上多気から松坂（※現在の松阪）を抜け、参宮街道へ出ることは出来ますが、その説明が全く無かったため、喜六・清八が伊勢本街道から、急に参宮街道へ飛び出してきたように感じたのです。

しかし、榛原から左へ行き、青山峠を越えるコース（※阿保越え）から、六軒・松坂・櫛田を通るのであらば、明星へ出るのは不自然ではありません。

そこで、私は伊勢本街道の田丸の宿屋・車屋の泊まりに変更しました。

『東の旅』では、榛原を過ぎて、『鯉津栄之助』の後、山中のネタは皆無に等しく、急に喜六・清八が伊勢の手前に出るという、不思議な展開になっています。

その間に、『七度狐』や『軽業』を入れることも出来るという意見もありますが、それらは場所が決まっておらず、実に曖昧な存在となっているだけに、この間に入れ込むことが得策とは思えません。

想像（※創造も）の世界で、お伊勢参りを楽しむ落語の場合、喜六・清八の道程に多少の不自然さがあっても問題は無いでしょうし、山中の地味な話より、少しでも早く、伊勢近辺の派手な話に移行する方が良いという考えも理解出来ましょう。

これは落語だけではなく、十返舎一九の「東海道中膝栗毛」でも、彌次郎兵衛・喜多八が、お伊勢参りを済ませた後、大坂までの道中記は無く、忽然と大坂に現れるのです。

そう言えば、『三人旅』の馬方の場面は、「東海道中膝栗毛」にも似たような話があるだけに、何方かから引用したのでしょう。

元来、大坂と江戸の何方で先に成立した落語か、わかりません。

長年、東京落語の大半は、上方落語から移されたという意見が罷り通っていますが、確証無く述べている場合も多く、東京落語の『時そば』でさえ、上方落語の『時うどん』を移植した証拠も無く、何れかの時代に、無責任に纏められた本の引用や孫引きから、不確かな情報が事実として定着してしまったようです。

『三人旅』には疑問点が数多くあり、喜六・清八の二人旅のはずが、いつの間にか、源兵衛という友達が同道しており、「いつ出会って、どのような理由で一緒に旅をしているのか？」ということの説明もありません。

上方落語で独立して演じられていたネタを、『東の旅』に採り込んだとも言えますし、江戸で上演されていたネタを、上方落語に移植したとも考えられます。

片足が不自由な馬の背中に、三人の男が乗ったため、馬は足を引きずって進むことになるため、『びっこ馬』とも呼ばれており、『尼買い』まで続けて演じる場合もありますが、『びっこ馬』だけで高座を下りる時に、オチは付きませんし、ネタの中に放送禁止用語も出てくるため、テレビ・ラジオで放送されることは稀になりました。

因みに、私の師匠・桂枝雀が、噺家になって間も無い頃の笑福亭鶴光師の『三人旅』を聞いて、その出来の良さに、「私は一体、何をしてきた?」と思ったそうです。

その後、上方落語協会主催の島之内寄席で、キングレコードの収録があり、その時に枝雀が『住吉駕籠』を上演することになっていたのですが、その前に鶴光師が『三人旅』を演ってしまい、両方のネタに同じ場面や、クスグリ(※ギャグ)が出てくるだけに、枝雀は「予め、私はネタを出しているのだから、気を付けてほしい」と言ったという話も聞きました。

無論、「今となったら、良え思い出になってる」ということでしたが、『三人旅』の隠れたエピソードの一つと言えましょう。

鳥声非故國
春色是他郷

「大和名所図会」奈良東大寺西側の、今小路町（いまこうじちょう）から、手貝町（てがいちょう）辺りの旅籠屋。馬の背に、三人乗りの三宝荒神の櫓（やぐら）が組んである。

浮かれの尼買い

うかれのあまがい

喜六・清八・源兵衛が、馬に乗って、伊勢の手前の田丸の宿場へ着きました。

「(手綱を引いて)ドゥドゥ！　コレ、お客さんよォ。馬を、車屋の玄関先へ付けるわ。おい、車屋さんよォ。銭を持ってない客を三匹、捕まえてきた」

「阿呆なことを言うな。もっと、丁寧に言え」

「言えん、言えん」

「ほんまに、難儀な馬方や。ほな、馬から下りるわ」

「お泊まり、有難うさんで。コレ、お濯ぎを持ってこォ――ッ！」

「へェ――イ！」

草鞋を脱いで、足を洗うと、上へ上がって、二階の座敷へ。

「お泊まり、有難うございます。お風呂とご飯の、何方を先になさいます？」

「喜ィ公、どうする？」

「風呂へ入ってから、飯を食う方が美味い。やっぱり、風呂を先にするわ」

「お風呂へ、ご案内させていただきます」

「わしらは、旅慣れてる。風呂ぐらい、探して行くわ」

「お静かに、お行きやす」

「喜ィ公、何を怒ってる？」

「あの女子衆の顔が、ムカつくわ。昨日の宿屋で、金盥を盗って行くのを見つけた女子衆と、ソックリや。昨日の宿屋から、先廻りしてきたかも知れん」

「阿呆なことを言うな。わしと清やんは後で行くよって、先に入ってこい」

「ここで着物を脱いで、褌一丁で行ってくるわ。（廊下へ出て）風呂場は、どこや？　ここから、下へ下りて。（足を止めて）どうやら、ここらしい」

「もし、お客さん。そこは、お手水でございます」

「何ッ、お手水？　それは、わかってる！」

「裸で、お手水へ入りますの？」

「この宿屋は、裸で手水へ入ったらあかんか？　ほな、紋付・羽織・袴・鎧・兜？」

「大層に言いなはんな。お風呂は、別の所でございます」

「ちゃんと、わかってる！　（歩き出し、足を止めて）どうやら、ここらしい」

「そこは、漬物小屋でございます」

「あァ、女子衆が随いてきてるわ。漬物小屋は、わかってる！　わしは風呂に浸かって、漬物を齧るのが好きや。一々、随いてくるな！　（歩き出して）風呂場は、どこや？　（足を止めて）どうやら、ここらしい。（障子を開けて）わッ、お侍の部屋や！」

「何じゃ、無礼者！　一夜なりとも借り受けなば、我が城下。そこへ裸で立ち入るとは、無礼千万。然らば、一刀両断に致す！」

「フェ――ッ！（部屋へ戻って）見て、見て！　ちゃんと、首は付いてるか？」

「一体、どうした？　何ッ、侍の部屋へ飛び込んだ？　阿呆！　風呂の場所は、女子衆に聞いたわ。廊下を真っ直ぐに行って、下へ下りて、右に折れた所や。早う、行ってこい」

「ほな、そうするわ。（廊下へ出て）ほんまに、阿呆らしい。最前の侍は、どうしてる？　一遍、様子を見たろか。障子の穴から、中が覗けるわ。（覗いて）別嬪の女子と、チビチビやってる。この宿屋は、あんな女子が呼べるような。これは、風呂へ入ってる場合やないわ。（部屋へ戻って）呼んで、呼んで！」

「また、喧しゅう言うてる。一体、どうした？」

「呼んで、呼んで！（小指を突き出して）コレ、コレ！」

「お前は宿屋へ着くと、女子を呼びたがるわ」

「今晩だけ、今晩だけ！」

「ほんまに、仕方の無い奴や。（ポンポンと、手を鳴らして）誰か、来てもらいたい」

「ヘェ、お呼びで」

「この宿屋には、酒の酌をして、寝間の相手も勤めてくれる女子は居らんか？」

「今から三人は難しゅうございますが、二人やったら、何とかなると思います」

「あァ、そうか。喜ィ公、お前は諦めてくれ」

「阿呆なことを言うな！　言い出しは、わしや」

「どうぞ、お揉めになりませんように。お一人が、お比丘さんやったら、何とかなります」

「お菊さんでも、お松さんでもええ」

「お比丘さんは、尼さんのことで。ほんまの尼ではございませんが、髪を下ろした、おじゃれという女子が勤めます」

「ほな、喜ィ公。お前が、尼はんや」

「コラ！　何で、わしが尼はんや」

「どうぞ、お揉めになりませんように。昔から、『旅の恥は、掻き捨て』という言葉もございます。私が拵えた籤を引いて、座敷を真っ暗にして、一番の方は一番の女子、二番は二番、三番は三番を相手にしていただきまして、明くる朝、『わしが、お比丘さんやった。わッはッはッは！』と、笑うというのは如何で？」

「それは、面白い！　ほな、そうしてくれるか」

「源やん、盛り上がってきたな」

「喜んでる暇があったら、籤を引け」

「（二階に向かって）下の仕度が出来ましたよって、灯りを消していただきますように」

「よし、わかった。（灯りを吹き消して）フッ！　（ハメモノ／『とっつるがん』。三味線・大太鼓・篠笛・当たり鉦で演奏）源やんが一番を引いたよって、先に行け」

「女子は、段梯子の上がり口に居るような。ほな、わしが手を鳴らす方へ来て。（ポンポンと、手を鳴らして）もし、此方ですわ。オッと、来たな。（女の身体を触って）おォ、撫で肩や。一寸、頭を触るわ。（女の頭を撫でて）あァ、ツルツルや。何も、初めから来んでもええわ。さァ、此方へ来なはれ」

「おい、清やん。次は、お前や」

「よし、わかった。さァ、此方へ来なはれ。（ポンポンと、手を鳴らして）おォ、ご苦労さん。一寸、頭を触るわ。（女の頭を撫でて）あァ、あかん。頭が、ツルツルや。わしに当たるとは、運が悪い。さァ、此方へ来なはれ」

「髪の毛のある女子が、わしに当たってくれ。（ポンポンと、手を鳴らして）姐さん、此方へ。ほな、頭を触るわ。（女の頭を撫でて）わァ、ツルツルや！　まァ、ええわ。さァ、此方へ来なはれ」

部屋を衝立で仕切って、相方の女子と一緒に寝る内に、夜が明けた。


「ほんまに、ええ加減にせえ！」

「おい、清やん。朝から、何を怒ってる？」

「こんなに、腹の立つことは無いわ。最前、相方の寝顔を見た。ウチのお母ンより、年上やと思うわ」

「清やんは、マシや。ちゃんと、頭に毛がある」

「毛なんか、どこにも無いわ！」

「喜ィ公の相方だけ、毛があるか？」

「わッはッはッは！　いや、ウチも無い」

「一体、どうなってる？　ほな、衝立を退けてみよか。わッ！　皆、青々としてるな」

「スイカ畑で、目を覚ましたみたいや。姐さん、起きなはれ。手で、顔を擦ってるわ。耳の後ろへ廻ったら、雨や」

「猫みたいに言うな。話は後でするよって、先に顔を洗いなはれ。喜ィ公、わしらも顔を洗おか」

「ほんまに、阿呆らしい。あァ、そうや。夕べの侍は、どうなった？　障子の破れから、覗いてみよか」

「コレ、婦人。夜前は偕老同穴の契りを結び、愉快を致した。これは決めの他であるが、簪でも求めてもらいたい」

「おおきに、有難うございます」

「フェ――ッ！（部屋へ戻って）やって、やって！」

「また、阿呆声を出してるわ。ちゃんと、顔は洗たか？」

「顔なんか、どうでもええ。早う、女子に祝儀をやって」

「何で、祝儀をやらなあかん。三人共、ツルツルや」

「夕べの侍は、相方に渡してた。わしらが渡さなんだら、大坂者はセコいと思われる」

「そう思われたら、ムカつくわ。仕方が無いよって、祝儀をやろか」

「ほな、女子を呼ぶわ。（ポンポンと、手を鳴らして）姐さん、此方へ来なはれ」

「夕べは、お世話になりまして」

「誰方も、ようお参りで」

「阿呆なことを言うな」

「これから、本番や。（咳払いをして）オホン！　コレコレ、フシン！」

「フシンて、何や？」

「一寸、黙って。夕べは、蛙の尻を、十、千切って、結んだ」

「ケッタイなことを言うな」

「これは決めの他で、簪でも買うてもらいたい」

「もし、お客さん。この頭の、どこへ刺します?」

「心安い大工に頼んで、錐で頭へ穴を開けて」

「そんなことが出来ますかいな!」

「やっぱり、あかんか。ほな、綺麗な鹿子でも掛けて」

「髷も無いのに、どこへ掛けます?」

「ほな、油でも付けて」

「髪も無いのに、油の使い道がございません」

「ほな、お燈明でも上げとおくれ」

『浮かれの尼買い』解説

『三人旅浮かれの尼買い』とも言い、東京落語では『おしくら』という演題になり、『尼買い』では宿場女郎の三人が比丘尼ですが、『おしくら』では三人の内の一人だけが比丘尼という設定になっています。

全員、比丘尼の方が、明朝、真実が見えた時の滑稽さが増すとも思いますが、一人だけ比丘尼が当たる方が、その者だけに困りが集中して、気の毒さがハッキリするとも言えますから、何方が良いかは、聞き手の好みと言えましょう。

東京落語では、宿場女郎を「おしくら」と呼び、『尼買い』では「おじゃれ」と言いますが、「おじゃれ」（※お出であれの訛りとも）と呼びかけて、道中の客を引いたのが語源と言われ、大正以前、大阪近辺で流行した『琉球節』には、「琉球へおじゃるならば、草鞋履いておじゃれ」という歌詞が付いています。

おしくらは、中山道熊谷宿から碓氷峠辺りまでの宿場女郎の別称だそうですが、おしくら饅頭が語源かも知れません。

十返舎一九の「続膝栗毛」では、彌次郎兵衛・喜多八が、中山道妻籠宿の手前で、比丘尼を紹介されて大騒ぎになりますが、これを原話とすると、「続膝栗毛」を下敷きにして、上方落語の『尼買い』が纏められたとも考えられますし、東京落語の『おしくら』が上方

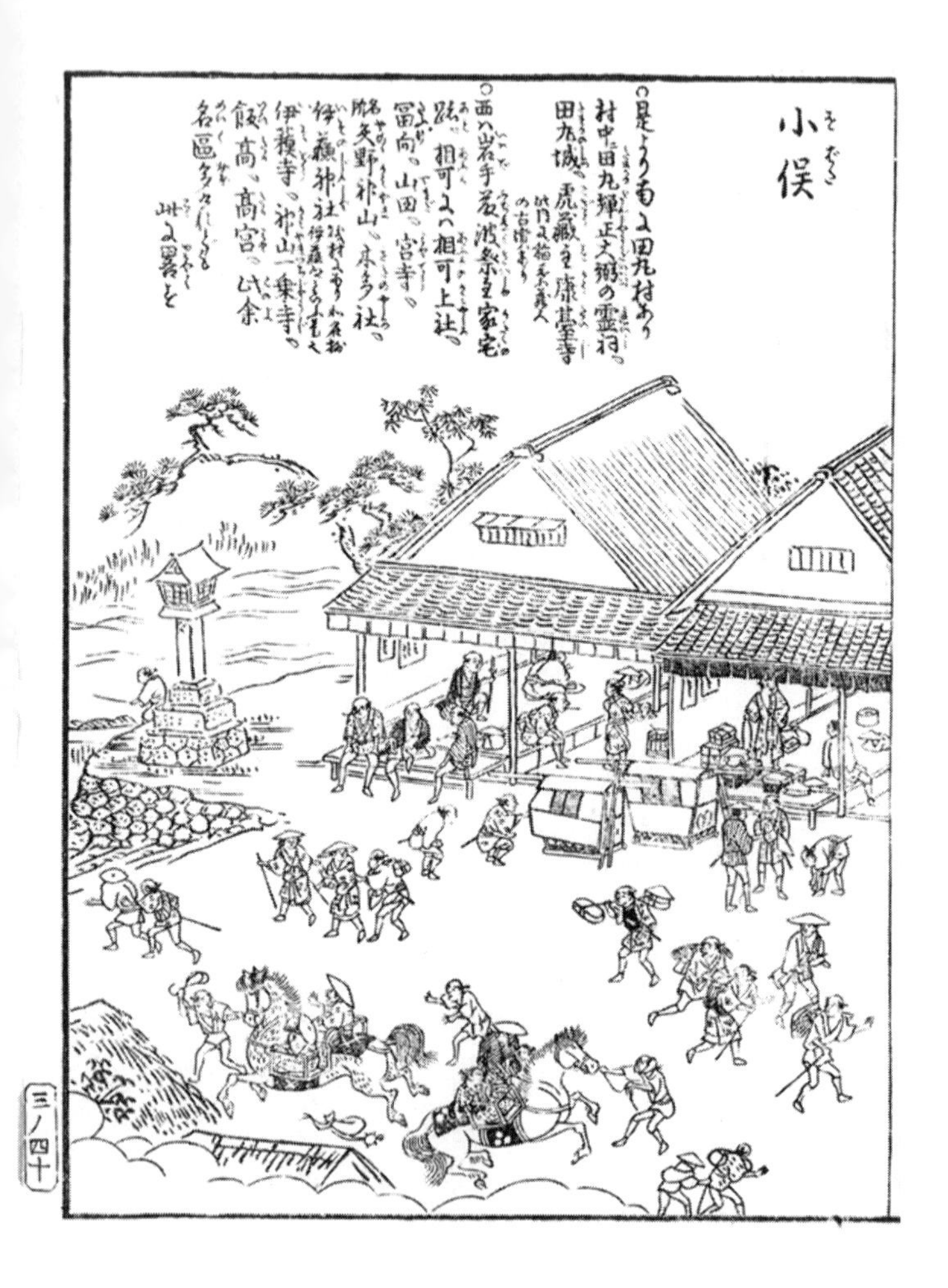
小俣
○是よりも又田丸村あり
村中に田丸弾正大弼の霊祠
田丸城。虎蔵主康基寺
○西ハ岩手岩波祭主家宅
跡。相可又ハ相可上社。
留向。山田。宮寺。
名所矢野神山。本多社。
伊蘇神社
伊賀寺。神山一乗寺。
飯高。高宮。此余
名区多々にしるる
三ノ四十

「伊勢参宮名所図会」小俣（おばた）

落語化されたか、十返舎一九が落語を元に「続膝栗毛」を纏めたか、その時代にタイムスリップしなければ、真実は見えてこないでしょう。

『三人旅』から『尼買い』に続けて上演する場合、馬に乗っている場面で、ハメモノで鈴を鳴らして雰囲気を出すこともありました。

馬を宿場へ暴れ込ませるという奇抜な演出で演じる時は、賑やかな『伊勢音頭』を入れて、宿場に掛かった時には『泊まりじゃないか』という唄入りの曲を使用することもあります。

喜六・清八・源兵衛が順番に、三人の宿場女郎を迎える場面で使う『とっつるがん』という曲は、歌舞伎で男女の色模様の場面に使う『媚めき合方』『色めき合方』の一つを、寄席囃子に編曲しました。

三味線の弾き出し音の、トッツルガンから名付けられたようですが、この名称は寄席囃子のみであり、落語では『お玉牛』『口入屋』『故郷へ錦』などの夜這いの場面に使われ、ネタの雰囲気を高めています。

宮巡り

みやめぐり

喜六・清八が泊まりを重ねて、伊勢の手前の宮川に着きました。

「喜ィ公、これが名代の宮川や」

「わァ、大きな川やな！」

「この川を渡ったら、お伊勢さんや」

「上にも下にも橋が無いけど、川の向こうへ渡るには、どうする？」

「宮川には、渡しが二つあるわ。参宮街道は、桜の渡し。伊勢本街道には、柳の渡しがある。向こう岸まで、渡し船で渡してくれるわ」

「ほな、あんたと私は、柳の渡しで渡してもらうか？」

「コレ、ややこしいことを言うな。渡し場があるよって、向こうへ行こか」

「子どもが裸になって、川縁で水浴びをして遊んでるわ」

「あれは遊びやのうて、禊ぎをしてる。宮川を渡る時、身を清めて、伊勢へ入るわ。参詣人の代わりに、一文ずつもろて、子どもが水を浴びることを、代垢離と言う」

「わしは水浴びが好きやよって、自分で禊ぎをするわ。（着物を脱いで）子ども、その桶を貸して。（水を浴びて）あァ、気持ちが良えわ！　ここで水を浴びて、一文ずつもろて暮らすことにしょう」

「ここまで来て、くじける奴があるか！　着物を着て、渡し場へ下りてこい」

「向こうから、船が来るわ。オォ――イ、船頭。此方へ、船を持ってきて！」

「コレ、何を言うとる。あんたのために、船を彼方へやったり、此方へやったりは出来ん！」

「彼方や此方へやったりせんでも、其方から此方へ来て、彼方へ渡してくれたらええ」

「一々、ややこしいことを言うな。おい、船頭。渡し銭は、何ぼや？」

「お伊勢参りの御方から、銭は取らんわ」

「ほゥ、有難い。おい、喜ィ公。宮川の渡しは、タダやそうな」

「わしは渡し船が好きやよって、この辺りに住んで、毎日、渡し船に乗って暮らすわ」

「また、そんなことを言うてる。この男の言うことは放っといて、乗せてもらうわ。乗合が決まったら、船を出してくれ」

「ほな、出しますでのう！」


宮川を渡って、伊勢参宮街道と伊勢本街道が交わる筋向橋へ出てくると、参詣人が増えて、家並みも立派になってきた。

お伊勢参りの世話をして、宿泊もさせた御師の家が、何々太夫という看板を上げて、周りから『伊勢音頭』が聞こえてくる。

そのまた、陽気なこと。〔ハメモノ／『伊勢音頭』。三味線・〆太鼓・大太鼓・篠笛・当たり鉦で演奏〕

「太々講の御方は、此方へ来てもらいますように」

「伊勢講は、この宿へ泊まります。一服してから、間の山を越えて、古市から内宮へ参りますわ」

「さァ、喜ィ公。やっと、外宮へ着いたわ」

「あァ、ここが外宮か。大坂から、山越え谷越え。こんなに、しんどいとは思わなんだ。外宮へ着いたら、旅の疲れも取れたような気がするわ」

「外宮は、豊受大神宮と言う。そこの手水で、手と口を濯いで、お参りするわ」

「あァ、身を清めるか。（杓で水を掬い、嗽をして）ガラガラガラッ！」

「コレ！　周りの人が、笑てる。手や口を濯ぐのも、作法があるわ。杓で水を汲んで、手を洗う。左の掌で水を受けて、口へ入れて、濯げ。さァ、此方へ出といで。（正面を指して）大きな楠が、平清盛に因んだ清盛楠。奥へ行くと、外宮をお守りになる四至神。ここが、外宮の御正宮や」

「わァ、立派な御社やな！」

「しっかり、お参りせえ」

「ほな、お願いするわ。（合掌して）南無阿弥陀仏、南無阿弥陀仏」

「阿呆！　外宮で、念仏を唱える奴があるか！　お伊勢さんは、寺方を嫌うそうな」

「手を合わしたら、口から念仏が出る」

「考えてから、拝め！　頭を二遍下げて、手を二つ鳴らしてから、もう一遍、頭を下げて拝む。これを、二拝・二拍手・一拝と言うわ」

「二拝と一拝より、酒を三杯呑みたい」

「コレ、意地汚いことを言うな。早う、拝め！」

「頭を二遍下げて、手を二つ鳴らすか。〔ポンポンと、手を鳴らして〕神様、冷やを二杯！」

「阿呆！　外宮に、酒を頼む奴があるか」

「あァ、怒られ通しや。家内安全・五穀豊穣・国家安穏、火事も出さんように、お願いします。清やんの家が焼けても、ウチは焼けんように」

「一々、しょうもないことを言うな！」

「おい、清やん。御正宮から、イカがゾロゾロ出てきた」

「そんなことが聞こえたら、怒られるわ。外宮に仕えてはる、祢宜さんや」

「あァ、祢宜さんか？　イカが、ゾロゾロ出てきたと思た」

「コレ、イカと祢宜を間違う奴があるか」

「イカとネギを和えたら、美味いヌタが出来る」

「終いに罰が当たるわ！　さァ、此方へ出てこい。お前と一緒に居ると、恥の掻き通しや」

「今から、どこへ行く？」

「此方へ来たら、土宮・風宮・多賀宮があるわ」

「いろんな『の宮』があるけど、わしは呑み屋で一杯やりたい」

「酒の話は、もうええ！　ここから間の山を抜けて、古市から御祓町。宇治橋を渡って、内宮へ出るわ」

「わァ、賑やかになってきた！」

「この辺りが、名代の間の山や」〔ハメモノ／『間の山節』。三味線・〆太鼓・大太鼓・当たり鉦で演奏〕

「道の両側で、仰山の人が唄を唄たり、三味線を弾いたりしてる」

「しっとり唄う者も居るけど、道を通る人に一文でも恵んでもらおうと思て、人の気を引くように、ジャカジャカと三味線を弾いて、賑やかに唄う者が多いわ」

「向こうに、人がたかってる」

「あれが評判の、お杉お玉や。髪を綺麗に結うて、ビラビラの簪を刺した別嬪が、三味線を弾きながら唄う顔へ銭を投げても、ヒョイと避けるのが評判になってるわ」

「ほゥ、面白い！　わしも、やったろ」

「いや、止めとけ。慣れてる者でも当たらんよって、銭が勿体無い」

「皆が出来んことがやれたら、値打ちがあるわ。（人を掻き分けて）一寸、御免。（一番前へ出て）あァ、あの別嬪か。ベタ銭を、顔へ目掛けて。（銭を投げて）エイ！」

「（顔を横にズラし、銭を避けて）ハッ！　オホホホホ！」

「わしの顔を見て、笑てけつかる。今度こそ、（銭を投げて）エイ！」

「（顔を横にズラし、銭を避けて）ハッ！　オホホホホ！」

「ほんまに、腹の立つ女子や。道で拾た、仙台銭がある。奥州の仙台だけ使えて、余所では一文の値打ちも無い銭や。（銭を投げて）エイ！」

「（撥で、銭を打ち返して）これは、要りません！」

「（銭が、額へ当たって）あッ、痛い！　撥で、銭を弾き返しよった」

「どうやら、罰が当たったらしい」

「あァ、えらい面当てや」

「しょうもない洒落を言うな。デコが、真っ赤に腫れ上がってるわ。さァ、此方へ出てこい。（正面を指して）ここが名代の古市で、道の両側に立派な旅籠や、お茶屋が並んでる。杉本屋・備前屋・

両口屋・油屋で、もう一寸行くと、麻吉という旅籠があるわ。（右を指して）ここが有名な油屋で、その昔、遊女・お紺と良え仲やった医者・孫福斎が、阿波の藍玉屋のお大尽を斬り殺した騒動を、『伊勢音頭恋寝刃』という芝居にして、大当たりを取った。（左を指して）麻吉の手前を左に入ると、夫婦岩のある二見や、萬金丹を売ってる朝熊山へ抜ける近道がある。この道を下ると、右に見えるのが、猿田彦神社。話をしてる内に出てきたのが、御祓町や」

「わッはッはッは！」

「何を笑てる？」

「お笑い町」

「お笑い町やのうて、御祓町や」

「何と、賑やかな所やな！　道の両側に、土産物屋が並んでる」

「ズラッと並んだ店で、伊勢土産の箸や爪楊枝を売ってるわ」

「箸や爪楊枝やったら、大坂でも売ってる」

「御祓町で売ってる箸や爪楊枝は、二十一年毎の伊勢神宮の御正宮の建替え・御遷宮をする時、御社を取り壊した木で拵えて、御祓町で売るそうな」

「ここで売ってる箸や爪楊枝は、皆が拝んだ内宮の御社の木か？　良え銭儲けを思い付いたよって、爪楊枝を買い占めるわ」

「一体、何をする？」

「友達やよって、清やんにだけ教えるわ。歯と歯の間に、爪楊枝を仰山刺して、『わしの口の中には、伊勢神宮が鎮座されておられる。謹んで、お参りせよ！』と言うて、口の中へ、お賽銭を放り込んでもらう」

「ほんまに、罰が当たるわ！　お伊勢さんへお参りしたら、欲は捨てなあかん。お伊勢さんは霊験あらたかで、六十一年目のお蔭年に来ると、銭の無い者にも、酒・肴・菓子や飯を恵んでくれて、宿屋もタダで泊めてくれるぐらい、施しを惜しまんそうな」

「次のお蔭年は、何年先？」

「一昨年がお蔭年やったよって、五十九年先や」

「次にタダで呑み食いが出来る時、わしは八十を超えてるな」

「その時のお参りは、諦めた方がええわ」

「タダと聞いたら、意地でも長生きする！　這うてでも、戸板で運んでもろてでも、タダで伊勢参りをするわ！」

「大きな声で、意地汚いことを言うな。（左を指して）これが赤福餅で、餅の上へ餡を乗せて、指で三筋の跡を付けて、五十鈴川の流れを表してる。しつこさが無うて、酒呑みでも食べる者が多い。お参りした後、ゆっくり食べよか。（正面を指して）これが、名代の宇治橋や」

「ほゥ、立派な橋やな！」

「この橋を渡って、内宮へ入るわ」

「橋の下で、柄の長い手網を持った男が立ってる」

「あれも名物で、橋の上から銭を投げると、どこへ放っても、手網で受けるわ。一遍、やってみるか？」

「お杉お玉で、えらい目に遭うたよって、止めとくわ。手網で頭を引っ掛けられて、川の中へ引きずり込まれる」

「河童（かっぱ）みたいに言うな。橋を渡ったら、いよいよ内宮や」

「最前、『お伊勢さんは、二十一年毎に、御遷宮をする』と言うたな」

「此方の御社を彼方へ建て替えて、二十一年毎に行ったり来たりするわ」

「彼方と此方を入れ替えるよって、交替神宮（こうたいじんぐう）（※皇大神宮（こうたい））か？」

「しょうもない洒落を言うな。この先が、五十鈴川の御手洗場（みたらし）や」

「あァ、御馳走（ごちそう）さん！　赤福餅を食べる前に、みたらし団子が食べられる」

「五十鈴川で、手や口を濯ぐ所を、御手洗場と言うわ。身を清めたら、此方へ来い。御正宮までの参道は、立派な檜（ひのき）や杉が並んでるわ。石段を上がった所が、御正宮や」

「この石段を上がるのも、しんどい」

「ここまで来て、泣き言（ごと）を言うな。内宮は、失礼の無いようにせえ」

「一寸、内宮さん！」

「声を掛けんでも、心の中で言うたらええ」

「声を出した方が、わかりやすいわ。もし、内宮さん。外宮さんで失礼なことを言うたよって、あんたから謝っといて」

「コレ、神様に遣（つか）いを頼む奴があるか。しっかり、お参りせえ」

内宮の参拝を済ませた二人が、御祓町へ戻ると、浪花講（なにわこう）という幟（のぼり）を持った者が参りました。

「行け、行けェ――ッ！〔ハメモノ／『伊勢音頭』。三味線・〆太鼓・大太鼓・篠笛・当たり鉦で演奏〕

さん！」

駕籠を待たせてるよって、私に随いてきなはれ。駕籠に乗って、御師の宿へ帰ります。あッ、喜ィ

「おッ、玉造の源助はん」

「何と、えらい所で会いましたな。喜ィさんも、お伊勢参りで？」

「友達と一緒に、大坂を出てきまして。あんたは、何をしてなはる？」

「実は、お伊勢参りの講の世話をしてます。これが大当たりで、忙しゅうて」

「商売繁盛で、ほんまに結構！　この男は、友達の清八ですわ」

「ほゥ、それは都合が良え。喜ィさんに、百文貸したままや。返してくれんよって、立て替えてもらいたい」

「阿呆なことを言いなはんな！　今日初めて会うた人に、借金の肩代わりを頼まれるとは思わなんだ。喜ィ公、しょうもない借金をするな」

「スッと払たら、男が上がるわ」

「何を吐かしてけつかる！」

「これは、冗談ですわ。百文は、大坂へ帰ってから返してもろたら宜しい。喜ィさんと会うとは思わなんだよって、御師の宿で一杯やりたいわ。勘定は、私が持ちます」

「ほゥ、有難い！　清やんは、どうする？」

「草臥れたよって、宿屋へ帰るわ」

「あァ、そうか。源助はん、どうしたら宜しい？」

「駕籠で宿屋へ帰りますよって、喜ィさんも乗りなはれ。講の皆さんも、駕籠に乗りましたか？　ほな、

わしも乗りますわ。駕籠屋はん、御師の宿へ行ってもらいたい」

「ヘェ、お履物は直ってますな？　垂れを下ろして、行きますわ。や、どっこいしょ！（駕籠を担ぎ、歩き出して）ヘッホッ、ヘッホッ！」

「あァ、これは極楽や。清やんも、一緒に来たらええのに。（欠伸をして）アァ――ッ！　よう歩いたよって、眠となってきた。一寸、駕籠の中で寝たろか」


喜六は駕籠の中で、ウツラウツラしましたが、拍子の悪いことに、浪花講の駕籠が筋向橋を通る時、信州の太々講の駕籠も来て、二つの講がゴジャゴジャになって、何方が何方の駕籠か、わからんようになってしまう。

浪花講の駕籠は左に曲がりましたが、これも拍子の悪いことに、喜六の乗った駕籠だけが、信州の太々講の駕籠と一緒に、右の参宮街道の方へ行ってしもた。

そんなことを知らん喜六は、駕籠の中で、気楽に寝てる。


「さァ、御師の宿へ着いた。早う、下りなされ。駕籠の中で、鼾が聞こえるわ。先達さん、宜しゅう頼みます」

「まだ寝とるのは、誰だ？　皆の顔が揃とるのに、駕籠が一つ多い？（駕籠の垂れを捲って）お前は、誰だ？」

「（欠伸をして）アァ――ッ、お早う」

「何が、お早うじゃ」

「（見廻して）ここは、どこや？」

「あァ、太々講の宿じゃ。オラ達は、信州の者だ」

「ほな、浪花講の源助はんは？」

「そんな人は、わしらは知らんわ。ワレは、何しに来た？　さては、盗人じゃな」

「一寸、待った！　駕籠の中で寝てただけで、盗人扱いされる覚えは無いわ。わしは大坂の下駄屋の喜六で、盗人のような顔に見えるか？」

「あァ、見えるわ！　どう見ても、盗人顔じゃ」

「コラ、何を吐かす！　太々講か蜜柑講か知らんけど、わしは大坂の人間で、一人で太々講の勘定を払ても、ビクともせんわ。さァ、受け取れ！」

「あァ、銭入れを放り出したぞ。（銭入れの中を見て）五百文と、一寸じゃ。こんな銭で、太々講が買えるか。一晩で、二十両は要るぞ」

「えッ、二十両！　その銭で蜜柑でも買うて、食べとおくなはれ」

「一遍に、気が抜けてしもた。ここは信州の太々講の宿で、浪花講は別の宿じゃ。早う、そこへ行きなされ」

「それは、どこです？」

「ほんまに、頼り無い人じゃ。駕籠屋さん、この人を浪花講の宿へ連れて行ってくれ」

「それは、どこです？」

「何じゃ、駕籠屋も頼り無いわ。道々、人に聞いて行きなされ」

「ほな、そうしますわ。相棒、肩を入れ。（駕籠を担ぎ、歩き出して）ヘッホッ、ヘッホッ！」

「駕籠屋、この辺りで聞いて」

「へェ。（駕籠を下ろして）一寸、お尋ねします。浪花講の宿は、此方で？」

「いや、違います」

「へェ、おおきに。相棒、肩を入れ。（駕籠を担ぎ、歩き出して）ヘッホッ、ヘッホッ！（駕籠を下ろして）浪花講の宿は、此方で？」

「いや、違うわ。もっと、向こうで聞きなはれ」

「へェ、おおきに。相棒、肩を入れ。（駕籠を担ぎ、歩き出して）ヘッホッ、ヘッホッ！ その辻を、此方へ曲がれ。（駕籠を担ぎ、歩き出して）ヘッホッ、ヘッホッ！（駕籠を下ろして）浪花講の宿は、此方で？」

「あんたは、最前の駕籠屋や。何を、グルグル廻ってる？」

「最前、お尋ねしましたか？」

「ウチへ寄って、向こうへ行ったわ」

「あァ、駕籠に酔うてきた。（泣いて）アハハハハ！」

「駕籠の中で、お客が泣いとるぞ。一体、どうしなさった？ 大坂のお客の宿がわからんようになって、彼方此方を探してる？ この辺りを探さんと、筋向橋の向こうで聞いてみなはれ。駕籠の中の人も、早う宿へ着いて、明日は宮巡りをするのじゃ」

「明日の宮巡りより、今、堂々巡りになってるわ」

『宮巡り』解説

「『東の旅』は、上方落語を代表するジャンルである」と述べることが多い割に、約百年以上、全編を通して演じる口演が催されなかったのは、『宮巡り』がネックだったと言っても過言ではないでしょう。

『東の旅』は、お伊勢参りのネタであるにも関わらず、喜六・清八が外宮・内宮を参拝する場面が欠落していることは不思議であり、昔の上方落語の番付を見ても、実に小さな扱いとなっています。

今まで刊行された速記本を探しても、二世曾呂利新左衛門の「滑稽伊勢参宮」（駸々堂）に見られるぐらいで、それも会話の形式を取らず、小説仕立てで綴られているだけに、一席物に仕立て直すことが難儀だったのかも知れません。

しかし、『東の旅』の完全版を口演するには、このネタを避けては通れませんし、三重県松阪市出身で、伊勢神宮の近くで生まれ育った者としては、何とかしたいという思いもあり、平成十一年に『宮巡り』を復活させるべく、伊勢神宮に因んだ事柄を細かく調べ上げ、知識と資料が増えた所で、改めて、「滑稽伊勢参宮」に目を通してみました。

主人公の紛郎兵衛・似多八は、明星宿を出て、宮川を渡り、外宮に参拝すると、二見へ向かいますが、当時は二見興玉神社へ参拝して、禊ぎをし、朝熊山の金剛證寺の参拝を済ませた後、内宮へ廻ることが多かったそうです。

しかし、二見から朝熊山を辿る場面は説明のみだったので、『宮巡り』を纏める時、この部分はカットして、外宮から内宮へ向かうことにしました。

宮川を渡った喜六・清八は、筋向橋へ出て、外宮を参拝しますが、元来、皇大神宮の「内つ宮」に対して、「外つ宮」の意味を持つ外宮（※食物や穀物を司る女神・豊受大御神を祀る）からの参拝が正式とされ、昔から外宮地域を「山田」と呼んでいます。

外宮から内宮へ行くには、御幸通・御木本通・伊勢本街道のコースがあり、どれも約四キロですが、その間の丘陵地帯・間の山にある古市は、江戸の吉原・京都の島原・大坂の新町などと並び称された、日本屈指の色街でした。

「伊勢参り　大神宮にも　ちょっと寄り」という古川柳の通り、古市の遊びも目的の一つ。

備前屋・杉本屋・油屋という大店が並び、歌舞伎『伊勢音頭恋寝刃』は、当時、医者の孫福斎による、油屋で起きた殺傷事件を題材に作られた作品で、現在、孫福斎と遊女・お紺は、大林寺境内の比翼塚で仲良く眠っています。

古市の斜面に建つ、ユニークな楼閣の麻吉は、十返舎一九の「東海道中膝栗毛」にも登場する、人気の高かった旅籠で、現在も営業を続けている文化財。

間の山を抜ける道の両側では、お杉お玉（※小屋の中で、二人の美女が、客の投げる銭を避け、三味線・胡弓などを弾いて唄う）などの大道芸人が、お伊勢参りの道者に声を掛けましたが、この様子を表現した所は、『間の山お杉お玉』という演題にもなっています。

二世曾呂利新左衛門の「滑稽伊勢参宮」では、紛郎兵衛・似多八が内宮を参拝した帰りに、間の山を通り、『間の山お杉お玉』でオチが付きますが、私は逆にしました。

元来、『間の山お杉お玉』のオチは、喜六・清八（紛郎兵衛・似多八）が間の山に差し掛かり、お杉お玉に仙台銭の緡（※穴空き銭の穴に通して括る、細い紐）を投げたのを見た者が文句を言うと、清八（紛郎兵衛）は仙台の者に化け、鼻声になりましたが、相手は承知せず、「いや、お前は大坂者じゃ。大坂者は、瘡かき（※面妖梅毒病）が多い」。

鼻声を出したことで、梅毒患者と間違われた訳です。

当時、大坂で梅毒に冒された者が多かったかどうかは知りませんが、瘡かきとは、出来物が出来ている者という意味で、特に梅毒に冒された者のことを指しました。

明応二年（一四九三）、スペインで大流行した梅毒が、急速にヨーロッパ全域に広がり、バスコ・ダ・ガマのインド航路発見で、中国に伝播し、永正九年（一五一二）には大坂でも発見されたそうですから、大坂は「日本に於ける、梅毒のパイオニア」とも言えるだけに、「大坂者は、瘡かきが多い」というオチも興味深いと言えましょう。

因みに、江戸時代、大坂の医師・船越錦海は、自身の身体で実験し、梅毒の治療薬を開発したそうです。

当時、難病の一つだったことに間違いありません。

お杉お玉の様子は、江戸時代の俳諧師・浮世草子作家・浄瑠璃作家の井原西鶴が著した「西鶴織留」でも紹介されており、二人が唄う『間の山節』の歌詞は、僧・行基の作という説もあります。

私は、伊勢の古老の芸妓が伝える唄を参考にして、寄席囃子に纏め直しました。

伊勢名所圖會

間の山を下ると、災難除け・開運に神徳がある猿田彦神社に至りますが、祭神・猿田彦大神は、天照大御神の孫・邇邇芸命が、三種の神器を授かって降臨される際、高千穂へ導いたことから、物事を良い方へ導く、みちひらきの神とされています。

境内には佐瑠女神社もあり、祭神・天宇受女命は、天照大御神が天岩窟に隠れた時、岩窟前に集まった八百万の神の前で神楽を舞い、天照大御神を外へ誘うことに貢献したことから、芸能の神様・美女の代表・縁結びの神様とされるようになりました。

御祓町は、宇治橋から五十鈴川に沿う、約八百メートルの内宮前の通りで、昔から伊勢土産を売る店・食べ物店が並んでいましたが、伊勢自動車道が整備され、町の中程に、おかげ横丁が出来てからは、観光客の数が急増。

御祓町には、宝永四年（一七〇七）開業で、他人の幸せを素直に喜ぶ精神の「赤心慶福」が名前の由来とされる赤福餅本店もあり、伊勢地方の名物料理（※てこね寿司など）が自慢の料理店・すし久では、毎月

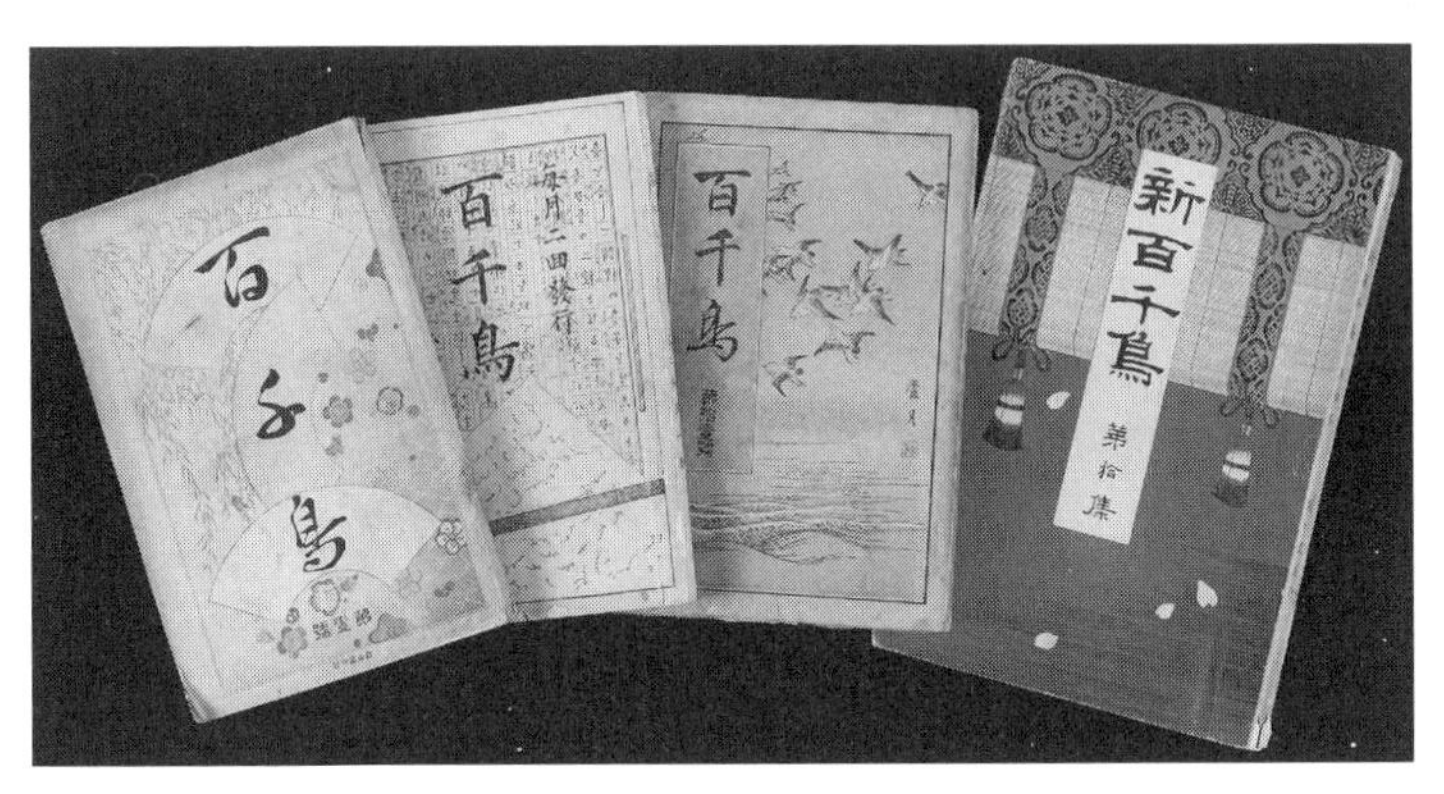

「百千鳥」「新百千鳥」明治中期、速記によって
文字化した落語・講談を連載した演芸雑誌。

晦日に「みそか寄席」が開催されていますが、その階段の壁には講札（※当時の旅行代理店のような講社が用意した看板）が掛かっており、江戸時代にタイムスリップするような気分になります。

宇治橋を渡ると、内宮の神域に入りますが、日本の総氏神で、皇室の御祖神・天照大御神を祭神とする内宮（※皇大神宮）は、今から約二千年前に神路山・島路山を源とする、五十鈴川の川上に遷座されました。

「古事記」や「日本書紀」によれば、内宮の祭神・天照大御神は、最初は皇居内に祀られ、第十代天皇・崇神天皇の御世に倭笠縫邑に祀り（※紀元前九二年）、第十一代天皇・垂仁天皇の御世に、皇女・倭姫命が宇太、近江、美濃と巡幸し、伊勢の神路山麓に祀ったのが起源（※紀元前四年）とされており、社殿の建築様式の美しさを、建築家のブルーノ・タウトは「世界に誇るに足る、日本美の極致」と賞賛しています。

因みに、二十一年目の御遷宮、六十一年目のお蔭年は、各々、数え年での表記であることを、ご了承ください。

宮川東岸
後京極

「伊勢参宮名所図会」宮川東岸（みやがわひがしきし）

其二
東宝殿
玉串御門

「伊勢参宮名所図会」外宮（げくう）
渡会宮（わたらいのみや）　豊受大神宮（とようけだいじんぐう）

間の山

「伊勢参宮名所図会」間の山（あいのやま）

古市

「伊勢参宮名所図会」古市（ふるいち）

宇治橋
五十鈴川
御裳濯川 とも云
君が代の久しかるべし わたらひや 五十鈴の川の 流れ絶せで
前中納言匡房

「伊勢参宮名所図会」宇治橋（うじばし）
「橋の上から銭を投げると、どこへ放っても、手網で受ける」とある。

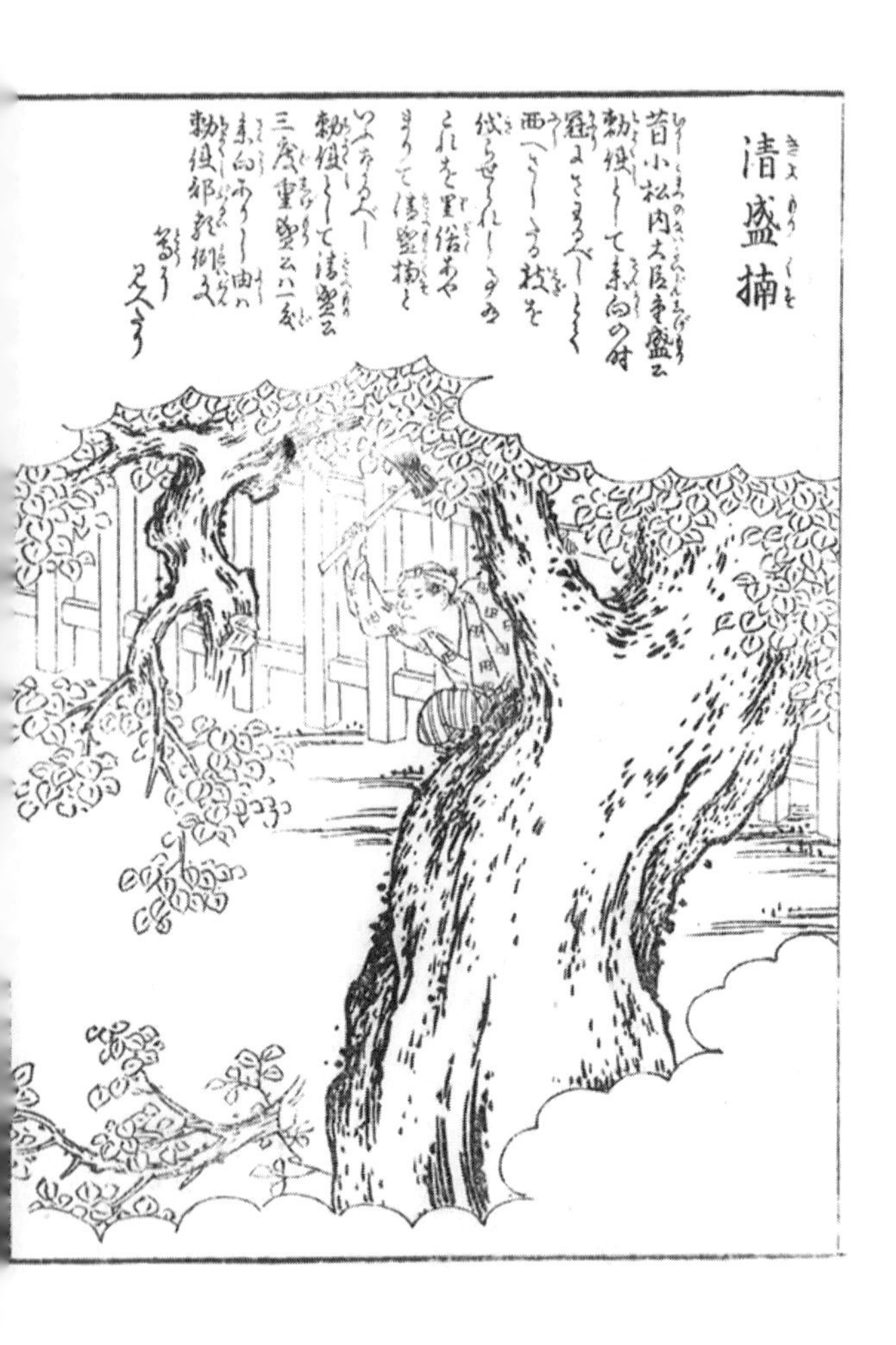
清盛楠

「伊勢参宮名所図会」清盛楠（きよもりくす）

石窟幽居

「伊勢参宮名所図会」石窟幽居（せっくつゆうきょ）

宇治橋の刷物

伊勢太神宮遷御之圖

伊勢朝熊山　峠の茶屋の刷物

桑名船

くわなぶね

外宮(げくう)・内宮(ないくう)を参拝した喜六(きろく)・清八(せえはち)が、尾張の熱田(あつた)神宮へ足を延ばそうと思い立って、参宮街道を北へ、北へ。

松坂・津・四日市から、東海道四十二番目の宿場・桑名へ出て参りました。

「おい、清(せえ)やん。道の両側から、良(え)え匂(にお)いがしてきた」

「あァ、桑名の名物・焼き蛤(はまぐり)や。『その手は、桑名の焼き蛤』という言葉を知ってるやろ?」

「焼き蛤というたら、蛤を焼いた物か?」

「蛤を焼くよって、焼き蛤。芋(いも)を焼いたら、焼き芋や」

「あァ、なるほど! 魚を焼いたら、焼き魚。豆腐を焼いたら、焼き豆腐。嬶(かか)が焼くのは、ヤキモチか。便所の火事で、ヤケクソや」

「汚(きたな)いことを言うな。桑名の焼き蛤は、松ぼっくりで焼くよって、ジックリ焼けて、美味(うま)いわ。道の両側にある店で焼いてるよって、買(こ)うて食べるか?」

「ほな、そうするわ。お婆(ば)ン、焼き蛤をおくれ。殻(から)が大きゅうても、身が痩(や)せてたら、何(なん)にもならん。身が大きゅうて、焼き加減も良うて、値の安い奴(やつ)」

「何を、ゴジャゴジャ言うてる。お婆ンが、嫌な顔をしてるわ。早う、蛤を買え」

「一体、何ぼや？（銭を渡し、蛤を受け取って）あァ、おおきに。（蛤を食べて）熱ツツツッ！」

「いきなり、口へ放り込む奴があるか。殻は冷めてても、中の身は熱いわ。フゥフゥと吹いて、熱い内に食べなあかん」

「仲の良え夫婦みたいで、フゥフゥ（※夫婦）熱々や」

「一々、しょうもないことを言うな。蛤を食べたら、此方へ出てこい。向こうに見えるのが、春日神社。夏になると、石取祭という賑やかな祭があって、二日二晩、鉦や太鼓で大騒ぎをする。日本一、喧しい祭と言われてるわ」

「そんなに喧しかったら、夜も寝られん」

「喧しい音を聞きながら寝るのが、桑名では一番の楽しみやそうな」

「ほんまに、ケッタイな楽しみや。どう考えても、桑名には住めん」

「お前は、住まんでもええわ。お前みたいな喧しい男が居ったら、近所迷惑や」

「一寸、待った！　喧しい音を聞いて寝るのが楽しみやったら、わしが喧しいのは都合が良えわ。これから桑名に住んで、ズゥ――――ッと、しゃべってる」

「太鼓や鉦の音は好きでも、お前のしゃべりは嫌がられるわ。さァ、此方へ出てこい。ここが船着場で、宮の宿まで、七里の渡しが出る。目の前にあるのが、一の鳥居。伊勢国や、伊勢参りの玄関になるわ」

「一の鳥居が玄関やったら、茶の間・仏間・奥の間は、どこにある？」

「しょうもないことに、こだわるな。早う、船へ乗れ！」

船着場には、大きな帆掛船が着いて、乗合衆は歩み板を伝て、船へ乗り込む。

船頭が歩み板を引き上げて、赤樫の櫂で岸を突いて、船が深みへ出ると、櫓に替わる。

パッと船頭が肌脱ぎになると、腕に縒り掛け、漕ぎ出した。


「や、うんとしょう！」〔ハメモノ／『船唄』。三味線・大太鼓・篠笛・当たり鉦で演奏〕

ドブンチョウチョウ、ドブンチョウチョウ、船は沖へ沖へと出て参ります。

風マンを見て、帆を張り上げると、乗合衆は退屈凌ぎに、話を始める。

胴の間の所へ座ってたのが、三十過ぎの若侍で、色が浅黒く、背が高い。

眼光鋭く、鼻筋が通り、口をへの字に結び、髪は大髻に結い上げて、黒の五ツ所紋付に、仙台平の袴を穿くと、腰には細身の大小を差して、紺足袋に、雪駄履き。

上等の煙管で煙草を喫うて、海へ灰を落とそうと、船縁で雁首を、ポォ━━ンと叩くと、羅宇が弛んでたようで、波間へ雁首が落ちた。

余程、大事にしてた品と見えて、サッと顔色が変わる。


「コレ、船頭！　波間へ煙管の雁首を落としたが、（煙管で、船縁を叩いて）何とかならんか？」

「煙管で船縁をお叩きになるのは、お止め下さいませ。しかし、えらいことになりましたな。この辺りは遠浅でも、波が荒いよって、拾いに行くことは出来ません」

「あの辺りじゃが、何とかならんか？」

「あの辺りも、この辺りも、何ともなりません」

「あァ、無念！」

「お侍様、惜しいことをなさいましたな。煙管の雁首は、銀でございますか？　雁首だけ誂えても、高う付きます。手前は紙屑屋で、鉄の雁首がございまして。お侍様の吹い口と合わせると、面白い物が出来上がりますので。ご不要でございましたら、良え値で引き取らせていただきます」

「黙れ！　誰が、貴様に下げ渡すと申した！　その方は、武士を愚弄致すか！」

「どうぞ、ご勘弁下さいませ」

「勘弁と申さば、許すと思うか！　身共が落とした雁首と、貴様の雁首を、引き替えに致す！　貴様の雁首を、船縁に出せ。見事に、打ち落としてくれる。さァ、遠慮は要らん！」

「いえ、遠慮させていただきます。どうぞ、ご勘弁！」

周りの者も、どうすることも出来ん。

手に汗を握って、様子を伺うと、艫の方に控えておられたのが、六十過ぎの年配のお武家。黒の五ツ所紋付に、薄綿入りの黒縮緬の羽織を召して、中間に槍を持たせてる。

この様子を見兼ねて、ツカツカツカと出て参りました。

「コレ、紙屑屋。その方の無礼で、皆が迷惑致すではないか。お腹立ちもござろうが、相手は取るに足りん町人。お手打ちに致さば、腰の物の汚れにしかならん。主家の名も出ること故、ご勘弁が願いたい」

「いや、ならん！　早々（そうそう）に、斬（き）り捨てる！」

「このような者を相手に致すは、愚（おろ）かなこと」

「然（しか）らば、ご貴殿（きでん）を相手に致そう！　ご貴殿ならば、相手に不足は無い。さァ、勝負致せ！」

「我が身に降り掛かることならば、止むを得ん。然らば、お相手致す。しかし、ここは船中（せんちゅう）。お望みとあらば、広々とした所へ参ろう」

「あァ、面白い！　コレ、船頭。船を、岸に着けろ！」

若侍は袴の股立（ももだ）ちを十分に取り、刀の下緒（さげお）を外すと、それで襷（たすき）となして、身仕度（みじたく）を調（ととの）えた。

年配のお武家も、仕方無しに、袴の股立ちを取る。

羽織を脱ぐと、中間に持たせてた槍の鞘（さや）を払（はろ）て、二つ、三つ、リュウリュウとしごき、トォ――ンと石突きを突いて、スックと立ち上がると、曲がった腰が真っ直ぐになる。

「喜（き）ィ公、見てみい。何と、立派な御方や。今まで曲がってた腰が、ピィ――ンと立った。流石（さすが）は、お武家やな」

「今まで隠してたけど、あの御方は、わしの親戚や」

「嘘を吐（つ）け！」

船が岸に近付くと、若侍は勢い良う飛び上がって、ヒラリと岸に降り立った。

年配のお武家が、槍の石突きで、トォ――ンと岸を突くと、船は波間へ逆戻り。

「船頭、沖へ漕ぎ出しなさい！」

「ほゥ、これは面白い！　お怪我が無うて、おめでとうございます」

「おい、喜ィ公。若侍に、悪態を吐いたれ。船の中を騒がせて、皆の寿命を縮めやがった。若侍やのうて、馬鹿侍！　ほんまに、良え態や。後の船を待って、追い掛けてこい！　さァ、喜ィ公も言うたれ」

「オォ――イ、若侍！　今後とも、宜しく！」

「何を言うてる！　悔しかったら、泳いでこい！」

「言わせておけば、悪口雑言！　あァ、如何致そう？」


若侍は袴を脱ぎ捨てると、帯を解いて、着物を脱いで、褌一丁になる。

腰の大小を着物で巻いて、刀の下緒で身へ結えて、十文字に背負うと、ドブゥ――ンと海へ飛び込むなり、ブクブクブクと潜ってしもた。


「若侍は、どうした？　わしらが悪態を吐いたよって、腹を立てて、刀を背負て、飛び込んだような。ここまで潜ってきて、船の底へ穴を開けて、船を沈める算段や」

「清やんが『馬鹿侍』と言うたよって、腹を立てたような。わしは『今後とも、宜しく』と言うたよって、大丈夫や」

「しょうもないことを言うな！」

「あァ、えらいことや！　煙管の雁首どころか、わしらの首も落とされるわ」

「縁起の悪いことを言うな！」

乗合衆は真っ青になりましたが、年配のお武家は落ち着いて、「皆の者、騒ぐな。心配には及ばん故、安心致せ！」と言うなり、船の舳に立ち上がって、海の中を睨むと、ピタリと槍を構えた。

若侍が浮き上がって、水面へ顔を出すと、目の前に槍の穂先があるよって、ビックリ。

「ご貴殿は、身共に謀られたことを無念に思い、船底へ穴を開けに参ったか？」

「落とした雁首、探しに参った」

『桑名船』解説

東海道四十一番目の宿場・宮から、四十二番目の桑名まで、船で渡していたのが、七里（ひちり）の渡し。

慶長（けいちょう）六年（一六〇一）正月、江戸と京都を結（むす）ぶ東海道が制定された時に定められ（※元和（げんな）二年〔一六一六〕の説もあり）、移動距離が約七里（※約二十八キロメートル）だったことが名称（めいしょう）の由来（ゆらい）です。

所要時間は約四時間だったそうですが、潮（しお）の干満（かんまん）でコースも替わり、所要時間も一定ではありませんでした。

七里の渡しは、桑名の渡し・熱田（あつた）の渡し・宮の渡し・間遠（まどお）の渡しとも呼ばれ、桑名の渡船場には、ここから伊勢路に入るということで、天明（てんめい）年間（一七八一～八九）に、伊勢神宮の一の鳥居と呼ばれる大鳥居が建てられ、それ以後、伊勢神宮の御遷宮（ごせんぐう）の時、同様に建て替えられています。

七里の渡しの渡船場は、堀川と新堀川の合流地点に築（きず）かれ、その様子は歌川広重（うたがわひろしげ）の浮世絵にも描かれました。

船に酔う者や、水難事故を怖がる者は、船には乗らず、佐屋（さや）の宿の方（ほう）から陸路を行く、佐屋廻りのコースを辿（たど）ったそうで、三里の渡し（※佐屋川から木曽川へ入り、鰻江（うなぎえ）川を通る。

土地開発の結果、佐屋川と鰻江川は無くなった）が定められてからは、難破の危険や、船酔を軽減することが出来たそうです。

さて、「『桑名船』が、『東の旅』に入っているのは無理がある」と思われる方もあるでしょう。私も同感ですが、『東の旅』は彼方此方へ寄ったり、脇道に逸れたりするので、お伊勢参りのついでに、熱田神宮を参拝させようと考えたからと思えば、納得が出来ます。

但し、最初から『東の旅』に入っていたとは考えにくく、後々、何らかの都合で加えられたのではないでしょうか。

東京落語の『巌流島』（※佐々木巌流の故事を引く場面があるため。演者によっては、『岸柳島』と表記する場合がある）は、『桑名船』を移したと言われていますが、反対に『巌流島』が上方落語に移され、『桑名船』になったとも考えられます。

藤沢市在住で、日本一の演芸研究家・山本進氏に伺うと、「私も以前から、そのように考えており、『落語ハンドブック』（三省堂）で、そのことを匂わせておきました」と仰ったので、改めて、その本に目を通すと、私が読み落としていたようで、それらしいことが記されていました。

また、このネタの原話は、『藤岡屋日記』（※江戸末期の江戸を中心とした事件や噂を、須藤〔藤岡屋〕由蔵が詳細に記録した日記。全百五十二巻、百五十冊。採録時期は、文化元年〔一八〇四〕～明治元年〔一八六八〕）の文化七年六月に、御厩河岸舟渡の珍事と記されており、それ以前も、『呂氏春秋』（※中国の戦国時代〔紀元前四〇三～二二一〕末期に、秦の呂不韋が食客を集め、共同編集させた書）に、類似の話があると教えていただきましたことも、本当に感謝しています。

御厩の渡しは、元禄三年（一六九〇）、三好町の三右衛門が茶船三、四艘で、現在の厩橋（※隅田川に架かる）付近で始めた渡しでしたが、次第に大きな渡し場となり、文政十一年（一八二八）には、渡し船が八艘、船頭が十四人、番人は四人居たという記録が残っているそうで、渡し賃は一人二文で、武士は無料。

永井啓夫氏の解説によると、落語の題名を『岸柳島』としたのは三遊亭圓朝で、常々、門弟に「岸の柳と書くから景色になるので、噺の方は『岸柳島』でなくてはいけませんよ」と教えたそうです。

どうやら、『桑名船』は、江戸で纏められた落語が上方落語に移されたようで、初めは旅ネタでは無かったように思いますが、如何でしょうか？

但し、『巌流島』は川の渡しだけに、上方落語に移すのであらば、伊勢宮川・柳の渡しでも、櫛田川・津留の渡しでもよく、桑名の海へ持って行く必要は無いという疑問も残り、況して、桑名の海に沈んだ煙管の雁首を、海へ飛び込んで探すという所業は、如何に伊勢湾が遠浅とは言え、難しいとも考えられます。

これもまた、その時代にタイムスリップが出来てこそ、初めて見えてくる真実があるのでしょう。

ハメモノの『桑名船の船唄』は、船が海へ漕ぎ出す場面に使われますが、「朝熊山から飛んでくる烏。可愛い可愛いと啼いてくる」という歌詞で、伊勢か桑名辺りで唄われた座敷唄と思われ、「高い山から谷底みれば、瓜や茄子の花盛り」という唄に似ているようにも思いますが、原曲は未詳。

朝熊山は、三重県伊勢市東部と鳥羽市の境界付近にある山で、弘法大師が修行をした折、朝に熊、夕方に虚空蔵菩薩が現れたことが山岳名になったとも言われ、山上には臨済宗・金剛證寺があり、晴れた日には、伊勢湾の向こうに富士山が見える、風光明媚な所です。

伊勢神宮の神様のお遣わしが、烏。

船遊女も烏と呼ぶだけに、お伊勢参りや船のネタに因んで、このネタのハメモノに使ったのかも知れません。

因みに、『桑名船』という演題を、『桑名船煙管の遣り取り』と言う場合もあります。

「伊勢参宮名所図会」桑名渡口（くわなのわたしぐち）

軽石屁

かるいしべ

喜六・清八が、お伊勢参りの帰り道、鈴鹿峠の手前の、坂の下の宿場まで参りました。

「さァ、喜ィ公。鈴鹿の峠を上って、土山・水口・石部から、草津へ出るわ」

「草津は、鯛が名物や」

「ほゥ、そうか?」

「昔から、『草津ても鯛』と言うわ」

「それは、『腐っても鯛』や。草津の名物で、太閤さんがお休みになった、餡コロの姥ケ餅の店があるわ」

「餡コロとは、何や?」

「餡に餅を、コロッと転がすよって、餡コロと言うわ」

「餅を転がすだけで、餡が付くか?」

「転がしても付かなんだら、何遍もコロコロと転がせ」

「ほな、餡コロコロコロや。それでも付かなんだら、餡コロコロコロコロで、それでも付かん時は、餡コロコロコロコロコロ」

「喧しいわ！　コロコロ、コロコロコロと、コオロギみたいな声を出すな」

「坂ノ下は、『坂は照る照る、鈴鹿は曇る。間の土山、雨が降る』という唄があるわ」

「あれは『坂は照る照る、鈴鹿は曇る。間の土山、飴を売る』というのが、ほんまや。鈴鹿の峠を上って、土山の宿場へ入ると、子どもが飴を売りに出てくる。鈴鹿の峠は、ほんまに急な坂道や」

「向こうに、駕籠屋が居るわ。駕籠で上ったら、楽やろな」

「へェ、駕籠！　どうぞ、お乗りを」

「土山まで、何ぼで行ってくれる？」

「一分、いただきとうございます」

「一分は高いよって、二朱で行って」

「鈴鹿の峠を上るのに、二朱は殺生ですわ。三朱、いただきたい」

「ほな、乗ったるわ。その代わり、酒手も込みや」

「へェ、宜しゅうございます。どうぞ、お乗りを。其方の旦那も、駕籠は如何で？」

「いや、ボツボツ歩いて行くわ」

「あァ、さよか。ほな、参ります。（駕籠を担ぎ、歩き出して）ヘッホッ、ヘッホッ！」

「おい、駕籠屋。後ろを歩くのは、お供や。わしが旦那やよって、そのつもりで」

「あァ、さよか。コレ、お供の衆。旦那の駕籠は、先に行くわ」

「誰が、お供や。向こう先を見て、物を吐かせ！」

「怒っても、あかんわ。駕籠の旦那が、『後ろを歩くのは、お供や』と言うてはる。ほな、走らしてもらいます。ヘッホッ、ヘッホッ！」

「一人で駕籠に乗って、行ってしもた。ほんまに、腹が立つわ。向こうに酒屋があるよって、酒でも呑んで、仕返しを考えよか。（酒屋へ入って）えェ、御免」

「へェ、お越しやす」

「酒を一合、量って」

「定吉、お酒を注ぎなはれ」

「（しゃがんで）へェ、よいしょ！（屁が出て）プゥ━━ッ！」

「コレ、子ども。今、屁をこいたのと違うか？」

「お客様、申し訳ございません。この丁稚は、しゃがむと、屁が出ますわ。コレ、定吉。しゃがむと屁が出るのは、悪い癖じゃ。まさか、軽石の粉を呑んだ訳やあるまい」

「今、ケッタイなことを言うたな。軽石の粉を呑むと、屁が出るか？」

「ウチの村は、それで通ってますわ」

「あァ、そうか。これで、喜ィ公に仕返しが出来るわ。最前の駕籠屋に、軽石の粉を混ぜた酒を呑まして、駕籠の前後ろから、屁攻めにしたろ。この店に、軽石と金槌は無いか？」

「一体、どうしなさる？　ほゥ、面白い！　定吉、軽石と金槌を持っといで」

「酒屋に、軽石と金槌を揃えてるか？」

「酒に酔うて、無茶をする客が居ります。ムカつくよって、軽石の粉入りの酒を呑まして、屁が止まらんようにして、懲らしめますわ。旅の御方にも、イタズラで、チョイチョイ呑まします。もう一寸で、お宅にも呑ます所やった」

「コレ、阿呆なことをするな。そんなことをされたら、わしが往生するわ。しかし、酒に軽石の粉を入れたら、呑んだ時の舌触りでわかるやろ？」

「軽石の粉を糠袋で漉したら、ザラザラは残らん。見事な工夫を、私が考えた」

「何と、ケッタイな工夫や。ほな、軽石入りの酒を一升、拵えてもらいたい」

「話をしてる間に、一升徳利が一杯じゃ」

「ほゥ、段取りが良えな。勘定は、何ぼや？」

「酒代は要らんよって、お連れが屁攻めになった塩梅を、便りで知らせてもらいたい。村の寄合に、その話で一杯やりますわ。エッヘッヘッヘ！」

「ほんまに、気色の悪い親爺や。ほな、酒代は堪忍してもらう。ところで、駕籠屋の先へ廻るような近道は無いか？」

「そこの辻を左に曲がって、石橋を渡って、右の堤を真っ直ぐ行くと、藪がある。それを突っ切って、街道へ出ると、近道じゃ」

「ほな、行ってくるわ。（店を出て）この辻を左に曲がって、石橋を渡るか。右の堤を真っ直ぐ行くと、藪がある。それを突っ切って、街道へ出たら、向こうに茶店があるわ。（茶店に入って）えェ、御免」

「へェ、お越しやす」

「一寸、休ませてもらう。どうやら、駕籠は来てないわ」

「ヘッホッ、ヘッホッ！」

「来た、来た。駕籠屋、えらい遅かったな」

「お供の衆が、先に茶店で休んでるわ。あんたは、早かったな」

「わしは旅慣れてるよって、近道を知ってるわ。旦那は、どうしてる？」

「スヤスヤと、お休みじゃ」

「無理に起こすと、機嫌が悪（わる）なる。わしが酒を奢（おご）るよって、一服しなはれ」

「ほゥ、有難い！　おい、相棒。お供の衆が、酒を呑ましてくれるそうな。ほな、御馳走（ごちそう）になるわ」

「宿場外（はず）れの酒屋で、酒を一升徳利で買うてきた。湯呑みに注ぐよって、呑みなはれ。酒の肴（さかな）は、何にも無いわ」

「肴は、何にも要らん。（酒を呑んで）あァ、美味（うま）い！」

「（口を、ムズムズさせて）おい、相棒。口の中で、酒がモロモロする」

「樽（たる）の底に溜（た）まってた酒を呑むと、モロモロする時があるわ」

「ほゥ、一升が空（あ）いた。良え呑みっぷりを見せてもらうと、奢った値打ちがあるわ」

「（欠伸（あくび）をして）アァ――ッ、よう寝た」

「もし、旦那。お供の衆に、酒を奢ってもらいました」

「何ぼでも、呑ましてもらえ。ボチボチ、行って」

「ほな、そうさしてもらいます」

「おい、お供。酒代は、ちゃんと払（はら）えよ」

「何を吐かしてけつかる！　屁で攻（せ）められて、泣き喚（わめ）け。さァ、駕籠屋。早う、行きなはれ」

「ほな、御馳走さん。（駕籠を担いで）どっこいしょ！　プゥン！」

「おい、相棒。旦那を駕籠に乗せて、屁をこく奴（やつ）があるか」

「こきとうないけど、出物腫（でものは）れ物や。旦那、御免下さいませ。屁をこくつもりやございませんけど、知らん内に出ました」

「ほんまに、失礼な奴や。スゥ！」

「お前も、スカ屁をこいた」

「今のは、弾みや。こくつもりは無いけど、知らん内に出たわ。プゥン！」

「また、こきやがった。一寸、気を付けんか。プゥ！」

「コレ、お前も辛抱せえ。もし、旦那。駕籠屋風情は、行儀を知ってる者が少ない。えらい、すまんことで。ププゥン！」

「おい、情け無い屁をこくな。プピン！」

「コレ、駕籠屋。駕籠の前後ろで屁をかまされたら、たまらんわ」

「これは、恐れ入ります。プゥ！」

「謝りながら、屁をこくな！」

「何で、こんなに屁が出る。プゥン！」

「一体、何で？　ブゥ！　ほな、行きますわ。ヘッホッ、ヘッホッ！　ブッ、ピッ、ブリッ、スゥ！　ブッ、ピッ、ブリッ、スゥ！　ブッ、ピッ、ブリッ、スゥ！」

「一寸、駕籠を止めてくれ！　駕籠の前後ろから屁攻めにされたら、たまらん」

「旦那、すまんことで。ブゥ！」

「何で、屁が出る。ピィ！」

「(泣いて)アハハハハハ！」

「わッはッはッは！　あァ、可笑しい。もっと、屁攻めに遭え！　なァ、駕籠屋。一ト月は、屁が出続けるわ」

「そんなに屁が出たら、商売にならん。あァ、困った。ブゥ！」

「まだ、こいてるわ。おい、駕籠の中の旦那。前後ろから屁をかまされて、どんな気分や？」

「駕籠の中へ屁が溜まって、屁の重石(おもし)を置かれたような」

「何ッ、屁の重石？　いや、もっと楽なはず。駕籠屋の腹は、軽石で一杯や」

『軽石屁』解説

二世曾呂利新左衛門の「滑稽伊勢参宮」では、紛郎兵衛・似多八が大坂を出て、京都・草津・鈴鹿峠を下った所で、『軽石屁』となります。

細かい会話で進めるだけに、落語の楽しさが十分に伝わる件で、コント仕立ての滑稽さは抜群と言えましょう。

現在では、私の同期・桂九雀さんの得意ネタですが、私は『東の旅』の通し口演を催した時、「滑稽伊勢参宮」を土台にして、纏め直しました。

東京落語に比べ、上方落語は、大便・小便・屁の出てくるネタが多く、それを嫌う方があるのも事実ですが、生理現象の面白さを、汚さを薄めて演じるのも、滑稽な噺を上演する時の肝心な要素のように思いますが、如何でしょうか？

屁攻めで苦しむのは奇妙な設定ですが、江戸時代には、屁を面白く解説した本も刊行されており、その代表が平賀源内の「放屁論」で、屁の音や形態、曲屁（※曲放とも言い、屁の音の長さや高さを変化させ、動物や鳥の啼き声、楽器の音などを真似る珍芸。世界各地に、実例がある）を紹介して論じるという、平賀源内の奇人ぶりが伺える奇書になっています。

また、大勢が放屁で戦をする様子は、鳥羽僧正や河鍋暁斎という、時代を問わず、ユニークな表現力を持った画家の手により、「放屁合戦絵巻」として描かれました。

上方落語の長編『地獄八景亡者戯』では、閻魔の庁で、亡者が曲屁をする場面が出てくるのも、世にも珍しい芸が、当時の民間で認知されていたからでしょう。

屁が面白く描かれている東京落語は『転失気』『四宿の屁』『代脈』『芋俵』などがあり、上方落語では『地獄八景亡者戯』の他、『不動坊』『へっつい盗人』『島巡り大人の屁』『中風小便』を始め、数多くのネタに散りばめられています。

「伊勢参宮名所図会」坂の下（さかのした）

『軽石屁』の舞台になっている鈴鹿峠は、東海道の難所の一つで、箱根の峠に比べると距離も短く、大したことは無いように思いますが、勾配がきつく、山賊が頻繁に出たため、旅人が通る時は、戦々恐々としていました。

軽石の粉を呑むと、屁が出るということは、科学的・医学的に見ても奇妙ですが、そうなれば面白いと考えた末のアイデアでしょう。

高宮川天狗酒盛

たかみやがわてんぐのさかもり

喜六・清八が、お伊勢参りの帰り道、鈴鹿峠を越えると、土山・水口も過ぎて、多賀神社も参詣しようと、これから山道へ入りましたが、慣れん所だけに、道に迷てしもた。


「おい、清やん。今度の伊勢参りは、ワヤやったな」

「今頃、何を言うてる」

「往きは、美味い物を食べて、良え宿屋へ泊まって、古市で大騒ぎをしたけど、帰りは侘しいわ。金は無いし、道に迷た。さっぱり、ワヤ！」

「皆、お前のせいや。昨日の宿屋で、大酒は呑む、芸者は揚げる。勘定は払えたけど、下手すると、あの宿屋で働かされたわ」

「そやけど、夕べは面白かった」

「ほんまに、懲りん男やな。お前のせいで、懐は空や。先のことを考えると、気が重たい」

「往きに良え思いをしただけ、得をしたと思わなあかんわ。ゴマの灰に遭うて、往きから一文無しになる者も居るわ。夕べのことを思い出すだけでも、幸せや。『姐さん、酒をおくれ。さァ、芸者も呼んで。姐さん、此方へ来なはれ』『兄さん、どこを触りなはる。ほんまに、いやらしいわ。キヤ――ッ！』」

「阿呆！　一寸は、先のことを考えたらどうや。日が暮れて、宿屋へ泊まる金も無いわ」

「次の宿場へ着くまでに、金を拾うかも知れん」

「ほんまに、気楽な男や。金なんか、落ちてないわ」

「いや、わからん。百文落ちてたら、どうする？」

「いや、落ちてない！」

「落ちてたら、どうする？」

「ほんまに、うるさいな。百文落ちてたら、お前と五十文ずつ、分けるわ」

「あァ、半分ずつか。五十文落ちてたら、どうする？」

「二十五文ずつ、分けるわ」

「やっぱり、半分ずつや。ほな、二十五文落ちてたら？」

「一体、どこまで行くつもりや。二十五文やったら、十二文ずつ、分けたらええわ」

「残りの一文は、何方がもらう？」

「一文ぐらい、何方でもええわ」

「一文でも、大事なお宝や。何方がもらうかは、天下分け目の関ケ原！」

「一文ぐらいで、大層に言うな。一文は二つに割れんよって、豆でも買うて食べるわ」

「豆が五つやったら、どうする？　豆が五つは、分けにくいわ。二つずつ食べて、後の一つは、清やんが中身を食べて、わしには皮しかくれん。お前は、そんな汚い男や！」

「そんなことを言う、お前の方が汚いわ。そんなことより、向こうに宿場が見えてきた。宿屋へ泊まりたいけど、金が無いわ。仕方が無いよって、誤魔化して泊まろか」

「一体、どうする?」

「宿屋へ泊まって、部屋へ通されたら、番頭が宿帳を持って、所と名前を聞きに来る。わしは、大坂の鴻池善右衛門と言うわ。お前は、住友吉左衛門と言え」

「わしは、下駄屋の喜六や」

「誤魔化すよって、名前を偽れ。鴻池と住友は、日本一の金持ちや。夜中に、馬で千両箱を運んでくると言うたら、店の者は玄関ばっかり気を付ける。その隙に、裏口から逃げるわ。それまでに、飯を腹一杯食べて、風呂も入ろか」

「おい、清やん！　わしは阿呆やけど、正直な人間で通ってる。そんなことをするのは、大好きや！」

「阿呆が、何を言うてる。わしが言うた通り、上手にやれ。さァ、行こか」

そんなことになるとは知らん宿屋の女子衆が、絣の着物に、赤い襷掛けで、頭の天辺から声を出して、客を呼んでおります。

「へェ、誰方も、お泊まりやないかな！」〔ハメモノ／『泊まりじゃないか』。三味線・〆太鼓・大太鼓・篠笛・当たり鉦で演奏〕

「えェ、備前屋でございます。どうぞ、お泊まりを」

「もし、伊勢屋でございます。宜しゅう、お泊まりを」

「お二人さん、山城屋でございます。どうぞ、お泊まりを」

「この宿屋は、泊まり心地は良えか？」

「ご飯も炊き立て、お風呂も沸き立てで、お酒も吟味してございます」

「ほな、泊めてもらうわ」

「おおきに、有難うございます。お二人さん、お泊まりィ――ッ！　お濯ぎを持ってこォ――ッ！」

「姐さんが、わしの足を洗てくれるか。おい、喜ィ公。草鞋を脱いで、足を洗てもらえ」

「姐さん、しっかり洗て。彼方此方の宿屋へ泊まって、足を洗てもろたけど、あんたが一番上手いわ。よッ、日本一！」

「しょうもない、ベンチャラをするな。お前は住友やよって、ドッシリとせえ」

「あァ、そうか。(咳払いをして) オホン！　中々、お上手じゃ」

「ケッタイな声を出すな。女子衆さん、どの部屋や？」

「どうぞ、此方へ。草鞋や、お脚絆は、そこへ置いといていただきますように」

「わしらの性分で、草鞋や脚絆を傍へ置かんと、落ち付いて寝られん」

「何と、面白いご性分で。お客様は、一番奥のお部屋でございます」

「一番奥は、逃げやすい」

「要らんことを言うな！　ほゥ、この部屋か。庭に、大きな松の木があるわ。太い枝が塀を越して、外へ出てる」

「あァ、逃げやすい」

「黙ってえ！　中々、良え部屋や」

「おおきに、有難うございます。直に、番頭が宿帳を持って参りますので」

「あァ、ご苦労さん。女子衆と入れ替わりに、番頭が入ってきた」

「お泊まり、有難うございます。当家の番頭でございまして。恐れ入りますが、宿帳を付けさしていただきます。お所とお名前を、宜しゅうに」

「わしは、大坂の下駄屋喜六や」

「阿呆！　最前、わしが言うたことを忘れたか。お前は、住友や」

「あァ、そうか。わしは、下駄屋喜六の友達」

「お友達の名前より、お宅のお名前を伺いとうございます」

「わしは、住友吉左衛門」

「えッ！　お宅は、あの住友さんで？」

「そう、あの住友」

「ほな、其方の御方は？」

「大坂今橋二丁目、鴻池善右衛門」

「えッ！　住友さんと鴻池さんが、お揃いで旅をしてはりますので？」

「大坂に居ると、気が詰まるよって、時々、住友さんと旅をしますのじゃ」

「お泊まりいただきましても、田舎の宿屋で、格別のお持てなしは致しかねます」

「放っといてもらう方が、有難い。宿賃は、先に渡した方が宜しいか？」

「誰方様に限りませず、お発ちの節、纏めてで結構でございます」

「ほな、明日の朝、心付けと一緒に、お払いしましょう。ウチの店の者が、夜中、馬で千両箱を運んでくる。夜が更けたら、玄関先だけ気を付けて。千両箱が着いたら、内らへ入れてもらいたい」

「えッ、千両箱！　皆で、気を付けます」

「ほな、お風呂をいただきましょう。その後で、食事をさしてもらいますわ」

「お風呂へ、ご案内致します。どうぞ、此方へ」

「（風呂から上がって）あァ、良え風呂やった。ほゥ、お膳が出てるわ」

「清やん、御馳走や。さァ、食べよか」

「一寸、待て。食べる前に、仕度があるわ。一寸、姐さん！　竹の皮を二枚、もらいたい。わしらは、癇性病みや。宿屋の枕は、気色悪うて寝られん。宿屋へ泊まった時は、枕に竹の皮を巻いて寝ることにしてる」

「お蒲団を敷く時、私が巻かしていただきます」

「自分で巻かんことには、気が済まん」

「ほな、お持ち致します」

「早う、頼むわ。喜ィ公、握り飯を作れ。竹の皮を持ってきたら、包んで逃げる。明日は、それで保つわ。姐さん、持ってきてくれたか？　そこへ置いて、襖をピシャッと閉めといて。ご飯は給仕してもらわんでも、わしらで気楽にいただきます。喜ィ公、握り飯は出来たか？　竹の皮で包んだら、笠の下へ隠せ。残りの飯を食べて、横になれ。夜中に逃げるよって、寝過ごすな。夜中に、スッと起きや」

「よし、わかった」


逃げる段取りを調えて、横になる。

喜六は、生まれ付きの極楽トンボ。

床に就くと、高鼾。

「（鼾をかいて）ガァーーッ！　ガァーーッ！」

「休む暇も無い鼾で、寝言も言うてるわ」

「どうぞ、堪忍しとおくなはれ。もう、どこへも逃げません」

「どうやら、捕まった夢のような。ほんまに、縁起の悪い夢を見てるわ」

「悪いのは、私やない。清八が仕組んだことで、この男を磔に」

「一体、何を吐かす。コラ、起きてこい！」

「（目を覚まし、清八を指して）あッ、この男でございます！」

「何が、この男や。寝言を言うてたけど、どんな夢を見てた？」

「まァ、ええ」

「いや、ええことないわ。一体、どんな夢や？」

「逃げて捕まったけど、安心して。わしが身体を張って、清やんを逃がした」

「嘘を吐け！　最前、『この男を磔に』と言うてたわ」

「あァ、聞いてた？」

「阿呆！　こんなことで揉めてても、仕方が無い。ボチボチ、逃げることにしよう。一寸、廊下を見てみい。近くに、誰も居らんか？」

「皆、玄関へ集まってる」

「ほな、ソォーーッと雨戸を開けて、庭へ出るわ。石燈籠を足場にして、松の木に上れ。塀の外へ突き出てる枝を伝(つと)て、塀の向こうへ下りるわ。尻を押すよって、しっかり上れ」

「(屁(へ)が出て)プゥ━━ッ！」

「ややこしい時に、屁をこくな」

「子どもの頃から、木に上ったら、何かをしとなる性分」

「ほんまに、ケッタイな性分や。早う、行け。コラ、お前だけ行くな！　ほんまに、薄情な男や。枝に乗ったら、わしの手を持って、引っ張り上げてくれ。枝を伝て、塀の表へ飛び下りるわ」

「キャィ━━ン！」

「一体、どうした？」

「わァ、犬の頭を踏んだ」

「コレ、可哀相(かわいそう)なことをするな。下を見て、下りるのや。さァ、わしも下りるわ。よし、外へ出た。向こうに見えるのが、街道や。走って逃げるよって、尻からげをせえ。さァ、しっかり走れ。や、どっこいさのさ！」〔ハメモノ／『韋駄天(いだてん)』。三味線・〆太鼓・大太鼓・篠笛・当たり鉦・ツケで演奏〕

「(走って)オォ━━イ、清やん。一寸、待ってェ━━ッ！」

「喜ィ公、何をしてる！　早う、来(こ)い！」

「一寸、待って！　もう一遍(いっぺん)、宿屋へ戻る。部屋へ、握り飯を忘れてきたわ！」

「阿呆！　何のために、枕元(まくらもと)へ置いた。今更(いまさら)、宿屋へ戻れんよって、諦(あきら)めて走れ！」

「あァ、しんどい！　やっと、止まった」

「どうやら、道を間違えたような。大きな川が出てきて、周(まわ)りに橋も無いよって、向こう岸へ渡れん。後戻りして、宿屋の者に捕まっても、つまらんわ」

「一体、どうする？」

「夜が明けるまで、ここで待つしかないわ。朝になったら、川沿いに上るか、下るか。おい、向こうを見てみい。チラチラ灯りが見えて、此方へ近付いてくるわ。ひょっとしたら、山賊かも知れん。捕まったら、えらいことになるわ」

「ほな、どうしょう？」

「大きな杉の木があるよって、この木に上って、身を隠せ。その枝に摑まって、上れ。わしが、尻を押すわ。コラ、お前だけ行くな！　最前も言うたけど、わしを忘れる奴があるか。わしの手を引っ張って、木の上に上げてくれ。（枝に乗って）ここやったら、見つからんわ」

「皆、此方へ来い！〔ハメモノ／銅鑼〕杉の木の下へ集まって、枯葉を集めるわ。ここで焚き火をしながら、相談じゃ。枯葉に火を点けて、もっと燃やせ」

「清やん、下で焚き火を始めよった。（咳をして）ブァッハァ！　煙たい！」

「咳をしてるのは、誰や？　何ッ、誰も咳をしてない？　ほな、わしの空耳か。今日の仕事は、どんな塩梅や？」

「与左衛門が、牛で大儲けしたと聞いたよって、強請に掛けて、十両ほど取ってきた」

「どうやら、汚う儲けたような。ほな、お前は？」

「旅の浪人を襲て、五両じゃ」

「おォ、そうか。ほな、お前は？　あァ、其方は？　皆の上がりを足すと、三十両一寸か。皆、よう聞けよ。今日の仕事は、これからじゃ。山城屋へ、鴻池と住友が泊まってると聞いた。夜中、馬で千両箱が届くことも、ちゃんと押さえてある。今から山城屋へ行くよって、景気付けに一杯やろか」

「おい、清やん。鴻池と住友は、わしらと違うか？　こいつらも騙されて、阿呆やな。オォ━━イ！

住友は、ここに居る！」

「コラ、要らんことを言うな！」

「『住友は、ここに居る』と言うたのは、誰や？　何ッ、誰も言うてない？　また、空耳か。まァ、
ええわ。さァ、呑め！」

「清やん、えらいことになった。急に、小便がしとなったわ」

「また、ややこしい時に」

「わしは木に上ったら、何かをしとなる性分や。辛抱が出来んよって、ここでする」

「そんなことをしたら、木の上に居るのが、バレてしまうわ。あかん、あかん！」

「もう、辛抱が出来ん。(小便をして）シャシャシャシャシャ━━ッ！」

「もっと、注いでくれ。(酒を呑んで）あァ、美味い。(額を触って）急に、雨が降ってきたか。パラパ
ラと、顔に当たるわ。雲も無いし、月も出てる？　酒の中へ、雨が入った。そやけど、この雨は温
いわ。(匂いを嗅いで）あッ、小便や！」

「何ッ、小便？　これは、天狗さんの仕業や。ウチのお婆ンに聞いたことがあるけど、大杉に天狗
さんが来て、悪さをする者に小便を掛けるそうな」

「ブワッハッという咳も、天狗か？」

「こんな夜中に、大杉に居るのは、天狗さんぐらいや。あァ、えらいことになった！」

「わしの小便を、天狗がしたと思てるわ」

「天狗と間違てるのを幸いに、『天狗じゃ！』と言うて、飛び下りよか。ビックリしてる隙に、サッ

と逃げるわ。こうなったら、一か八かや。ほな、行くぞ。（飛び下りて）さァ、天狗じゃ――ッ！」
〔ハメモノ／『大ドロ』。大太鼓で演奏〕
「わァ、天狗が出たァ――ッ！　皆、逃げェ――ッ！」

バタバタバタバタバタァ――！

「あァ、上手いこと行った。皆、逃げて行ったわ」

「余程、怖かったようなな。仰山の金も、ここに置いたままや。お上へ届けても、山賊は取りに来んよって、もろとけ。仰山、酒も残ってるわ」

「ほな、よばれよか。これは、わしの小便が入った酒と違うか？」

「コラ、先に言え！　もう一寸で、口を付ける所や」

「まァ、ええわ。これから、どうする？」

「宿屋へ戻って、寝直しや。仰山の金があるよって、鼻を高うして、宿屋へ帰れるわ」

「やっぱり、わしらは天狗や」

『高宮川天狗酒盛』解説

この落語が『東の旅』に加えられていることも不思議で、伊勢参宮の経路を探しても、どこにも高宮川という河川は見つかりませんでしたが、滋賀県の彦根近くの多賀神社付近に流れている小川があったので、伊勢参宮の帰りに、多賀神社へお参りするということにしました。

このネタを東京落語に移した『天狗山』の速記も残っていましたが、『東の旅』の雰囲気が無かったため、ストーリーを上方落語らしく拵え直して上演すると、初演から手応えがあったので、その後は時折演じるネタになっています。

場面が次々替わりますが、必要以上に地の部分を入れず、登場人物の会話で進めながら、場面の展開を表現するように努めると、悪巧みの上を行く悪巧みで進行するだけに、話の展開に緊張感が加わります。

従来のオチは、山賊から金を手に入れた喜六・清八が、我が物にしようと、金を引っ張り合う所で目が覚め、宿屋の二階で寝惚けて、枕の引っ張り合いをしていたことに気が付いて、一話完結となりますが、噺のラストを夢で片付けてしまうと、どんな展開でも安易に纏めることが出来るだけに、好ましいとは思いません。

そこで、最良とは言い難いですが、このネタに似合うオチを付けてみました。

しかし、従来のオチの方が好きという意見があるのも否めません。

因みに、本調子の小唄に「天狗の酒盛り」という言葉が出てきて、催馬楽（※雅楽歌謡の一つ）のリズムを加え、楽しさを増幅させている、『みなここに』という名曲があります。

喜六・清八が、宿屋の者を騙す時、住友や鴻池と偽りましたが、『うんつく酒』でも、

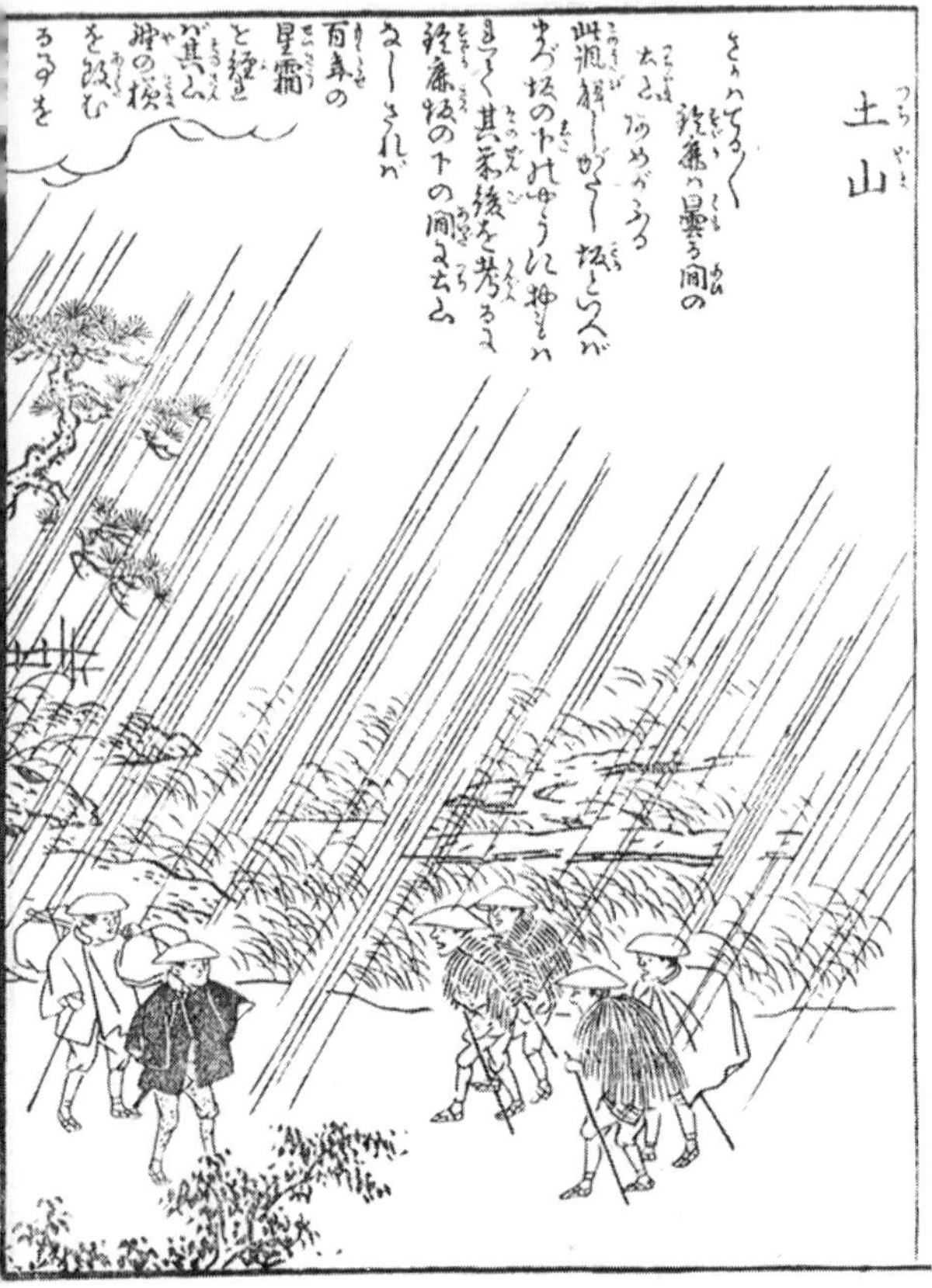

住友や鴻池の名前を出すだけで恐れ入る者が多かっただけに、昔の金満家は、昨今の財閥とは比較にならないほど、崇め奉られていたことが、よくわかると言えましょう。

「大和名所図会」土山（つちやま）

コレコレ博打

これこればくち

喜六・清八が、お伊勢参りを済ませた帰り道、土山から水口まで参りました。

宿屋へ泊まって、一杯呑んでると、隣り座敷から、チャラチャラと銭の音。

喜六が襖の隙間から覗くと、土地の者が集まって、お出でお出での逆様をしてる。

お出でお出での逆様は、掌にサイコロを乗せて、それを放って勝負する博打。

元来、サイコロは、商人が一つずつ持って、その日の見徳を見た。

それから、サイコロを入れる物を、財布と言うようになったと言う。

また、禅宗の開山・達磨大師は、サイコロの目で極楽を知ったそうで。

難行苦行をして、極楽を考えながら、三年の間、石の上で座禅を組みましたが、三年ではわからんので、また三年、また三年と続けて、九年も座禅を組んで、やっと悟りを開かれた。

九年間、石の上で座禅を組んで、極楽を知った代わりに、尻が腐ったので、極楽を尻腐（※知りくさ）ったというのが、ほんまやそうで。


「さァ、張った、張った！　張って悪いは、親爺の頭。張らんと食えん、提灯屋。運は天にあり、牡丹餅は棚にあり。張った、張った！」

「（襖の隙間から覗いて）おい、清やん。隣り座敷で、（お出でお出での逆様をして）コレコレが始まってるわ」

「コレコレと言うたら、博打か？　ほな、わしにも見せてくれ」

「清やん、押したらあかん！　大きな声を出したら、隣りに聞こえるわ」

「ほな、下から覗く」

「わしの股ぐらから、首を出したらあかん。あァ、こそばい！　（屁が出て）プゥ――ッ！」

「（咳をして）ゴホッ！　コラ、阿呆なことをするな」

「襖の隙間から覗いてるのは、誰や？」

「（襖を開けて）お隣りで、面白いことが始まってますな」

「ほゥ、あんたらも博打が好きか？」

「私らは、大坂者で。三遍の飯を、四遍食べるより好きで」

「ケッタイなことを言うてるわ。此方へ入って、一緒にやるか？」

「おい、喜ィ公。こんな所で負けたら、大坂へ帰れんわ」

「大坂者が、田舎の博打で負けるか。一寸ぐらいやったら、大きな疵にはならん。さァ、勝負！」

「ほゥ、えらい勢いや。大坂者は博打が強いと聞いてるよって、褌の紐を締め直さなあかん」

「田舎者が、弱気なことを言うてるわ。ほな、尻の毛まで毟ったろか。大坂まで、大名のような道中が出来る。（銭を出して）ほな、丁に張るわ。さァ、勝負！」

「ほな、大坂の御方に揉んでもらおか。（壺を伏せて）さァ、勝負！　（壺を開けて）あァ、半や。この銭は、もらうわ」

「あァ、わしの負けか？　ほな、もう一丁！　よし、半や」

「（壺を伏せて）さァ、勝負！（壺を開けて）あァ、丁や」

「直に、此方へ風が吹くわ。大坂者が、こんな田舎者に負けるか。さァ、勝負！（次々に壺を伏せたり、開けたりして）ええい、勝負！　さァ、勝負！（泣き声になって）もう一丁、勝負！」

「コレ、大坂の御方。着てる物も脱いで張ってるけど、まだ勝負するか？」

「清やん、田舎者は強いわ」

「コラ、そこを退け！　ほな、お前の負けを取り返したる。おい、兄さん。わしの相棒を揉んでもろて、すまなんだ。次は、わしが相手や。この男のような甘チャンと違て、わしから博打打ちの御札を出してもええぐらいで、大坂の博打打ちが震え上がってる、『虎の目の清八』と言われてる男や」

「ほゥ、えらい御方が出てきた。皆、覚悟せえ」

「さァ、勝負じゃ！（次々に壺を伏せたり、開けたりして）ええい、勝負！　もう一丁、勝負！（泣き声になって）さァ、勝負！」

「まだ、張るつもりか？　大坂の博打打ちが震え上がるどころか、着てる物まで張って、襦袢一枚で震えてるわ。大坂で、『虎の目の清八』と言われてるのと違うか？」

「ほんまは、『兎耳の清八』で」

「ほんまに、頼り無い人や。あんたらは、もう張る物が無いか？」

「へェ、その通り。なァ、喜ィ公」

「うん」

「ほな、わしらが博打を打つのを見てなはれ」

「博打に負けて、傍で見てるのは、阿呆の見本や。こんな恰好では、大坂へ帰れん」

「おい、喜ィ公。仰山の人が、下から上がってくるわ」

「（襖を開けて）御用、御用！　皆の者、神妙に致せ！」

「わァ、お役人じゃ！　皆、灯りを消せ！」


慌てて灯りを消すと、金を掴んで逃げる者やら、段梯子から落ちて、尻を打って泣いてる奴やら。台所から飛び損ねて、井戸へ落ちる者も居る。水壺の中へ入ったり、押入れへ隠れたりしますが、運の悪い奴は、便所へ隠れるつもりで、板を踏み外して、ドボォ――ン！

これがほんまの、ウンの尽きで。

喜六・清八は、大坂者だけに、機転が利く。

スッと雨戸を開けると、庇へ下りて、庭の高塀を伝て、石燈籠を足場に、ポイッと表の道へ飛び下りると、走った、走った、走った！


「や、どっこいさのさ！　〔ハメモノ／『韋駄天』。三味線・〆太鼓・大太鼓・当たり鉦・ツケで演奏〕喜ィ公、しっかり走れ！」

「清やんは戌年で、足が速い。わしは、蛇年や」

「走るのに、干支は関係無いわ。さァ、しっかり走れ！」

「もう、走れん。苦しいよって、末期の水をおくれ！」

「一々、大層に言うな！　（足を止めて）ここまで逃げたら、大丈夫や。襦袢一枚に、褌一丁。これに懲りて、(お出でお出での逆様をして)コレコレは止めにしょう」

「コレコレは、コリゴリや」

「ケッタイな洒落を言うな」

「これから、どうなる?」

「まだ、お役人が居るかも知れんよって、宿屋へは帰れん」

「今晩は、野宿か?」

「心配せんでも、向こうの森に灯りが灯ってるわ。ほな、あの家で泊めてもらおか」

「そやけど、家にしては大きいな」

「家と思たら、お稲荷さんや。今晩は、御社の中で泊まらしてもろたらええ」

「このお稲荷さんは、宿屋もしてるか?」

「阿呆なことを言うな。内緒で、御社の中で寝たらええわ」

「そんなことをして、罰が当たらんか?」

「困ってる者を助けられなんだら、神様をしてる値打ちが無いわ。お誂え向きに、扉に鍵が掛かってない。(扉を開いて)さァ、御社へ入れ。愚図々々して、誰かに見付かったら、騒動や。御社の中へ入ったら、扉を閉めとけ」

「一寸、待った! もう一遍、外へ出る」

「開けたり閉めたりすると、音がするわ。一体、何をする?」

「一寸、小便がしたい」

「小便やったら、外でしとけ。ほんまに、阿呆やな」

「小便がしとなったら、阿呆か？　ほな、賢(かしこ)い人は小便をせん！」

「今から外へ出て、小便をしてる所を見付かったら、何(なん)にもならん。神様には悪いけど、音がせんように、御社の隅(すみ)の壁(かべ)へ伝わらせてせえ」

「ほんまに、清やんは賢いわ。こんな智慧(ちえ)があって、何で出世(しゅっせ)せん？」

「一々、要らんことを言うな。小便をしたら、横になれ」


二人が横になると、昼間の疲れが出たようで、グッスリ寝込んでしまう。

ガラリ夜(よ)が明(あ)けると、仰山の村人が、神社の境内(けいだい)へ集まり出した。


「何と、良(え)え日和(ひより)じゃな」

「あァ、結構なことじゃ。村の氏神(うじがみ)様、六十一年目の屋根替え、正遷宮(しょうせんぐう)。御社の前に、鏡餅や鯛(たい)を供えて、段取りが調(ととの)うた。さァ、お神楽(かぐら)を上げてくれ」

「清めのお神楽ァ――ッ！」〔ハメモノ／『神楽』。三味線・〆太鼓・大太鼓・篠笛・銅鑼(どら)で演奏〕

神社の境内には、近郊近在から商人が集まって、参道の両側に店を出すと、握り飯・寿司・おはぎ・飴(あめ)を並べて、参詣人に勧(すす)めてる。

御社の中で寝てた二人も、お神楽の音や、仰山の人の声で、目が覚めた。

「（目を擦(こす)って）おい、清やん。この喧(やかま)しい音は、何や？」

「（扉の隙間から、外を見て）喜ィ公、えらいことになった！　神社の境内で、祭が始まってる。外へ出られんよって、御社の中で黙ってるしかないわ」

「こんな所で黙ってるのは、嫌や」

「こうなったら、襦袢一枚・褌一丁で、外へ暴れ出よか。わしが御幣を持って、『神様じゃ！』と、踊って出る。田舎の人は『神様を見たら、目が潰れる』と言うて、頭を下げるよって、その隙に街道まで走って逃げたらええわ。御社の前に、大きな鏡餅が供えてある。柔こて、美味そうや。持って、逃げてしまえ」

「よし、心得た！」

「立派な鯛もあるよって、それも抱えて走れ。逃げる時、腹が減ったらあかん。周りに出てる店の寿司や飴も、摑んで食え」

「そんなことをして、大丈夫か？」

「お伊勢参りの無茶は、土産話になるわ。『ひい、ふの、みっつ』で、外へ踊り出せ。ひい、ふの、みっつ！（御幣を持ち、扉を開け、踊り出して）（ハメモノ／『錣』。三味線・〆太鼓・大太鼓・当たり鉦で演奏）さァ、神様じゃ！」

「御社の中から、神様がお出ましになった！　まともに見たら、勿体無うて、目が潰れるわ。皆、頭を下げなはれ」

「（頭を下げて）ハハァ――ッ！」

「今の内に、鏡餅や鯛、飴も袖に入れて、寿司も食べてしまえ」

「ほな、そうするわ。（寿司を食べて）あァ、美味い！　清やん、醤油は無いか？　寿司を食べる時は、醤油を付けた方が美味いし、魚の匂いも取れる」

「細かいことは、どうでもええわ。皆が頭を下げてる内に、腹一杯食べてしまえ。店の銭には、手を付けるな。そんなことをしたら、罰が当たる」

「清やんは、良え人か、悪い人か、わからん」

「一々、しょうもないことを言うな。腹一杯になったら、逃げよか。尻からげをして、しっかり走れ。や、どっこいさのさ！〔ハメモノ／『韋駄天』。三味線・〆太鼓・大太鼓・当たり鉦・ツケで演奏〕喜ィ公、しっかり走れ！」

「今日は、何遍も走る日や。あァ、しんどい！　一寸、一服させて。ちゃんと、鏡餅も持ってきた。（懐を探って）あッ、餅が無い！　確か、懐へ入れたのに。襦袢の紐が弛んで、落としてしもた」

「阿呆！　鯛や飴は、どうした？」

「それは、袂へ入れて。（袂を探って）襦袢の袖は、底抜けや」

「皆、落としてるわ。持ってきた物は、何も無いか？」

「清やんが持ってる御幣だけやけど、二人で食べる？」

「こんな物が食えるか！　ほんまに、頼り無い奴や」

「これから、どうする？」

「向こうに、立派な家が見えてきた。どうやら、お庄屋の家のような。向こうで、一服さしてもらおか。（玄関を開けて）えェ、御免」

「はい、誰方？」

「私らは大坂の者で、夕べは夜通し歩いて、峠を越えてきましたけど、追剥に遭うて、スックリ盗られました。助けると思て、大坂へ帰るまでの路銀を貸してもらいたい。必ず、お返し致します」

「それは、えらい目に遭いなさったな。あの山は物騒で、どんならん。定めし、お腹も空いてるじゃろ。コレ、ご飯の仕度をしなされ」

「清やん、スックリ行った」

「(制して)チャイ!」

「座敷へ上がって、食べなされ。神社の屋根替えで、赤飯が炊いてあるわ」

「遠慮無しに、頂戴致します。おい、喜ィ公。仰山、食べとけ」

「えエ、こんにちは!　もし、お庄屋さんは居られますかな?」

「おォ、善助か。息が弾んでるが、どうした?」

「実は、えらい騒動で。神社の御社の中から、神様が二柱、暴れ出なさった」

「何ッ、ほんまか?　一体、どんなことをしなさった?」

「寿司を食べたり、飴を舐めたり」

「お供えが少のうて、お腹が空いてなさったような。ちゃんと、赤飯も上げたか?」

「赤飯は、神様がいただいてる」

「(制して)チャイ!」

「その内に、ケッタイなことが起こるのやないかと心配してた。神社のお守りが、隣り村の三五郎の娘に肩入れしてるとか、御社の中へ女子を引っ張り込んだとか、良からん噂も聞いたよって、神様の罰が当たったたような。コレ、大坂の衆。村の恥を聞かせましたけど、内緒にしてもらいたい」

「決して、余所では申しません。しかし、えらいことで」

「この村の神社は、お稲荷さんが祀ってある。わしが思うには、無茶をしなさったのは、お稲荷さんのお遣わしの狐じゃ。こんなことになったのも、（頭の両側で、掌を立てて）コレコレの仕業と思うわ」

「（頭の両側で、掌を立てて）えッ、コレコレ？　いえ、違います。皆、（お出でお出での逆様をして）コレコレの仕業ですわ」

『コレコレ博打』解説

明治末期から昭和初期まで、東京の出版社・三芳屋書店が、落語の速記本を数多く刊行し、これらは後に三芳屋本と呼ばれましたが、昨今、古書店や古書市で見掛けることも少なくなり、高額な値が付く物ばかりになりました。

落語の古本は、文学書のように何百万円もする本はありませんが、表紙カバーや帯が無くなったり、多少汚れていても、極端に値が下がることはありません。

書庫で大切に保管されていることが少なく、雑誌の読み捨て感覚で扱われた本が大半だったと言えましょう。

三芳屋書店は東京の出版社だけに、東京落語の速記本が圧倒的に多く、僅かな数のみ、上方落語も刊行されました。

それは「かつら小南落語全集」「文團治落語集」「文迺家文之助落語集」（「文の助の落語」）などで、その中で版を重ねた四代目笑福亭松鶴の「笑福亭松鶴落語全集」（「松鶴の落語」）に、『コレコレ博打』の速記が載っています。

四代目松鶴は、明治二六年（一八九三）、三代目松鶴に入門し、三代目松竹となった後に落語界を離れましたが、再び、二代目桂文枝（※後の桂文左衛門）の預かり弟子となり、両師の名前の一字ずつをもらい、桂枝鶴となりました。

その後、初代笑福亭枝鶴となり、明治四十年（一九〇七）、四代目笑福亭松鶴を襲名しましたが、晩年に弟子の二代目笑福亭枝鶴に、笑福亭松鶴の名跡を譲り、笑福亭松翁になります。

「笑福亭松鶴落語全集」に載っている『コレコレ博打』は、古風な味わいの中に、滑稽味が十分に感じられる速記で、私自身の構成に纏め直す作業は、とても楽しく出来ました。

この落語も、場所は断定しにくいのですが、一応、水口近辺の宿屋にして、ギャグを付け足し、現代でも通じるような面白さを加えたつもりです。

サイコロ博打を、「コレコレ」と呼ぶことは、全く知りませんでした。

コレコレの仕種は、掌でサイコロを転がすような恰好だけに、サイコロ博打を指すことは理解出来ますし、仕種でオチを表現するのも、落語の面白い演出だけに、あまり良いオチでなくても、納得してしまいます。

四代目笑福亭松鶴の速記本
「大阪　笑福亭松鶴の落語」三芳屋書店刊

喜六・清八は、神社で無茶をした上、お庄屋の家へ上がり込んで、食事までせしめるのですから、往路の『うんつく酒』と同様の悪さを働いたことになるでしょう。

水口
龍王山
大岡寺
大徳寺

「伊勢参宮名所図会」水口（みなくち）

矢橋船

やばせぶね

喜六(きろく)・清八(せえはち)が、お伊勢参りの帰り道、東海道を通って、琵琶湖の畔(ほとり)まで参りました。

草津から大津まで、陸路を歩くと、三里(り)余り。

琵琶湖を船で行くと、一里。

草津から矢橋(やばせ)まで出て、船に乗る。

昔の乗合船(のりあいぶね)は、船頭の計(はか)らいで、ドンドン客を詰め込むかと思うと、船賃を多い目に渡したら、ゆっくり座らしてくれたそうで。


「さァ、お客さんよ。直(じき)に出しますで、ドンドン乗っとおくれ」

「おい、船頭。三人で五人前出すよって、ゆっくり座らして」

「あァ、有難うさんで。おゥ、辰！　その荷物を、帆柱(ほばしら)の隅(すみ)へ積み上げてくれ。どうぞ、彼方(あちら)へ」

「四人で、六人前じゃ」

「へェ、おおきに」

「ウチの旦那が、『琵琶湖の景色を見ながら、一杯やりたい』と仰(おっしゃ)る。二人で、四人前頼みたい」

「あァ、おおきに。船縁(ふなべり)へ、お座りを」

「二人で、三人前や」

「へェ」

「三人で、五人前じゃ」

「あァ、おおきに」

「一人で、一人前や」

「一人で一人前やったら、乗合と違うか?」

「あァ、その通り!」

「乗合やったら、偉そうに言うて、出てくるな。おゥ、辰。この客を、その辺りへ放り込んどけ!」

「人を、荷物みたいに言いくさる」

「二人で、一人前や」

「二人で、一人前? 一体、何じゃ?」

「一人が座って、下の者がチチ組ませて(※肩車のこと)行く」

「そんなことをしたら、首がしんどいぞ」

「途中で、上下入れ替わる」

「阿呆なことを言わんと、二人前出してもらいたい。もし、お侍様。込み合う所へお座りになりますと、お腰の物へ、他の者の足が触ります。船賃を余分に出していただきますと、ゆっくり座っていただけますわ」

「いや、構わん」

「乗合でお座りになりますと、失礼や粗相がありがちで」

「あァ、苦しゅうない！」

「いや、此方が苦しいわ。僅かな銭を惜しみやがって、あんな所へ広うに場を取って、座りよる。刀を肩へ立ててくれたらええのに、横倒しにして。一寸でも触ったら、グズグズ言うつもりや、皆が嫌がって、誰も傍へ寄らんわ。ほんまに、場所塞ぎじゃ」

「コレ、船頭」

「また、お侍や」

「あの御仁の傍へ、座を取ってくれ。二人で四人前を遣わす故、あの御仁と合わせて、三人で五人前であらば、乗合に迷惑も掛かるまい。我々二人を、あの御仁の傍へ頼む」

「へェ、有難うさんで。おい、聞いたか。同じお侍でも、えらい違いや。彼方は浪人、此方はお歴々。どうぞ、彼方へ」

「山坂氏、要らざることを。あのようなことを申して、金銭を貪りおる奴。船頭の肥やしは、お止めなされ」

「我々の役目を、お忘れか。お家の重宝・小烏丸を紛失致し、その詮議のため、諸国を経巡る我々。あの浪人の腰の物は、鍔の様子から、拵え具合。予てより雛型に見る、小烏丸に似ておるとは思し召さぬか？」

「おォ、如何にも！」

「ソレ、参られよ！」

「さァ、出しまっそォ――ッ！」

「おい、船頭。今日は、大荷物や。二人前出すよって、足を伸ばすわ」

「ほな、此方へ」

「もし、船頭はん。荷物を持ってたら、やっぱり二人前を払わなあかんか？」

「いや、お婆ンは遠慮せんでもええ。小さな風呂敷包みは、持ち物や。乗合だけ払て、大きな顔をしてなはれ。大きな籠を担ぎ込んで、何じゃ？」

「竹藪で、雀を仰山捕まえた。『竹に雀は、品良く止まる』と言うて、仰山捕れたわ。繋いで、ブラ下げたら嵩張らんけど、生きてないと、値が安い。生きたままで運ぶ、鳥籠や」

「そんな大きな鳥籠やったら、四人分の場があるわ。何人前か、払てもらいたい」

「これは、持ち物や」

「持ち物でも、大き過ぎるわ。戸板を持ち込んで、何じゃ？」

「急病人で、草津の医者では間に合わん。戸板に乗せて、大津へ担いで行く」

「狭い船の中で、戸板を置かれたら、難儀や。戸板を立てて、病人は座っとおくれ」

「医者が、寝かせたままで運べと言うてる。さァ、二人前じゃ」

「いや、病人の分は？」

「さァ、病人は持ち物や！」

「阿呆なことを言うな。病人を持ち物にされたら、どんならん。もう一人前、出しとおくれ。さァ、出しまっそォ――――ッ！」

乗前が決まると、船頭は舫綱を解いて、船を出す。

琵琶湖は、外海と違て、穏やかで。

「あァ、気持ちが良えな」

「ほんまに、気が晴れますわ」

「向こうの高い山は、何と言います？」

「あれは、比叡のお山ですわ」

「ヒエ――ッ！」

「しょうもない洒落を言いなはんな。延暦寺で有名な、比叡山で」

「ほな、此方の山は？」

「あれは、比良のお山で」

「あァ、ひら（※知ら）なんだ」

「一々、ケッタイな洒落を言いなはんな」

「ほな、此方に見える山は？」

「あれは、三上山。一名・百足山と言うて、昔、俵藤太秀郷という豪傑が、大きな百足を退治した山ですわ」

「百足ぐらい、私でも潰します」

「ところが、その百足は、山を七巻半も巻いてたそうですわ」

「途方も無い、大きな百足ですな」

「七巻半と言うと、ビックリするけど、ほんまは鉢巻より、一寸短い」

「それでは、謎解きや。ほんまに、ケッタイな話やな」

「しょうもない話でも、退屈凌ぎになりますわ」

「向こうへ着くまでの暇潰しに、色問答は如何で？」

「色問答とは、何です？」

「赤やったら、赤を三つ重ねて、『赤い赤いが　赤いなりけり』の上を付けますわ」

「ほな、『金時が　鯛ブラ下げて　火事見舞い　赤い赤いが　赤いなりけり』と」

「中々、上手いな。ほな、私は『ほうずきで　赤子をあやす　酒機嫌』」

「これも、上手いわ。ほな、『白い白いが　白いなりけり』と」

「今度は、白か。『雪だるま　大根の上を　跳ぶ兎　白い白いが　白いなりけり』と」

「ほォ、可愛らしい。あんたも、やりなはれ」

「私も、やらしてもろて宜しいか？　ほな、『雪の上　塩と砂糖を　舐めてみる』と」

「ケッタイなことを言いなはった。それは、何です？」

「雪の上へ、塩と砂糖を零して、何方が何方やらわからんよって、舐めてみる」

「訳のわからんことを言いなはんな。お宅は、如何で？」

「ほな、私は『白鷺が　城の馬場の　雪の中』と」

「これは綺麗やけど、白鷺と雪と、白い物が二つしか無いわ」

「城（※白）の馬場で、白が入ってます」

「それは、お城や。今度は、『青い青いが　青いなりけり』で行きますわ」

「ほな、私がやります。えェ、『晴天に　海原見えて　松林　青い青いが　青いなりけり』と」

「青が三つで、綺麗や」

「私も、やらしてもろて宜しいか?」

「最前、ケッタイなことを言うた人や。また、やってみなはれ」

「えェ、『幽霊が　柳の下に　蚊帳（かや）を吊り　青い青いが　青いなりけり』と」

「また、ケッタイなことを言いなはった。それは、何です?」

「幽霊が青いし、青い浅黄（あさぎ）の蚊帳で、柳も青い」

「それは宜しいけど、幽霊が蚊帳を吊ったりしますか?」

「（首を傾（かし）げて）さァ?」

「何を言うてなはる。ほな、次は『黒い黒いが　黒いなりけり』と」

「私から、やらしてもらいます。えェ、『黒船が　黒砂糖（くろざと）積んで　闇（やみ）の晩』と」

「ほゥ、面白いな。お隣りの、あんたは出来ますか?」

「ほな、『中は子か　右と左は　親烏（おやがらす）』と」

「それは、どういうことで?」

「黒い烏が三羽並んで、真ん中は子どもで、右と左は親やよって、『中は子か　右と左は　親烏』と」

「あァ、これも上手いな」

「私も、やらしてもろて宜しいか?」

「また、あんたですか。今度こそ、ケッタイなことは言いなはんな」

「へェ、大丈夫！　えェ、『黒牛の　背中に積んだ　炭俵（すみだわら）　黒い黒いが　黒いなりけり』と」

「一寸、待ちなはれ。それでは、黒い物が二つや」

「さァ、『荷が重とうて　牛苦労（※黒）する』と」

「一々、後から付けなはんな。今度は、色変(いろが)わりをやります。ほな、『黒い赤いが　白いなりけり』と」

「ほゥ、これは難しいな」

「やってみると、面白い。えェ、『切炭(きりずみ)の　起こった後は　灰になり　黒い赤いが　白いなりけり』と」

「あァ、なるほど。『青い赤いが　黒いなりけり』で、『西瓜(すいか)切り　食(く)ろうた後は　種ばかり　青い赤いが　黒いなりけり』と」

「中々、上手(じょうず)ですな」

「私も、やらしてもろて宜しいか？」

「また、あんたや。ほんまに、出来ますか？」

「『白い赤いが　青いなりけり』で、やりますわ。えェ、『色白の　男散財(さんざい)　程(ほど)が過ぎ　白い赤いが青いなりけり』と」

「それは、何のことで？」

「色の白い男が散財して、酒を呑(の)んで、赤(あこ)うなる」

「青は、どうなってます？」

「さァ、『後の勘定で　青うなる』と」

「あんたは、いつも後から付くわ」

「コレ、久助。皆さん方の話を聞いてると、面白い。船の中で一杯呑むのを、楽しみにしてる。早(はよ)う、お酒の燗(かん)を付けとおくれ」

「あァ、ウッカリしてました。旦さんのお好きな上酒(じょうしゅ)を一升徳利(いっしょうどっくり)に詰めて、手焙(てあぶ)り持参で、火も起こってますのに、燗(かん)徳利を持ってくるのを、コロッと忘れて。酒の肴(さかな)は、鮒(ふな)の飴煮(あめだ)きや、小魚(こざかな)の煮(に)

〆を吟味しましたのに。冷やは、如何で？」

「冷や酒を呑むと、お腹が下る。お燗が出来なんだら、何にもならん」

「もし、そこの御方。燗徳利が無うて、困ってなさる。何やったら、代わりになる物がありますわ」

「ケッタイな形ですけど、それは何です？」

「ヘェ、溲瓶ですわ」

「溲瓶というたら、あの溲瓶で？」

「あの溲瓶も、この溲瓶も無い。とにかく、溲瓶ですわ」

「阿呆なことを言いなはんな。溲瓶で、酒の燗は出来ん」

「これは、新ですわ。年寄りが使うと思て、安かったよって、草津で買うてきました。中に藁屑が入ってて、一遍も使てない。一升徳利を小さな手焙りの上へ乗せても、酒の燗は付かん。この溲瓶は肉が薄いよって、直に燗が付きます」

「そやけど、溲瓶では」

「コレ、久助。その溲瓶を、お借り申せ。新やったら、綺麗じゃ。旅の空の趣向で、面白かろう」

「旦さんも、大分変わってなはる。ほな、お借りします」

「さァ、どうぞ」

「ほんまに、新や。ほな、酒を入れます。（溲瓶を手焙りに乗せ、扇いで）こないしてると、酒を呑む段取りをしてるのか、病人の世話をしてるのか」

「ケッタイなことを言いなはんな。お酒は、気分の物じゃ。あァ、もう宜しかろう。わしは、熱い燗は好かん。ボンヤリとした所で、この湯呑みで行こか」

「ほな、お注ぎ致します。（酒を注いで）ほんまに、ケッタイな塩梅や。溲瓶の口から出る酒は、色も良え具合やし、新酒と見えて、泡立って」

「一々、ケッタイなことを言いなはんな。（酒を呑んで）あァ、良えお燗じゃ。結構な溲瓶酒で、話の種になる。コレ、久助。さァ、燗徳利のお礼じゃ。今の御方へ、お勧めしなはれ」

「あァ、そうでした。もし、溲瓶の御方」

「ケッタイな呼びようをしなはんな」

「お蔭で、上等の燗が付きました。お大事のお道具を、お借りしまして」

「お大事のお道具やなんて、お尻こそばいわ。えッ、酒をいただけますか。溲瓶を貸して、酒をよばれるやなんて。ほな、遠慮無しにいただきます。（酒を呑んで）これは、上等ですな。こんな良え酒を御馳走になれたら、いつでも貸しますわ」

「いえ、今日だけで結構です」

「コレ、久助。乗合の御方にも、お勧めしなはれ。わしらだけ呑んでるのも、気詰まりじゃ」

「へェ、承知しました。宜しかったら、一寸ずつ呑んどおくれやす」

「ほな、いただきます。（酒を呑んで）ほゥ、これは結構で」

「お宅も、どうぞ」

「へェ、おおきに。入れ物は、お茶を呑んだ湯呑みの方が大きい」

「厚かましいことを言いなはんな」

「オォ――イ！　まだ、呑んでないわ」

「コレ、けんたい（※当然の権利のこと）で呑めるように言いなはんな」

「わしも、船賃を払てる」

「これは、船賃とは別や」

「皆が美味そうに呑んでるのに、端の方に座ってたよって、えらい損や。もっと、仰山注いで。（湯呑みに、口を付けて）ペッ！　わしに、小便を呑ましやがった！」

「阿呆なことを言いなはんな。入れ物が溲瓶やよって、そんな気がするだけですわ」

「いや、小便や！」

「あのォ」

「戸板の病人が顔を上げて、何か言うてるわ。一体、どうしました？」

「ひょっとしたら、私の溲瓶と間違いはったのと違いますか？」

「あァ、同じ形の溲瓶や。病人の溲瓶を、ややこしい所に置きなはんな。この人が怒るのも、無理は無いわ。あんたのは、ほんまの小便や」

「（唾を吐いて）ペッペッ！　あァ、えらい目に遭わしやがった。もう一寸で、呑む所や。此方の酒で、口を清めるよって、二、三杯呑ましてくれ。ほんまに、ワヤや」

「間違い無いのは、此方の溲瓶で」

「二、三杯、立て続けに頼むわ。（湯呑みに、口を付けて）ペッ！　あァ、これも小便や！」

「一寸、静かにしなはれ。病人の溲瓶は別で、ほんまの酒ですわ」

「いや、これも小便臭い！」

「いえ、そんなことはないわ。（匂いを嗅いで）ほんまに、小便臭いな」

「あのォ」

「また、病人が顔を上げたわ」

「最前、間違（まちご）て、其方（そっち）へしたような」

「ほな、何方も小便か」

「（泣いて）トホホホホ！　馬鹿にしやがって、二遍（にへん）も呑まされるとは」

「二、三杯、立て続けに呑みなはるか？」

「阿呆言え！」

「あァ、『臭い臭いが　臭いなりけり』や」

「ほんまに、気の毒な。冷ややったら、此方に綺麗な酒があるよって、口を清めなはれ」

「また、問答をやりますか？」

「もう、色問答でもないわ」

「ほな、無理問答は如何で？　『丸う四角で　長し短し』やったら、『釣瓶縄（つるべなわ）　井桁（いげた）の中に　月の影』と。釣瓶縄は、どうしても長短になって、井桁の中に丸い月やよって、『丸う四角で　長し短し』となりますわ」

「ほな、私は『丸盆に　豆腐を乗せて　姉妹（あねいもと）　丸う四角で　長し短し』と」

「これも、上手に出来ました」

「コレ、身共も致そうか」

「これは、お侍様。どうぞ、お一つ」

「然（しか）らば、腰の物で参ろうか。『大小の　鍔に四（よ）ツ目の　紋所　丸う四角で　長し短し』とは、どうじゃ？」

「ほゥ、これは結構でございますな」

「ご同役、今じゃ！　よく、目利き召され！」

「よし、心得た！」

「もし、率爾ながら」

「あァ、拙者でござるか？」

「斯かる所で、不躾に声を掛けまして、失礼の段は、平にお許しを。我々は西国辺の、さる藩の者でござる。刀剣類に心を寄せまして、名刀名品を拝見し、眼を養い、心を澄ますを、何よりの喜びと致しておる者。誠に不躾な申し出ながら、ご貴殿のお腰の物。拵えと言い、反りと申し、柄頭に至るまで、実に見事な逸品と拝察致す。後学のため、拝見致したい。一重に、お願い申し上げる次第でござる」

「その儀は、お断り申す」

「そのように申されず、見れば見るほど、床しき名刀。何卒、お願い致したい」

「斯かる船中にて、白刃を抜き放つも異なものじゃ。その儀は、お断り申す」

「これは、ご尤も。然らば、大津へ着船致してより、何れかの場所を借り受け」

「くどう申すな。断る！」

「斯様に、お願い致しても」

「くどい！」

「然らば、たって拝見仕る！　ソレ、ご同役！」

左右から浪人を押さえ付けて、一刀を奪い取った弾みに、鳥刺しの鳥籠に、鞘が突き刺さった。

バリバリと破れて、雀が大空へ、バタバタバタ！

「あァ、何をする！　折角、捕まえてきた雀を逃がしやがって」

「ご同役、ご油断あるな！」

サッと刀を鞘から抜いて構えると、一旦、空へ舞い上がった雀が、サァ――ッと下りてきた。〔ハメモノ／『ドロドロ』。大太鼓で演奏〕

「アレアレアレ！　小烏丸を抜く時は、烏群がるとこそ伝え聞きしに、かく雀の群がるとは？」

よう見たら、竹光でございました。

『矢橋船』解説

二世曾呂利新左衛門の「滑稽伊勢参宮」の冒頭に、『矢橋船』の前半が少々と、後半が載っていますが、中程に色問答を加え、高座で上演を可能にしたのは、私の大師匠・桂米朝で、桂右之助という古老が、二代目桂三木助の高座を記憶していたことで、それを土台に纏め直し、昭和三十七年に初演したそうです。

矢橋は、現在の滋賀県草津市の集落の一つで、琵琶湖を船で行く方が、大津までの近道になることから、琵琶湖岸の港町として栄えました。

矢橋湖底遺跡から縄文式土器が出土しており、「万葉集」にも詠まれていることから考えると、古くから水門だったことは間違いありません。

以前は、矢走・矢馳・八橋・箭橋とも書かれたことから、落語では『矢走船』と表記する場合もありました。

近江八景でも、矢橋の帰帆として、名所の一つに数えられ、石山の秋月・瀬田の夕照・粟津の晴嵐・三井の晩鐘・唐崎の夜雨・堅田の落雁・比良の暮雪と並び称されますが、元来、近江八景の成立は、慶長年間、近衛信伊が、近江八景の和歌八首を詠んだことが始まりとされています。

○○八景とは、中国湖南省洞庭湖南方の瀟水と湘水が合流し、湖に注ぐ一帯の名所を

「近江八景之内　矢橋　帰帆」

近江八景の刷物

表した瀟湘八景（※中国の山水画の伝統的な画題）に準えたものです。

近江八景は、『近江八景』『掛け取り』『指南書』などの落語にも登場するだけに、当時の庶民に浸透していたことが、よくわかります。

学生時代、「米朝上方落語選」（立風書房）の『矢橋船』の解説で、狂歌師・蜀山人が駕籠屋に、三十一文字に、近江八景を詠み込んだら、駕籠賃をタダにすると言われ、「乗せたからさきは粟津かただの駕籠、比良石山やはせらせてみい」と詠んだという逸話を知り、

「伊勢参宮名所図会」矢橋（やばせ）

「昔の人は偉い！」と思いました。

酒を溲瓶で燗をする件は、十返舎一九の「東海道中膝栗毛」の三十石の夜船の段に、よく似た話があります。

「東海道中膝栗毛」は、落語と酷似した話が多いだけに、噺家と交流があった一九は、アイデアの遣り取りをしていたのではないでしょうか。

宿屋町～こぶ弁慶

やどやまち～こぶべんけえ

喜六・清八が、お伊勢参りの帰り道、鈴鹿峠を越えて、土山・水口・草津から、大津の宿場の手前まで参りました。

「さァ、大津の宿や。田舎の宿場みたいに、ボォ――ッとしてたらあかん。女子が仰山出てきて、わしらの袖を引くわ」

「わァ、女子が袖を引くか!」

「嬉しそうな声を出すな。女子というても、宿屋の客引き女や。そんな女子の口車に乗ったら、ケッタイな部屋へ泊められて、不味い物を食わされて、高い銭を取られる。女子に袖を引かれても、断らなあかん」

「女子に袖を引かれたら、よう断らん性分や」

「ほんまに、ケッタイな性分やな。そんな時は、『定宿がある』と言え。定まった宿と書いて、定宿と読む。余所の定客は引いたらあかんのが、宿場の法や」

「ほな、そうするわ」

二人が話をしながら参りましたのが、大津の宿。

街道の両側に並んでる宿屋は、軒の行燈に灯を入れて、表には打ち水・盛り塩。

一人でも仰山の客を引こうと、赤前垂れの客引き女が、押し合いへし合い。

これは宿屋の女子衆やのうて、近所の百姓家の嫁さん連中が、宿屋の忙しい時だけ手伝いに来るという、只今のアルバイト・パートタイマー。

平生は野良仕事をしてるだけに、顔は陽に焼けて、真っ黒け。

客引きの時だけ、首から顔へ白粉を塗りますが、襟筋から綺麗に塗り上げると宜しいが、「ここだけが、顔でござい」と、縁取ったように塗るよって、能面を被ったようになる。

鼻の頭ばっかり、ポンポンと叩くので、鼻の出っ張りだけが真っ白けになって、石灰蔵から出てきたイタチみたいな顔をしております。

唇に紅を差しますが、これも下唇へ、ウッスラ差すと宜しいが、厚揚げみたいな唇へ、ゴッテリ塗り付けて、涎がダラダラ垂れると、紅が顎の辺りまで流れて、まるで人を食てきた狼みたいな口になる。

鼻が内らへ遠慮してる代わりに、額が前へ迫り出して、両方の頬べたが飛んで出て、槍オトガイと言うて、グッと顎が突き出てます。

真ん中が引っ込んで、周りが高台になってるという、阿蘇山の噴火口みたいな顔をしてる。

この顔が長て、上を見て、真ん中を眺めて、下を観察する内に、上を忘れてしまう。

火の点いた炭を運ぶ時に使う十能という物がありますが、この女子衆は、一番の十能のような手。

表の道で、カンテキ（※七輪）で起こした火を、グッと鷲掴みにして、玄関通って、中庭通って、奥庭通って、離れ座敷の火鉢へ火を入れるまで、十能が要らんという、便利な手があったもので。

足は、十六文の甲高という、往年のジャイアント馬場みたいな足。

こんな大きな足に穿く足袋は無うて、年柄年中、裸足で歩いてますが、水に濡れては、土を踏むので、足の踵に、アカギレが切れる。

これが一通りの切れ方やのうて、去年のアカギレが切れ残って、今年の分が切れて、来年の分が手廻しに切れてるという、念の入ったアカギレ。

足の割れ目へ、米・粟・稗という雑穀類が飛び込んで、身体の温もりと水気で、ジンワリと芽を吹いて、秋には足の踵で採り入れが始まろうというような塩梅。

お腹がグッと迫り出す代わりに、お尻が後ろへ飛んで出て、横から見たら、ローマ字のSみたいな形ですが、お尻という可愛らしい物やのうて、ここらがケツですな。

ケツもケツ、今月・来月・再来月、伊達の対決、天下の豪傑、ケツ食らえ。

如何なる裁判官も、このケツだけは、判決に困ったという。

何のことやら、サッパリわかりませんが……。

雨が降ると、この尻の下で、大の男が五、六人は雨宿りが出来るという、大きな尻があったもので。

それでも女子だけに、どことなしに色気があって、肩から斜めに赤い襷を掛けて、赤前垂れで、頭の天辺から声を出して、客を呼んでおります。


「ヘェ、誰方も、お泊まりやないかな！」〔ハメモノ／『泊まりじゃないか』。三味線・〆太鼓・大太鼓・篠笛・当たり鉦で演奏〕

「ヘェ、伊勢屋でございます。どうぞ、お泊まりを」

「お風呂も沸き立て、ご飯も炊き立ての紀州屋で。どうぞ、お泊まりを」

「仰山、女子衆が出てきた。喜ィ公、気を付けや」

「どうぞ、お泊まりを」

「清やん、出てきた。わしらは、定宿がある！」

「あァ、さよか。これは、えらい失礼を」

「『定宿がある』と言うたら、離した」

「どうぞ、お泊まりを」

「わしらは、定宿がある！」

「これは、えらい失礼を」

「キッチリ、離すわ。『定宿』を言いながら、一晩中、ひやかして歩こか？」

「阿呆なことを言うな」

「向こうに、別嬪の女子衆が立ってるわ。あの女子衆に、『失礼』を言わそか？」

「しょうもないことをするな」

「いや、言わせてみるわ。姐さんは、何で引かん？」

「これは、お見逸れ致しました。どうぞ、お泊まりを」

「わしらは、定宿がある！」

「そやよって、引いてませんわ」

「（頭を下げて）これは、えらい失礼を」

「お前が『失礼』を言うて、どうする」

「定宿、定宿、定宿の大安売りィ――ッ!」

「どうぞ、お泊まりを」

「また、出てきた。わしらは、定宿がある!」

「へェ、最前から聞いてますわ。この宿場へお越しになるなり、『定宿、定宿』と、定宿を売って歩くように言うてはります。定宿は、何屋何兵衛さんで?」

「えェ、定宿屋定兵衛」

「そんな宿屋がおますかいな。ウチは、岡屋と申します。どうぞ、お泊まりを!」

「清やん、定宿が効かん」

「お前が、しょうもないことを言うよってや。どこへ泊まるのも同じやさかい、ここへ泊まらせてもらうわ」

「どうも、有難うございます。さァ、お濯ぎを持ってこォ――ッ!」

「へェ――イ!」

出てきたのが、最前の女子衆を拡大鏡で見たような女子。

小さな盥に、温ま湯を入れて、肩と腰を七三に振って、ドンブリチャンブリ、ドンブリチャンブリ。

「ヤンレ、そこのモンゴリ奴。脛ッポシ、洗てこまそか!」

「わッ、えらい女子が出てきた。番頭、この女子衆は食い付かんか?」

「へェ、この頃は」

「何ッ、この頃は！　今まで、食い付いてたような」

「コレ、お客さんよォ。お客さんの足を洗とると、つい国許のことを思い出して、涙が零れよる」

「わァ、女子衆が泣いてるわ。良え女子が泣くと風情があるけど、こんな女子に泣かれたら、ゾッとするわ。コラ、泣くな！」

「コレ、キツいことを言うのやないわ。この女子衆は、国許に可愛い男が居ったけど、この宿屋へ奉公に出る時、泣く泣く別れてきた。お前の足を見たら、色白で華奢な。つい国許を思い出して、泣いてる。女子衆さん、そうやろ？」

「わしに、男も何もありゃせんがの。国許に居る時、日が暮れになると、父さんが野良から、牛を追うて帰ってくる。その牛の足を洗うのが、わしの仕事じゃった。お客さんの足を洗とると、黒うて、毛深うて、つい国許を」

「牛を思い出してるわ。コラ、馬鹿にするな！」

「怒らんと、上へ上がれ。おい、番頭。上がせてもらうけど、派手に上がろか、陽気に上がろか。哀れに上がろか、陰気に上がろか？」

「ほゥ、いろんな上がり方がございますな。こんな商売は、陰気より陽気な方が結構で」

「ほな、陽気で、賑やかに上がるわ。（『伊勢音頭』を唄って）ヤァとこせ、よいやな。あれはいせ、これはいせ、ササ、何でもせェ――ッ。部屋は、どこや、どこや！」

「わァ、派手な上がり方やな。もし、後ろの御方」

「伊勢参りの帰りで、音頭を取ったらあかんか？」

「音頭は大事ございませんけど、右足の草鞋が履いたままになってございます」

「おい、喜ィ公。草鞋を、片方だけ脱いで上がる奴があるか！」

「いや、両足の草鞋を脱いだはずや。アレ、右足の草鞋を履いてるわ。確かに、両足の草鞋の紐を解いた覚えがある」

「やっと、わかった。わしが右足の草鞋の紐を解いてたら、お前が左足の草鞋の紐を解いてくれたわ。親切なことがあると思たけど、間違てたのと違うか？」

「あれは、お前の足？」

「人の足も、自分の足も、わからんか。こいつは、こんな男や。この前も風呂屋で湯に浸かって、『尻が痒いけど、掻いてもええか？』『自分の尻やったら、勝手に掻け』『そうか』と言うて、ボリボリボリボリ。『何ぼ、掻いても応えん』と言うよって、フッと見たら、隣りに座ってる、お爺さんの尻を掻いてた。『阿呆か！』と言われて、湯の中へ沈められてたわ。早う、草鞋を脱げ」

「ほんまに、阿呆らしい。この草鞋は、其方へやっといて」

「もし、お客さんよォ。この草鞋には、えろう泥が付いとりますで。今晩の内に洗て、蔭干しにしといたら、明日の朝、お発ちになるまでには乾きますでのう」

「コゥコゥコゥ！　向こう先を見て、物を言え。わしらは大坂者で、明日は京都へ入って、三十石で、大坂へ帰るわ。新の草鞋を下ろしますという奴や。泥の付いた草鞋なんか、履いて行けるか。そんな物は、パッパッパッと放ってしまえ！」

「まァ、男らしいこと。お脚絆にも、えろう泥が付いとりますで」

「コゥコゥ！　一々言うことが、ムカつくな。泥の付いた脚絆なんか、パッパッパッと洗て、干しといてちょうだい」

「一体、何を言うてる。しょうもないことを言うて、恥(はじ)を掻いてるわ」

「部屋は、どこや、どこや！」

「わァ、賑やかやな。ご案内致しますけど、ご相談がございます。お宿の方は、どのような塩梅にさせていただいたら宜しいかと思いまして」

「宿賃の応対は、気に入った！　余所の宿屋へ泊まると、此方(こっち)の身なりを見て、部屋を決めよる。悪い部屋へ放り込まれたら、ムカつく。良え部屋へ通されたら、後の勘定を心配せんならん。宿賃は、どういうことになってる？」

「宿賃は、上(じょう)・中(ちゅう)・並(なみ)となっております」

「ほな、上は？」

「上でございましたら、誰方様に限りませず、お一人さんが一晩、一分(ぶ)になっております」

「ほゥ、気に入らんな」

「中でございましたら、お一人さんが一晩、二朱(しゅ)で」

「あァ、気に入らん」

「並でございましたら、お一人さんが一晩、一朱で」

「いや、気に入らん！」

「あァ、左様で。もう少々、お安うお泊めしても宜しゅうございますけど、これより安う泊めてはいかんというのが、宿場の決めになっておりまして。何でございましたら、宿場外れに木賃宿(きちんやど)という所がございますので。其方(そちら)でしたら、お安う泊まっていただけます」

「コゥコゥコゥ！　わしが『気に入らん』と言うのは、高(たこ)うて気に入らんと思てるか、安うて気に入らんと思てるか、何方や？　安過ぎるよって、気に入らんのじゃわい！」

「ほな、どれぐらいでしたら宜しゅうございます？」

「一人一晩、十両ということにならんか？」

「えッ、十両！　そう申されましても、御馳走の仕様がございません」

「コゥコゥコゥ！　一々、言うことが、気に入らんな。向こう先を見て、物を言え。わしらは、大坂者や。『大坂は食い倒れ』と言うて、美味い物は、大坂で食い飽きてるわ。余所で不味い物を食べて、痩せるのが念願で、旅をしてる。おい、大坂を馬鹿にしてもらいますまいかえ！　嘘やと思たら、大坂の雑魚場へ来てみい。朝、板石が敷いてあるわ。その上で、取れ取れの鯛が、ドテラを着て、煙草を喫うてる。その鯛を、手鉤でパッと引っ掛けて、俎の上へポォ――ンと乗せて、庖丁でパッパッパッと鱗を払て、ブッブッブッと切って、ガサガサと飯を食たら、天にも上る心地がするわ。そんな大坂者を摑まえて、馬鹿にしてもらいますまいかえ！」

「清やん、恰好良えな。一寸、わしにも言わせて」

「あァ、好きに言え」

「よし、言うわ。コゥコゥコゥ、コカコゥ！」

「お前は、鶏か。もっと、しっかり行け！」

「わしらは大坂者で、馬鹿にしてもらえますまへかへ」

「それでは、息が抜けてるわ。もっと、しっかり行け！」

「あァ、わかってる。大坂は、行き倒れや！」

「違う、違う！　大坂は、食い倒れや」

「何方にしても、倒れてるわ。朝、ジャコバで行ってみい」

「何ッ、ジャコバ？　それは、雑魚場や」

「いや、舌が廻らん。朝、ジャコバへ行ったら、板石が敷いてあるわ。まァ、昼間も敷いてあるけど」

「一々、要らんことを言うな」

「ほな、取れ取れの鱧（はも）が」

「いや、鯛や」

「鯛より鱧の方が好きやよって、鱧でやらせて」

「ほんまに、ケッタイな奴や。ほな、鱧でやれ」

「取れ取れの鱧が、肩へ手拭いを引っ掛けて、風呂へ行きよる」

「そんな物が、行くか！」

「鱧はヌルヌルしてるよって、一遍（いっぺん）、風呂へ行かしてやりたい。鱧を手鉤で、パッと引っ掛けようと思ても、ズルッと滑（すべ）って、引っ掛からん。無理に引っ掛けて、俎の上で、庖丁でパッパッと鱗を払いたいけど、鱧は鱗が無いよって、ブツブツと切って、飯を食てみい。骨で骨で、食われへん！」

「何を言うてる！」

「あァ、スッとした！」

「嘘を吐（つ）け！　こいつの言うたことは、忘れてくれ。そんなことやよって、一人一晩、十両で頼むわ」

「十両と申されましても、お持てなしの仕様がございません。もう少々、何とか？」

「宿賃の所は、一文も負かりまへん！」

「そこを、何とか」

「話が、アベコベや。ほな、安(やす)しょう。そやけど、わしも男や。負けるとなったら、二割引の三割引のと、ケチなことは言わん。ポォ━━ンと安して、並で行こか」

「あァ、左様で。私も、そんな所へ落ち着(つ)くと思てました。只今、ご飯が炊き立て、お風呂も沸き立てで。何方(どちら)を、先になさいます？」

「なァ、清やん。腹が減ったよって、飯を先にして、飯を食わして」

「一寸、待った！　風呂へ入ってから、飯を食べる方が良えか？」

「汗や脂(あぶら)を流してから、ゆっくり飯を食べる方が美味いわ」

「ほな、先に風呂へ入る」

「やっぱり、風呂にして」

「一寸、待った！　腹が減ってる時、風呂へ入ったら、フワァ━━ッと、身体が浮くような気がするわ。やっぱり、飯を先にしょう」

「ほな、飯やな？」

「やっぱり、風呂」

「ほな、風呂か？」

「いや、飯」

「一体、何方や！　早う、決めんか」

「やっぱり、風呂へ入るわ」

「お風呂場へ、ご案内致します」

「わしが風呂へ入る時、お膳を運んで、湯へ浮かべて食べるわ」

「そんなことが出来ますかいな」

「ほゥ、出来んか？　大津では？」

「大津やのうても、どこでも出来ません」

「先に、飯を食べるわ」

「ほな、お膳の仕度を致します」

「裸で飯を食べるよって、後ろからザブゥ――ッと、湯を浴びせて」

「そんなことが出来ますかいな」

「何にも出来ん、不自由な宿屋！」

「阿呆なことを仰らんように」

「わッはッはッは！　先に、風呂へ入るわ」

「どうぞ、此方へ」


これから風呂で、お湯の色が変わるのやないかと思うぐらい、大騒ぎ。

部屋へ通されて、床柱を背に、座蒲団の上へ座ると、お膳が運ばれる。

これが宿屋の有難さで、上げ膳・据え膳。

阿呆なことを言いながら、一杯呑んでおります。


「えェ、こんばんは」

「はい、誰方？」

「隣りの部屋の者ですけど、お言葉の様子では、大坂の御方のようで。私も大坂者で、一人で呑んでも面白無いよって、お仲間に入れてもらいたい」

「『旅は道連れ』と言うよって、お膳を持ってきなはれ」

「えェ、こんばんは！　向かいの部屋の三人連れですけど、此方が面白そうなことになりそうで。私らも、一座さしてもらいたい」

「大勢の方が、賑やかで宜しいわ。ほな、お膳を持ってきなはれ」

「えェ、こんばんは！　向こうの部屋の、十五人の団体！」

「わァ、えらいことになってきた！　襖を外して、広い座敷にしょう。ドンドン酒を頼んで、勘定は割勘。酒の肴は、膳の上で呑むことにしますわ。姐さん、おペンペンの弾ける女子は居らんか？　あんたが弾けたら、三味線を出して、調子を合わせて。何ッ、調子が合うた？　ほな、陽気に行こか。やったやった、コラコラ！」〔ハメモノ／『負けない節』。三味線・〆太鼓・大太鼓・篠笛・当たり鉦で演奏〕

「（部屋へ飛び込んで）もし、助けてもらえませんか！」

「一寸、待った！　姐さんも、三味線を止めて。顔色を変えて、飛び込んできたわ。一体、どうしました？」

「八本足の魔性の物が、廊下の壁にペタッと、へばり付いてまして」

「八本足で、壁にペタッ？　お宅の言うことを聞いてると、蜘蛛みたいですな」

「へェ、蜘蛛です」

「何や、蜘蛛かいな。魔性の物と言うよって、化け物かと思いましたわ。蜘蛛も大きな物になったら魔物ですけど、どんな大きさで？」

「(両手の人差し指と親指を合わせ、輪を作って) ヘェ、こんな大きな蜘蛛です」

「ほんまに、大きな蜘蛛や！　足を広げたら、(両手で、大きな輪を作って) これぐらいになるわ」

「足を広げて、(両手の人差し指と親指を合わせ、輪を作って) これぐらいで」

「ほな、小さな蜘蛛や。そんな蜘蛛やったら、怖いことないわ」

「そうとも言えんのは、誰も虫が好かんことがある。徳川家康という豪胆な大将でも、蜘蛛を見ると、身が竦んで、物が言えなんだそうですわ」

「しかし、珍客到来や。この人が蜘蛛が怖いように、誰でも怖い物や、嫌いな物がある。今から、怖い物や、嫌いな物の尋ね合いをしょう。お宅は、何が嫌い？」

「蛇が嫌いで、ニョロニョロしてるのを思い出すだけで、ゾッとしますわ」

「わしも、蛇は嫌いや。お宅は、何が嫌い？」

「私は、蜂です。小さな蜂に刺されても、痛いわ」

「あァ、蜂も難儀ですな。あんたは、何が嫌いで？」

「私は、百足。足が何本あるかを考えるだけで、気が遠なりますわ」

「ケッタイなことを言いなはんな。お宅は、何？」

「イモ虫と、デンデン虫」

「段々、情け無うなってきた。今度は反対に、好きな物の尋ね合いをしますわ。あんたは、何が好きで？」

「誰が何と言うても、酒です！」

「誰も何にも言うてないけど、一番好きな物が酒とは、男らしいわ。お宅は、何が好き？」

「二番目が、酒です」

「二番やのうて、一番好きな物は？」

「一番好きな物は、二番目が酒」

「二番はええよって、一番は何です？」

「えエ、三番は」

「誰が、三番を聞いてる。一番好きな物は、何？」

「一番好きな物は、女子」

「何やら、言いにくそうにしてると思た。あんたは、何です？」

「私は、羊羹」

「今度は、甘党ですな。ほな、お宅は？」

「私は、寿司で」

「あァ、寿司は結構！　えろう好きやない人は居っても、一口も食えんという人は無いと思うわ。

あんたは、何が好きで？」

「私は、土です」

「お宅も、寿司で？」

「寿司やのうて、土です」

「土というたら、地べたを掘ったら出てくる土で？　ほな、赤土や壁土？」

「わァ、壁土！　聞くだけで、涎が出てくる」

「ほゥ、土が食えますか？」

「古い壁土は、良え味がします。最前、お手水へ行った帰りに、廊下の壁土が落ちてて、美味しそうでしたけど、勝手に食べたらあかんと思て、唾を呑み込んで帰ってきました」

「落ちてる壁土は、勝手に食べても宜しいわ。その壁土を、此方へ持っといで。あァ、おおきに。壁土は、これですか？」

「あァ、これこれ！　ほんまに、食べても宜しいか？　誰方も、お先に」

「いや、誰も食べん。お宅一人やよって、ゆっくり食べなはれ」

「わァ、この壁土の美味しそうな色」

「いや、わからん。さァ、食べなはれ」

「ほな、いただきます。（壁土を食べて）あァ、美味しい！　ここは古い宿屋で、百年は経ってますな。それぐらい経たなんだら、こんな深い味は出んわ。前にも、こんな土を食べたことがあります。確か、本願寺さんで」

「あんたは、いろんな所で食べてますな。もっと、食べなはれ！」


皆が面白がって、ドンドン壁土を食べさせた。

この男も、平生から土を、それほど仰山食べる男やなかったのに、周りが「凄い！」と褒めるよって、調子に乗って、次から次へ食べる。

世の中には珍しい人が居ると感心して、各々の部屋へ帰って、寝てしまいます。

「旅人は　雪呉竹の　群雀　停まりては発ち　停まりては発ち」

ガラリ夜が明けると、各々は仕事や用事で旅立って、喜六・清八も京都へ向かいました。

夕べ、壁土を食べた男だけ、えらい熱が出て、枕から頭が上がらん。

宿屋で三日ほど世話になって、熱が下がったので、通しの駕籠を頼んで、帰って参りました。

この男の住んでる所は、京都の綾小路麸屋町という、至って、アヤフヤな所で。

それから五日ほど経つと、熱は引いて、スッカリ治ってしまう。

大津の宿屋で壁土を食べたことも忘れた頃、左の肩にポツンと出来物が出来た。

痒いよって、ガリガリ掻くと、それが潰れて、もう一寸、大きな出来物になる。

これを繰り返す内に、出来物が膨れ上がって、人間の頭と同じぐらいの瘤になると、目が開き、鼻が出来、口が開き、とうとう物を言い出した。


「おい！　おい！」

「えッ、お宅は誰方で？」

「わしは、武蔵坊弁慶である！」

「弁慶というたら、義経の家来で？　何で、私の肩へ出てきなはった？」

「おォ、さればさ。その方、大津の宿・岡屋半左衛門なる宿屋で、壁土を食うたであろう。あの壁土の中には、大津の絵師・浮世又平なる者が一心込めて描いた、我が絵姿が塗り込めてあった。再び、源氏の御世に翻えさんと思うたが、壁に塗り込められ、外へ出ることが出来ん。先日、その方が壁土を食うてくれた故、これ幸いと、その方の身体を借りて出て参った。暫く、その方の世話になるぞ。これからは、飯は一日に二升、酒は三升呑む。週に一度は、カラオケボックスへも連れて行け！」

「そんな阿呆な」

「うるさい！」

「あんたが、うるさいわ」

難儀な居候が出来ましたが、医者からも、こんな病いは知らんと、匙を投げられる。

その内に、弁慶が起きてる時は、手も足も弁慶の言うことを聞くようになった。

何方が居候かわからんようになって、とうとう寝込んで、外へ出んようになる。


「一体、どうした？」

「あァ、此方へ入って」

「ほな、上がらしてもらうわ。あァ、すまん！　また、出直してくる」

「一寸、待って！　何も、女子と寝てる訳やない。人が見たら、ビックリすると思て、白い布が掛けてある。さァ、これを取って」

「（布を取って）お前は、こんな好みがあったか？　まさか、坊さんと寝てるとは」

「坊さんやのうて、肩から生えてるわ」

「何ッ、生えてる！　一体、どういう訳や？　ほゥ、そんなことがあったか！　土を食べたら、ロクなことはないと言うてたやろ。医者にも、匙を投げられたか。神様・仏様に、お願いをしたらどうや？　蛸薬師へ、蛸を断って、お参りしたら、どんなイボでも取ってくれるそうな。瘤と言わんと、大きなイボが出来たと言うて、百日の日限で、願掛けをして頼んだら、取ってくれはるかも知れんわ」

「これは、良えことを聞いた！　ほな、そうするわ」

これから、蛸薬師へ日参する。

弁慶が目を覚ましてる時は、身体の自由は利かんが、弁慶は昼ご飯を食べた後、昼寝をするという習性があるので、弁慶がウツラウツラした頃、出掛けることにした。

「あァ、やっと寝た。弁慶の顔が出てると、皆がビックリする。風呂敷を被せたら、何かを担げてるように見えるわ。（表へ出て）誰にも、会わなんだらええけど」

「もし、由っさん」

「あァ、会うた！　ヘェ、こんにちは」

「今日は、どこへ行きなはる？」

「ヘェ、蛸薬師さんへお参りに」

「何やら、担げてなはる」

「西瓜が手廻りましたよって、お供えに」

「西瓜とは、時期外れで」

「ヘェ、珍しい物が手廻りまして」

「ほな、気を付けて行きなはれ」

「（翌日になって）やっと、寝た。さァ、出掛けよか。今日は、誰にも会わなんだらええけど」

「もし、由っさん」

「あァ、会うた！　ヘェ、こんにちは」

「今日も、どこへ行きなはる？」

「一寸、蛸薬師さんへ」

「何やら、今日も担げてなはる」

「お供えに、人参を」

「ほゥ、丸い人参ですな」

「へェ、丸人参が手廻りまして」

「ほな、気を付けて行きなはれ」

（翌日になって）ボチボチ、出掛けよか。今日こそ、誰にも会わなんだらええけど」

「もし、由っさん」

「あァ、会うた！　この男は、わしが出てくるのを待ってるのと違うか？」

「今日も、蛸薬師さんで？　また、担げてなはる」

「お供えに、卵を」

「何と、大きな卵ですな」

「へェ、象の卵が手廻りまして」

ええ加減なことを言いながら、蛸薬師へ日参して、アッという間に、百日目の満願の日になりましたが、今日に限って、弁慶が寝てくれん。

日が暮れ小前に居眠りを始めたので、慌てて蛸薬師へお参りする。

下向道で、寺町まで参りますと、彼方此方の寺々で、夕景を告げる入相の鐘を撞き始めた。〔ハメ

モノ／銅鑼を、三つ打つ〕

「亀井、片岡、伊勢、駿河！　君の御供なして、一ノ谷へ！　急げ、急げ！」

「急に大きな声を出して、ビックリするわ」

「今のは、陣鐘であろう？」

「あれは、お寺の鐘ですわ。一寸、静かにしなはれ」


弁慶を宥めてると、何れのお大名かは存じませんが、立派な行列が参りました。

京都は王城の地だけに、「下に、下に」と言わず、「控え、控え」と申します。

金紋・先箱・大鳥毛、行列美々しく、

「控え、控えェ――ッ！」〔ハメモノ／『大拍子』。三味線・〆太鼓・大太鼓・篠笛・当たり鉦で演奏〕

「えェ、誰方も粗相の無いように。この町内から、お咎めを受ける者が出んようにしてもらいたい」

「紋付・袴の人は、誰です？」

「あれは、炭屋の親爺さんや。町役やよって、紋付・袴で、ウロウロしてますわ」

「とても、炭屋の親爺さんには見えん。デボチン（※おでこ）に、大きな瘤が出来てますな」

「あの瘤には、面白い話がありますわ。炭屋へ、別嬪の女子衆が来た。親爺さんは良え年をして、夜中に女子衆の部屋へ這うて行きまして。この女子衆は、気が強い。『何をしなはる』と言うて、箱枕でゴンと叩いたよって、デボチンに大きな瘤が出来て。人に聞かれたら、『あァ、年は取りとうない。昨日、棚の上の道具箱を下ろそと思たら、金槌が落ちてきた』と言うてますけど、皆、ほんまのことを知ってますわ」

「面白いよって、聞いてみたろ。もし、炭屋の親爺さん」

「粗相の無いように、気を付けなはれや」

「親爺さんのデボチンに、大きな瘤が出来てますな？」

「あァ、年は取りとうない。昨日、棚の上の道具箱を下ろそと思たら」

「ほゥ、女子衆が落ちてきましたか？」

「阿呆なことを言いなはんな！」

「控え、控えェ――ッ！　控え、控えェ――ッ！　そこの者、頭が高い。コレ、控えんか！」

「もし、弁慶はん。お侍が此方を見て、睨んでますわ。早う、頭を下げなはれ」

「何故、このような者に、頭を下げねばならん！」

「頭を下げなんだら、怒られますわ」

「コリャ、そこの者！　先程から、頭が高いと申しておるではないか！」

何を思たか、弁慶が行列の前へ出ると、「乗り物、待った！」と、大手を広げた。

「コレ、狼藉者じゃ！　各々方、出合え！」と、右や左から、弁慶を捕まえようとしましたが、弁慶は百人力。

右から来た者を摑んでは右へ投げ、左から来た者を摑んでは左へ投げ、前から来る者を摑んでは上に投げた。

上へ放り投げられた者と、下へ落ちてくる者が、途中で出会うと、挨拶をしてる。

「ご貴殿は、お上りでござるか」

「ご貴殿は、お下りでござるか」

「下へ、言付けはござらんか」


そんな阿呆なことは言いませんが、お駕籠の前まで弁慶が出てくると、棒鼻へ手を掛けて、

「乗り物、やらぬ！」〔ハメモノ／ツケ〕
「行列の妨げを致す狼藉者、名を名乗れ！」
「我が名が聞きたくば、名乗って聞かせん。耳を浚えて、よく承れ！〔ハメモノ／『二丁入り』。三味線・〆太鼓で演奏〕我を、誰とかなす！　天津児屋根命、中の関白道隆公の後胤にして、母は二位大納言の娘。熊野参籠の折、別当・弁真と心通わし、遂に夫婦の契りを結び、十八ヵ月経って、男子出生。幼名、鬼若丸と名付く。後に書写山へ上り、観慶阿闍梨の弟子となる。誕生水・別当の屋敷と古跡を残し、比叡山にて武蔵と言える荒法師の跡を継ぎ、父・弁真の弁の字と、観慶阿闍梨の慶の字と、これを合わせて、武蔵坊弁慶と名付く。五条の天神に宿願の仔細あって、丑の刻参りの折から、五条の橋にて牛若丸と出会い。名乗れば、源家の御曹司。これより弁慶、二十余年の栄華の夢。後無く晴れて京都を払い、屋島・壇ノ浦の戦いに、頼朝・義経不和となり、奥秀衡を頼んで下向なす。我は衣川にて、立ち往生！　義経大明神といわいこまれるまで、君の御供なしたる、

この弁慶。汝ら如きの下に居ろうや、奇怪千万。何を、小癪な！」〔ハメモノ／ツケ〕
「行列の妨げをなす、狼藉者。皆の者、出合え！」
「ハハァ━━ッ！」

百人力の弁慶でも、仰山の者に押さえられては、身動きが出来ん。


「弁慶はん、縛られてしもた」

「あァ、無念である！　その方だけ、首を撥ねてもらえ」

「阿呆なことを言いなはんな！」

「その方は、武蔵坊弁慶と申したな。その方の怪力には、恐れ入った。家来にならば、許して遣わす。嫌じゃと申さば、三条河原にて手討ちに致すが、どうじゃ？」

「汝ら如きに、屈する訳にはいかん！」

「然らば、手討ちに致すぞ。その方は、三条河原の土に還りたいか？」

「いや、大津の壁土に帰りたい」

『宿屋町～こぶ弁慶』解説

落語には、そんな人が居る訳が無いと思うような人物も登場しますが、『こぶ弁慶（べんけえ）』は、その最たるネタと言えましょう。

土を食べる人という設定は奇妙で、説得力に欠けると思っていましたが、リトアニア共和国の女性が、毎日一キログラムの土を食べて暮らし、今までに三トン食べたことや、土食症（どしょくしょう）という病気もあり、二千年前のヒポクラテスも記録していることを知り、とても驚きました。

『こぶ弁慶』では、その上、肩から顔が生えるのですから、如何（いか）にもグロテスクで、映画や演劇では面白く表現出来ないと思います。

しかし、落語で面白さを伝えることが可能なのは、何故（なぜ）でしょうか?

落語は想像（※創造も）で楽しむ芸能ですが、演者も観客も具体的な想像ではなく、実に漠然（ばくぜん）とした、つまり、フワフワした想像で楽しむという要素が強いからでしょう。

落語という芸能は、身に覚えのある場面なら、具体的・立体的に想像するが、そうでない場合、自分の心に負担が掛からないほどの想像で楽しむということに、最近、気が付きました。

この考えは間違っているかも知れませんが、ネタの最初から最後まで、具体的に想像を働かせていると、精神的な負担は大きく、疲労だけが重なることは否(いな)めません。
私の師匠・桂枝雀(しじゃく)が、色紙に「落語は、精神的マッサージである」と書いていた頃がありましたが、落語で精神のマッサージが出来るのであれば、観客の負担が軽くなるのは当然です。

『こぶ弁慶』から話が逸(そ)れましたが、そのようなことまで考えさせられる落語であることは間違いありません。

前半部分の『宿屋町(やどやまち)』は、ポピュラーなネタと言えますが、『こぶ弁慶』まで演じるとなると、演者は極端に減り、上演の難易度が高い落語になります。

『東の旅』は、入れ込み噺(ばなし)とも言われ、前座が演じるネタが多いのですが、『こぶ弁慶』『三十石夢の通い路(さんじゅっこくゆめのかよいじ)』などは、若手が演じても形にならないだけに、完全に真打級の落語と言えましょう。

好きな物や、嫌いな物の尋(たず)ね合いは、『まんじゅうこわい』にも使われている趣向(しゅこう)で、何方(どちら)かの演出を、片方が後に入れ込んだと思われます。

SF的な落語だけに、遊びの部分も多いのですが、それだけに納得出来る自然な部分も多くしておかなければ、何が何(なん)だかわからない、不思議なネタで終わってしまうでしょう。

この落語も、ハメモノの効果で、ネタに説得力を加えていますが、喜六(きろく)・清八(せえはち)が大津の宿(しゅく)へ差し掛かった時に使う曲の『泊まりじゃないか』は、「泊まりじゃないか、泊まりゃんせ。これなァ、これなァ。おくたぶれ（※草臥(くたぶ)れ）でもあろかいな」という歌詞で、長唄『新かむろ』の中にあるそうで、また、歌舞伎下座(げざ)音楽にも使われたようです。

宿屋の宴会の場面で使う曲の『負けない節』は、ハメモノの代表的な曲で、ネタの雰囲気を高めて、陽気にする唄では、ナンバーワンと言えましょう。

原曲はハッキリせず、寄席囃子独自の曲とされていますが、「踊り踊るなら、品良く踊れ。品の良いのを、サァサ、嫁に取る」という歌詞は、他の民謡や盆唄にも見られるだけに、それらが座敷唄に流れたように思います。

『こぶ弁慶』の他、『宿屋仇』『船弁慶』などにも使われますが、『鼻捻じ』(『隣りの桜』)では、隣りの漢学者を懲らしめるため、庭で宴会を催す場面だけに、「花は色々、五色に咲けど、主に見返す、サァサ、花は無い」という歌詞に改められました。

大名行列の場面で使う曲の『大拍子』は、別名を『行列三重』と呼び、「お先揃えて、華やかに。花の行列、来連れて花の山」という歌詞が付いていたそうです。

大名行列を止めた弁慶が、大きな見得を切る場面で使う曲の『一丁入り』は、五代目古今亭志ん生の出囃子で有名になりました。

唄や三味線に合わせ、小鼓を単独で打ち囃すことを、一調・一調あしらいと言うそうですが、歌舞伎では時代物の武将の出入りなどに、『一調入り』を使います。

一調入りは、一人で打つことではなく、小鼓のみという意味だけに、複数で演奏することもあり、一調入り・一挺入りの表記でも良いのですが、寄席囃子では『一丁入り』としており、歌舞伎下座音楽に手を加えた物と思われ、『苫ケ島』の牧野弥兵衛が大蛇に向かって見得を切る場面や、『骨釣り』の石川五右衛門の幽霊の出や、『本能寺』の武智光秀が見得を切る場面にも使われました。

『こぶ弁慶』は、ハメモノの効果も抜群で、おおらかで、朗らかに演じると、かなり満足度の高いネタになることは間違い無く、笑福亭という亭号の元祖的存在・初代笑福亭吾竹が創作したと言われています。

前半と後半で主人公が入れ替わり、喜六・清八は大津の宿屋に泊まった翌日に旅立ち、土を食べた男の話となりますが、このような流れは、上方落語では時折見られ、『天神山』の主人公も、途中で見事に入れ替わるという演出で伝わりました。

とにかく、不思議なことが満載の落語ですが、それを承知の上で聞けば、より深く楽しめるでしょう。

米朝一門の他、五代目桂文枝師が時折演じ、六代目笑福亭松鶴師も一度だけ演じたそうですが、後々まで演じるネタにはならなかったようです。

元来、駕籠の大名が弁慶に向かって、「夜のコブは、見逃しならんわい」と言うのがオチでした。

「夜の昆布は、喜ぶに繋がるため、必ず口にするという色街の縁起担ぎに因んでいる」とか、「九州地方で蜘蛛をコブと言う地域があり、夜の蜘蛛は縁起が悪いということが土台になっている」とか言いますが、何方にしても、わかりにくいオチであることは間違いありません。

私の師匠・桂枝雀は、「その方が弁慶であらば、この手討ちは義経にせねばなるまい」と改めましたが、私は大津の宿屋の壁土にこだわり、本書のようなオチを付けた次第です。

大津八丁
札之辻
千観の馬もせわしやとしの暮
其角

「伊勢参宮名所図会」大津八丁　札之辻（おおつはっちょう　ふだのつじ）

東海道大津の刷物

上・二世曾呂利新左衛門の著書
名作集第一編「伊勢参宮　附大和めぐり」
大正九年（一九二〇）十二月五日刊
駸々堂書店

下・同書本文

目次

目次終

滑稽
伊勢参宮（縮刷）

第二世　曾呂利新左衛門口演
丸山平次郎速記

㈠　旅は道伴世はなさけ

エー伺ひます、十返舎一九の作に滑稽膝栗毛と申し彌次郎兵衛、喜多八といふ主人公を使ひまして東海道五十三の驛々をば酒落を致して廻つたといふ、此話は孰も御承知でございますが、茲に大阪に極く酒落な人物がございまして伊勢参宮をしやうではないかと、紛郎兵衛、似多八とい

走り餅

はしりもち

喜六・清八が、お伊勢参りの帰り道、鈴鹿峠を越えて、土山・水口・草津へ出て、大津の宿屋へ泊まると、明くる朝、逢坂の関まで参りました。


「さァ、喜ィ公。ここが有名な、逢坂の関や」

「あァ、そうか。(咳をして)ゴホン、ゴホン、ゴホン！」

「おい、どうした？」

「清やんが、大袈裟な咳と言うて」

「阿呆なことを言うな。わしが言うたのは、逢坂の関」

「一体、それは何や！」

「偉そうに言うな。箱根や安宅と並んで、日本三関の一つで、関所のあった所や。昔、この辺りに、蝉丸という人が住んでたと言うわ」

「一体、それは誰や！」

「一々、憎たらしそうに言うな。目の見えん、有名な琵琶法師や」

「何ッ、琵琶法師？　一体、それは何や！」

「もうええ！　琵琶を弾く坊さんで、良え和歌も詠んではるわ」

「ほゥ、バカを呼んでる？」

「阿呆なことを言うな。百人一首に、『これやこの　行くも帰るも　別れては　知るも知らぬも
逢坂の関』という歌があるわ」

「清やんは、何でも知ってるな。何で、それを家業に生かせん？」

「黙ってえ！　ほんまに、ムカつく男や」

「しかし、清やん。この上り坂は、しんどいな」

「鈴鹿の峠に比べたら楽で、直に峠を越えるわ。この道を下る途中に、走井の水という井戸がある。

良え水が湧いて、呑むと美味い」

「水をガバガバ呑んだら、腹を下すわ。峠を下らん内に、腹を下すという、そんな下らんことがあるか」

「何を、しょうもないことを言うてる。井戸の近くに餅屋があって、床几に腰を下ろして、お茶も
呑めるわ。走り餅という、小豆が入って、細長い、味の良え餅が名物や」


話をしながら、峠を下ると、餅屋の手前で、侍と乞食が揉めております。


「コレ、菰人。武士に向かい、無礼千万。無礼討ちに致す故、それへ直れ！」

「（酒に酔って）どうぞ、お斬りを。その代わり、何ぼか恵んでもらいたい」

「その方は、酒に酔っておるな。ええい、その方に渡す金は無い！」

「そう仰らず、哀れな乞食でございます。（侍の袴を摑んで）どうぞ、一文、お恵みを」

「コレ、袴の裾を掴むでない。離さねば、無礼討ちに致すぞ！」

「どうぞ、お斬りなさいませ。酔うてるよって、痛うございません。一文、お恵みを」

「道を通る者が、此方を見ておるではないか。コレ、袴の裾を離さんか！」

「おい、清やん。お侍と乞食が揉めてて、面白そうや」

「コラ、喜ぶな！　お侍が怒って、乞食もしつこい。お侍も意地になって、一文もやらんわ」

「知らん顔をして、向こうへ行こか」

「乞食に一文やって、この場を収めてくるわ。お菰さん、お武家様の袴を離しなはれ。わしが、一文やるわ」

「お侍様から、いただきたい。お侍様、そうですやろ？」

「如何にも、菰人の申す通りじゃ。町人の分際で、武士と菰人の間に立つとは、無礼千万。その方から、無礼討ちに致すぞ！」

「阿呆なことを仰れ！　皆が、此方を見ております。お菰を無礼討ちにすると、お腰の物の汚れになって、体裁の良えことやございません」

「確かに、その通りじゃ。斯様な者を斬り捨てても、刀の汚れである」

「お腰の物を納めていただいて、有難うございます。コレ、お菰さん。天保銭をやるよって、酒でも呑んできなはれ」

「百文も、いただけますか。おおきに、有難うございます。ところで、お侍様。一文、お恵みを」

「コレ、まだ言うか。天保銭をもろたら、しつこう言うな」

「あァ、しょうもない。お侍から、もらいたかった」

「銭をもろて、ボヤくな。早う、酒を呑みに行きなはれ。やっと、向こうへ行った。お武家様、難儀でございましたな」

「酒に酔う者ほど、質の悪い者は無い。その方には、迷惑を掛けた」

「通り合わせましたのも、何かの御縁で」

「金の高は一文ながら、あのように申さば、意地でもやらぬと思うのが人情じゃ」

「えェ、ご尤もでございます」

「その方は、話のわかる町人じゃ。嬉しく思う故、その方に礼がしたい。あれなる餅屋にて、餅を馳走致そう。隣りに居るのは、その方の連れか？」

「（揉み手をして）揉め事を収めよかと言うたのは、私で」

「嘘を吐け！　知らん顔をして、向こうへ行こかと言うてた」

「アハハ！」

「何が、アハハや」

「その方らが、揉めてはいかん。その方にも馳走致す故、随いて参れ」

「おおきに、有難うございます。お武家様は、何方へお越しで？」

「身共は、江戸へ下るのじゃ。その方らは、何れへ参る？」

「お伊勢参りをして、大坂へ帰ります」

「伊勢参りとは、誠に結構。名は、何と申す？」

「私は、清八で」

「ほゥ、良い名じゃ。その方は、何と申す？」

「私は、蝉丸で」

「嘘を吐け！　しょうもないことを言うと、無礼討ちになるわ。この男は、喜六と申します。失礼ながら、お武家様のお名前は？」

「身共は、歩王飛車之助角成（ふおうひしゃのすけかくなり）と申す」

「清やん、将棋みたいな名前や」

「黙ってえ！　お武家様は、何方のご家中（かちゅう）で？」

「身共の主（あるじ）は、猪鹿蝶之守雨桐（いのしかちょうのかみあめきり）様じゃ」

「おい、清やん。将棋の次は、花札や」

「一々、要らんことを言うな！　お武家様のご主人は、猪鹿蝶之守雨桐様で」

「あァ、左様。禄高（ろくだか）が、十二万三千四百五十六石（こく）七斗（と）八升（しょう）九合（ごう）と一（ひと）摑みじゃ」

「おい、清やん。一摑みとは、ケッタイな禄高や」

「もうええ！」

「話を致しておる内に、餅屋へ着いたぞ。それなる床几に、腰を下ろそうではないか。餅屋の主、餅と茶を持って参れ」

「直に、お持ち致します。（餅と茶を運んで）ほな、ここへ置きますよって」

「さァ、先程（さきほど）の返礼じゃ。遠慮せず、食（しょく）すがよい。一皿で足らねば、代わりを求めよ」

「ほな、頂戴（ちょうだい）します。喜ィ公も、よばれたらええわ」

「お武家様、頂戴します。（餅を食べて）あァ、美味い！　ほな、お代わりをもらいます」

「遠慮せず、餅の代わりを致すがよい」

「へェ、おおきに。この餅を二十、竹の皮に包んで！」

「コラ、土産を持って帰る奴があるか」

「あァ、揉めんでもよい。土産が欲しくば、包ませるがよい」

「土産の餅は、二十やのうて、二百にしといて！」

「ほんまに、どこまで厚かましい男や」

「一々、揉めんでもよい。わッはッはッは！（シャックリが出て）ヒック！何じゃ？ヒック！シャックリが、ヒック！出て参ったぞ。ヒック！止める、ヒック！術は無いか。ヒック！」

「お侍のシャックリが止まらんとは、面白い。わッはッはッは！（シャックリが出て）ヒック！」

「お前も、シャックリをするな」

「シャックリを止める手は、ヒック！無いか。ヒック！数百万の敵も、ヒック！驚かんが、ヒック！シャックリは、ヒック！往生致す。ヒック！」

「やァやァ、侍！最前より聞き及べば、歩王飛車之助角成とな。三年以前、江戸は高田馬場にて、我が伯父・金銀桂之助盤駒を討ち、江戸を立ち退いたる者に紛れなし。汝を捜し、仇を討たんがため、孤人に身をやつし、所々方々を尋ねた。ここで逢うたが百年目、盲亀の浮木、優曇華の花咲く春の心地して、イザ尋常に、勝負、勝負！」

「コリャ、待て！ヒック！急くではない。ヒック！誰かと思えば、ヒック！先程の孤人。ヒック！身共は、ヒック！人を、殺めておらんわ。ヒック！それは、人違いじゃ。身共の面相を、篤と見るがよい。人違い、心得違いであろう？」

「わッはッはッは！お侍様、仇討ちは嘘ですわ」

「何ッ、嘘じゃ？」

「へェ、左様で。シャックリは、どうなりました？」

「その方が驚かせた故、止まってしもうた」

「ほな、一文、お恵みを」

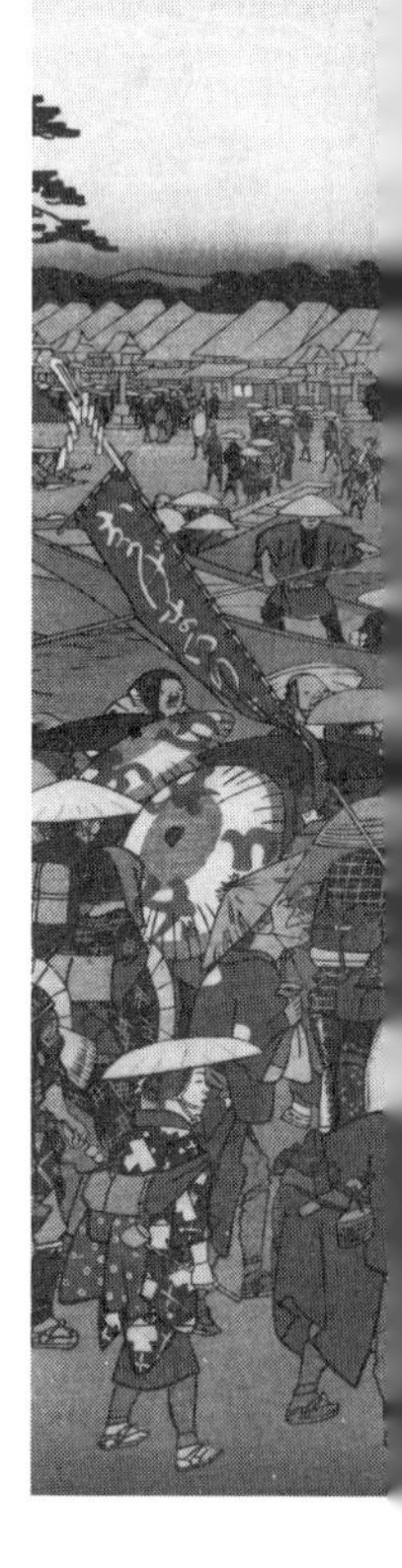

『走り餅』解説

餅は祝い事に付き物ですが、落語では気の毒な扱いを受けており、お祝いで餅搗きをするというネタは皆無に等しく、餅を喉へ詰めたり、大食いをしたり、滑稽な物として扱われることが多いと言えましょう。

餅が登場する落語は、『蛇含草』『正月丁稚』『指南書』などで、餅は出てきませんが、年末に貧乏長屋の夫婦が、近所に見栄を張るため、亭主が嬶の尻を叩いて、餅搗きの音に聞かせる『尻餅』という名作があります。

『走り餅』の速記は、二世曾呂利新左衛門の「滑稽伊勢参宮」の冒頭の話になっていますが、江戸時代の噺本「軽口浮瓢箪」に原話が見られ、昔話にも似た話があることから考えても、話のタネは相当古くからあったと考えられるでしょう。

「滑稽伊勢参宮」では、紛郎兵衛・似多八が、京都から大津までの様子を細かく紹介していますが、そのまま演じると噺が長くなり、前半が頭でっかちになるため、短編で上演することに決めました。

喜六・清八・武士・乞食の性格を明確にし、武士のしゃっくりを軽快なリズムで演じるように心掛けていますが、実際に演じると、高座で効果的なしゃっくりをすることは高等な技術が必要で、かなり難しいと、痛感した次第です。

大津名物・走り餅は、本来、「走り井餅」と表記し、江戸中期、走井市郎右衛門が逢坂山の麓に湧き出る、走り井の名水と、近江の米で作り出しました。

両端を尖らせた餅を食べると、道中の剣難を逃れ、旅の無事を祈るとして、街道を行き交う者に喜ばれたとされ、歌川広重の浮世絵「東海道五十三次　大津」にも、走り井餅の

茶店が描かれています。

　走り井とは、湧き出て、勢い良く流れる泉、走るように湧く清水のことだそうで、如何にも爽やかな地名と言えましょう。

「伊勢参宮名所図会」走井（はしりい）

三十石夢の通い路

さんじゅっこくゆめのかよいじ

喜六・清八が、お伊勢参りの帰り道、鈴鹿峠を越えて、土山・水口・草津・大津から、蹴上を通って、京都の三条大橋まで参りました。

「さァ、喜ィ公。これが、三条の大橋や」

「ほゥ、立派な橋やな！」

「大坂は偉そうに言うても、橋が無いわ」

「いや、そんなことはない。大坂は水の都で、八百八橋と言うて、天神橋・天満橋・淀屋橋・浪花橋・心斎橋と、立派な橋があるわ」

「それは皆、バシや。大坂は、天神橋・天満橋・淀屋橋・浪花橋・心斎橋。京都は、三条の大橋・四条の大橋・五条の大橋と、皆、ハシや。殊に三条の大橋は、太閤秀吉の命で架けた橋で、長さが六十三間、幅が四間と五寸、擬宝珠の数が十八本。諸大名が献上したことが、擬宝珠に彫ってある。『洛陽三条之橋、至後代化度往還人、盤石之礎入地五尋、切石之柱六十三本、蓋於日域石柱濫觴乎、天正十八年庚寅正月日、増田右衛門尉長盛造之』となってるよって、増田長盛という御方が造った橋や」

「いや、増田はんやないと思うわ。どう見ても、大工が造った」

「しょうもない理屈を言うな。三条の大橋を渡ると、京都の町や。（右を指して）西へ行くと、愛宕山。三条通りの、タラタラという坂を南へ下ると、一番賑やかな京極へ出る。大坂の道頓堀のような所で、土産物屋・料理屋・芝居小屋・噺の席・講釈場・見世物小屋が並んでるわ。（左を指して）此方が、阪井座の首振り芝居（※子どもが義太夫に合わせて、身振り手振りで芝居をする）。（正面を指して）彼方の角が小田巻屋（※料理店）で、（左前を指して）そこが有名な誓願寺や」

「誓願寺の和尚さんも、坊さんか？」

「どこの和尚さんも、坊さんや」

「そやけど、（節を付けて）『誓願寺の和尚さん、坊さんで。坊さん、蛸食て、ヘド吐いた』と唄てる」

「それは、子どもの唄や」

「やっぱり、坊さんの頭は丸いか？」

「一々、ケッタイなことを聞くな。どこの世界に、頭が四角の坊さんが居る？」

「京都の真ん中に、六角の坊さんが居るそうな」

「それは六角堂の坊さんで、西国三十三ヶ所・第十八番の札所や。（左を指して）此方が夷谷座で、女子の首振り芝居。（右を指して）これが名高い和泉式部の旧跡で、軒端の梅や。この辺りは、お寺も多いわ。（左を指して）さァ、ここが蛸薬師」

「ほゥ、ケッタイな名前の寺や。何で、そんな名前を付けた？」

「昔、ここに大きな池があったらしい。夜な夜な光り物がして、怪物が現れて、人を食うたそうな。ある侍が『退治してやる』と言うて、宵の内から、池の辺りを廻ると、丑三つ刻。池の中から、大きな蛸が現れた」

「いや、そんな阿呆なことは無いわ。蛸は海の物で、真水の池には居らん」

「そこが魔物で、池の主やったらしい。いきなり、蛸が飛び掛かってきたよって、長い刀で、蛸のドウビン、頭をスパッと切ると、ドウビンが侍に噛み付いてきた」

「蛸は歯が無いよって、噛めん」

「そこが魔物で、噛み付いてきた。侍がドウビンを二つに切ると、ポォ――ンと空へ飛んで、別々の所へ落ちたそうな。それが東のドウビン、西のドウビンや」

「東の洞院、西の洞院と違うか？」

「昔は、そう言うたそうな。蛸の足が、八本残った。串に刺して、焼いて売ったよって、蛸薬師（※蛸焼くし）と言うたそうな」

「それは、ほんまか？」

「いや、嘘や。お前と話をしてると、嘘でも入れなんだら、頼り無い。この池は沢のようで、沢という字は、タクとも読む。タクヤクシというのが、ほんまやそうな。（右を指して）ここが逆蓮華の阿弥陀様で、台座の蓮の花びらが下を向いてる、珍しい仏さんや。（右を指して）これが錦の天神で、（右横を指して）此方が染殿地蔵。花遊軒は、美味い芋棒を食べさせる。（左を指して）これが道場の芝居で、休むのは大晦日ぐらいや。元日の朝から、一年中、芝居をしてる。（正面を指して）この小路を抜けると、四条通りや。（左を指して）東へ行って、四条の大橋を渡ると、賑やかな所へ出る。右に見えるのが、五条の大橋。左に見えるのが、最前渡った、三条の大橋や」

「四条の大橋は、艶っぽい女子が通るわ」

「この橋の両側は、祇園町・宮川町・先斗町・木屋町・橋下と、色街ばっかりや。昔、三条と五条の大橋が話をしたそうな。五条の大橋が『三条や四条は、艶っぽい女子が通るけど、ウチは橋下（※五条新地）だけで、艶気のある女子が少ない』と言うと、三条の大橋が『ウチも女子は通るけど、四条の大橋には適わん。祇園町と先斗町を両側に持つよって、一番艶気のある女子が通るのは、四条の大橋や』。ほな、四条の大橋が情け無い顔をして、『どれだけ艶気のある女子が通っても、わしには肝心の擬宝珠が無い』と」

「わッはッはッは！　何で、四条の大橋だけ、擬宝珠が無い？」

「三条と五条は公儀橋で、お上が架けた橋や。四条の大橋は町人が架けた橋やよって、擬宝珠が無いそうな。（正面を指して）この橋を渡ると、南座と北座という芝居小屋が、差し向かいに並んでる。『京の四季』という唄で、『そして、櫓の差し向かい』というのは、櫓炬燵の男女の差し向かいと、芝居小屋が差し向かいになってるのが掛けてあるそうな。（右を指して）此方へ行くと、縄手から花見小路。大きな建物が、万亭や。『忠臣蔵七段目・一力茶屋』は、ここが舞台になってる。万という字を二つに割ったら、一力になるよって、向こうを茶屋場にしたそうな」

「正面に、立派な赤い門が見えてきた」

「あれは、祇園さんや」

「なるほど、祇園さん（※仰山）な人！」

「しょうもない洒落を言うな。八坂神社へお参りするよって、お賽銭の仕度をせえ」

これから八坂神社と知恩院を参詣して、円山二軒茶屋・高台寺・清水寺・大谷鳥辺山・三十三間堂を見物して、出て参りましたのが、伏見街道。

「清やん、えらいことをした。近所の子どもに土産を買うのを、コロッと忘れてたわ」

「ほな、伏見人形を買うて帰れ。稲荷山の土で焼いた人形で、『どこで割れても、土塊になって帰ってくるよって、稲荷山の土が減らん』という言い伝えがある。道の両側を見たら、人形屋と焼物屋が並んでるわ。この頃は職人の腕が上がって、どれも焼物とは思えん。焼物で出来ん物は、一つも無いぐらいや」

「何でも、焼物で出来るか？　焼物でノコギリを拵えたら、刃がボロボロになる」

「焼物で、ノコギリを拵える奴があるか」

「清やんが、何でも出来ると言うよって」焼物の蒲団は、固うて、冷たい」

「黙ってえ！　わしは、職人の腕が上ったと言うてる。掃除をしてるのは、見事な物や。戎さんが顔を顰めて、赤い顔をしてる姿は、生きてるようで、物でも言いそうな」

「人の思いは色々で、戎・大黒の人形より、店の暖簾から首を突き出してる丁稚の方が、よう出来てると思う。洟を垂らしてる塩梅は、生きてるような」

「あれは、生きてるわ」

「あァ、生きてるか？　物でも言いそうな」

「最前から、『お越しやす』と言うてるわ。早う、この店へ入れ。えェ、御免」

「へェ、お越しやす。どうぞ、お掛け」

「いや、大層に言うてもらうほどの買い物やない。この店の物は、何でも売るか？」

「へェ、何でも買うていただけます」

「彼方の暖簾から、首を突き出してる丁稚。綺麗に洟を拭いて、何ぼや？」

「コレ、奥へ引っ込んでなはれ。どうぞ、テンゴ（※冗談）を仰いませんように。あれは、ウチの伜どす」

「あァ、伜か。あの子は、何ぼや？」

「いえ、売り物やおへん」

「思い切って、売ってしまえ」

「阿呆なことを仰れ。一人息子を売ったら、跡取りがおへん」

「あれを売って、もっと良え伜を拵えたら？」

「人形やおへんので、手細工で拵えられるような物やおへん」

「そこを、気張って拵えたら？」

「この年になると、気張っても、あきまへん」

「ほな、わしが手伝おか？」

「阿呆なことを仰れ！　どうぞ、他の人形を宜しゅうに」

「棚の上の、頭の長い人形は？」

「七福神の福禄寿で、百七十を百六十に、お負け申します」

「百六十が百七十で、百六十に負けるか？」

「いえ、そうやおへん。百七十の福禄寿を、百六十に致します」

「そんな、ややこしい人形は要らんわ。この小さな人形は、何や？」

「それは、饅頭食いの人形どす」

「何か、手に持ってるな？」

「これは賢い子どもで、『父親と母親と、何方が有難い？』と聞くと、何にも言わんと、饅頭を二つに割って、前へ出したそうで。『何方の饅頭も、味に変わりは無い。親の有難さは、何方も同じ』ということを、一言も言わんと、大人に教えております」

「この店の倅とは、えらい違いや」

「コレ、奥へ引っ込んでなはれ！　お前が顔を出すと、ロクなことを仰らん。饅頭食いの人形は、どうどす？」

「いや、そんな生意気な人形は要らんわ。ほな、その隣りは？」

「此方は文遣いで、これが虚無僧人形。虚無僧人形を身に付けると、船に酔わん呪いになると申しまして、船に乗る前に買いはる御方が多おして。その隣りは天神さんで、此方が寝牛どす。お子達の頭にクサッパチが出来た時、床の間に寝牛を飾って、『コレ、牛よ。坊ンのクサを食べとくれ、嬢のクサを食べとくれ』と言うと、クサッパチが治ると申しまして」

「ほゥ、医者みたいな牛やな。他にも、牛があるか？」

「赤牛に黒牛、マンダラにコッテ牛。車を引いてるのが、大津の車牛どす」

「ほな、わしが言うような牛は無いか。デップリと肥えて、鍋に入って、根深と、焼き豆腐と、糸蒟蒻を入れて、火に掛けたら、ジュ━━ッと啼くような牛」

「スキ焼きみたいな牛は、おへん」

「ほな、饅頭食いと虚無僧人形を買うわ。喜ィ公は、どれにする？」

「あァ、福禄寿と天神さんにするわ。皆で、何ぼや?」

「直に、お勘定致します。お包みして、ブラ提げるように致しますわ」


これで土産が出来たと、三十石が出る、伏見・寺田屋の浜へ参ります。

寺田屋という船宿の前では、女子衆が赤前垂れで、赤い襷を斜交いに掛けて、船に乗る人を、一人でも仰山引っ張り込もうと、頭の天辺から声を出して、客を呼んでる。


「あんさん方、お下りさんやございませんか? 誰方さんも、お下りさんやございませんか? そこの顔色の悪い兄さん、あんた、下らんか?」

「一昨日から、お手水へ行ってない」

「阿呆なことを言うな。大坂へ帰ることを、下ると言うわ」

「あァ、そうか。大坂へ下りながら、下します」

「一々、丁寧に言わんでもええわ。直に、船は出るか?」

「程無う、船が出ますどす。どうぞ、お二階へ」

「ほな、そうさせてもらうわ」


二階へ上がると、仰山の人が船待ちをしてる。

「おい、清やん。こんな仰山の人が、船に乗れるか?」

「一番船に乗れんでも、直に二番船、三番船と出るよって、心配は要らん。遅れて出た船も、大坂の八軒家(はちけんや)へ、同じ頃に着(つ)くことになってる」

「ほな、安心や。皆の顔や形が違うように、してることが違うのも面白い。向こうの人は、道中日記を付けてる。此方の人は、風呂敷包みを解(ほど)いて、人形を出してきた。最前の人形屋にあった寝牛みたいやけど、何ぼぐらいする？」

「あれだけ大きな寝牛やったら、安う見積もっても、三百はするわ」

「あの寝牛が、三百！　それは、寝牛（※値打ち）が無い」

「しょうもない洒落を言うな」

「寝牛のオッサンが、牛の角(つの)をポキッと折って、泣きそうな顔をしてるわ。角を折れた所へ当ててるけど、あんなことをしても引っ付かん」

「人の気持ちは面白て、引っ付かんでも、元(もと)あった所へ添(そ)えてみたい。茶碗を落として割っても、直に放(ほ)かさんと、引っ付けてみるやろ？」

「そう言うと、洟をかんでも、紙を放かさんな。一遍(いっぺん)、広げて見るわ」

「気色の悪いことを言うな。番頭が帳面と筆を持って、上がってきた」

「お待たせ致しておりますけど、程無う、船が出ますどす。お暇(ひま)を頂戴(ちょうだい)致しまして、宿帳を付けさせていただきとおして。お上へ届けんなりませんよって、お所とお名前を仰っていただきますように。中にはテンゴを仰る方がおして、『ほんまに、こんな人が乗ってたか！』と、お上から私が叱(しか)られますので。大坂の御方が、ようテンゴを仰います。大坂の御方は、悉(ことごと)く、テンゴを仰らんように、お願い致しますので」

「ほな、此方から言うわ。あァ、わしは大坂」

「ノッケから、大坂どすな。テンゴさえ無かったら結構どすけど、大坂の何方で？」

「今橋通り二丁目」

「（書いて）えェ、今橋通二丁目」

「鴻池善右衛門」

「ノッケから、えげつのうおすな。鴻池の旦さんは、よう存じておす。デップリと肥えた御方で、お宅のような痩せた方やおへん」

「肥えてたけど、今年の米高が応えて」

「日本一の金満家が、米高が応えますかいな。それに、もっと背の高い御方どした」

「旅をして、歩き廻ってる内に、足が摩り減って」

「何じゃや、下駄みたい仰る。お宅は、もう結構どす。お宅は後で、テンゴの部で書かせていただきますわ。ほな、その後ろの御方は？」

「あァ、わしも大坂」

「大坂が続きますけど、大坂の何方で？」

「あァ、わしはスミトモ」

「鴻池の次は、住友どすか。住友吉左衛門の旦さんも、ご贔屓をいただいとおすけど、もっと色の白い御方で。お宅みたいに、真っ黒けの顔やおへん」

「いや、スミトモや。大坂福島羅漢前、炭屋の友吉」

「あァ、炭屋の友吉さんで。そう言うと、顔色もスミトモどすな。（書いて）えェ、炭屋の友吉。

其方の御方は？」

「おいどんは、鹿児島」

「はァ、鹿児島の何方で？」

「本町通り二丁目十六戸、西郷隆盛」

「えッ、西郷隆盛！　お目に掛かったことはおへんけど、背の高い御方と聞いとります。お宅みたいに、チンチクリンの方やないと思いますわ」

「わしは、隆盛の弟」

「あァ、それで背が低いので。ほな、お名前は？」

「西郷低盛！」

「阿呆なことを仰れ！　えェ、其方の御方は？」

「播州書写山、武蔵坊弁慶」

「大概にしとおくれやす！　えェ、隣りの坊ンは？」

「牛若丸」

「チャイ！　子どもまで、嬲ってからに。お坊さんやったら、テンゴはおへんやろ。えェ、ご出家は？」

「あァ、愚僧かな。愚僧は、高野山・弘法大師。これにましますは、円光大師。（節を付けて）おんあぼきゃべいろしゃの、まかぼだらまにはんどまじんばらはらばりたやうん！　光明真言を、二十一遍書け！」

「わァ、帳面が真っ黒けや。男の方は、もう結構で。ほな、其方のお女中は？」

「わらわは、紫式部」

「阿呆なこと仰れ！　紫式部どころか、茶色い敷布みたいな着物を着てなはる。ほな、其方のお婆さんは？」

「自らは、小野小町」

「わァ！　自らと言うより、塩辛みたいな顔をしてなはる。テンゴばっかり仰らんと、丁寧に言うていただきますように」

「ほな、そうするわ。『お、ふ、さ、か、よ、り』と書いて」

「一体、何のことで？」

「何でもええよって、言うた通り書いて」

「（書いて）えェ、『お、ふ、さ、か、よ、り』と」

「『三里南へ下がる、泉州堺』と」

「初めから、泉州堺で宜しおすがな」

「あァ、物は丁寧」

「丁寧過ぎますわ」

「大道九軒之町」

「（書いて）えェ、大道九軒之町」

「庖丁鍛冶、菊一文字四郎藤原兼高」

「一寸、待っとおくれやす。（書いて）えェ、包丁鍛冶・菊一文字四郎藤原兼高」

「本家根本、梶本平兵衛」

「（書いて）本家根本、梶本平兵衛」

「尾張名古屋新町通り二丁目」

「一寸、待っとおくれやす。（書いて）えェ、尾張名古屋新町通り二丁目」

「同じく、支店。妻・さよ、伜・万吉。先着百名様には、粗品進呈と」

「これは、何どす？」

「今度、名古屋へ庖丁の出店を出す。チラシ書きは、それでわかるか？」

「阿呆なことを仰れ！　チラシの下書きをさせられたら、たまりまへん」

「ほな、名前だけ言うわ」

「あァ、お名前だけで結構どす。えェ、お名前は？」

「前田達之助や」

「（書いて）前田達之助」

「森本良造や」

「（書いて）森本良造」

「森種吉」

「（書いて）森種吉」

「片岡尚助」

「（書いて）片岡尚助」

「郷ひろみ」

「（書いて）郷ひろみ」

「木村拓也」

「はァ、木村拓也？　この御方らは、誰方はんで？」

「此方はん、一人や」

「仰山、書きましたわ」

「お婆ンが死んで、直に四十九日や。香典返しは、何軒ある？」

「もう、宜しいわ！　お宅らの言う通り書いてたら、何を書かされるやわからん」


番頭はビックリして、下へ下りてしまいます。

番頭と入れ替わりに、お膳と、ご飯が運ばれる。

皆が「やっと、ご飯にありつける」と、ご飯を盛った茶碗と箸を持つと、下の方から「船が出るぞォ━━━ッ！」〔ハメモノ／『水音』。大太鼓で演奏〕という声が掛かりますので、慌てて食べに掛かりますが、ご飯が炊き立てのアツアツで、口を付けただけで、火傷しそうな塩梅。

味噌汁を掛けて冷ましてと思いますが、これが沸き立ったような味噌汁で、ご飯に掛けると、余計に熱なるだけに、ご飯には手を付けず、下へ下りてしまう人が多かったそうで。

これは宿屋と船頭の計略で、皆が茶碗と箸を持つと、「船が出るぞォ━━━ッ！」。

旅慣れた人は、この声が聞こえても知らん顔で、ご飯のお代わりをしたり、洟をかんだり、便所へ行ったり。

旅仕度を調えてから下へ下りても、ちゃんと間に合うたそうで。

皆が下へ下りると、宿屋の女子衆のベンチャラ攻めが始まる。

「お静かに、お下りやす！　皆さん方は草鞋を履いていただかんでも、ウチの焼印が押してある下駄が並べておすので、それを履いて、お船へ乗っていただきまして、岸辺へポイッと放り投げていただきましたら、店の者が拾いに参りますので。まァ、田中屋の旦さん。先程は私に莫大な、（周りに向かって）ご祝儀をいただきまして、有難うございます。お弁当の仕度が出来ておして、おかずに高野豆腐が入っとおすけど、よう絞って、お汁は出んようにしておすし、竹の皮に包んで、蕨縄でブラ提げるようにしておすので。まァ、備前屋の旦さん。いつもご贔屓いただきまして、有難うございます。まァ、坊ンも大きゅうなりやって。去年は、お乳母どんに抱かれてはりましたのに。どうぞ、ご寮人さんにも宜しゅうお言付けを。女子衆のお竹どんは、お元気どすか？　寺田屋のおもよが宜しゅう言うてたと、お伝えいただきますように。お静かに、お下りやす。お静かに、お下りやすゥ――ッ！」

「あの女子衆が、一番喧しいわ。さようならァ――ッ！」

「一体、何を言うてる？」

「女子衆が『お静かに』を振り掛けてきたよって、『さようなら』を揺すり込んだ」

「一々、しょうもないことをするな。さァ、船へ乗ろか」

皆が船へ乗ると、京都の名産を笊に入れて、若い娘が売りに来る。

「お土産、どうどす？　おチリに、アンポンタンは、どうどす？　西の洞院紙は、宜しおすか？　巻きす文字の美味しいのは、宜しおすか？　おチリに、アンポンタン。おチリに、アンポンタン！

もし、そこの兄さん。あんた、アンポンタン」

「あァ、よう知ってるな。この頃、町内の評判になって」

「喜ィ公、何を言うてる？」

「この女子衆が、アンポンタンと言うよって、どこで調べてきたと思て」

「阿呆なことを言うな。それは京都の名物で、かき餅のプッと膨れた物に、砂糖がまぶしてある。それを京都では、東山アンポンタンと言うわ。西の洞院紙は、東で言う浅草紙で、大坂では漉き直しと言うて、漉き直した、質の悪い紙や」

「ほな、おチリは？」

「あァ、チリ紙のことや。京都は上品で、おチリと言う方が、言葉が柔こなる。京都では、チリ紙のことを、おチリと言うわ」

「京都は、おチリと言うか。ほな、京都の人は、おチリで、おチリ（※お尻）拭くの？」

「しょうもないことを言うな」

「ほな、巻きす文字は？」

「これは、巻き寿司のことや。昔の人は、そのまま言うのは恥ずかしいよって、『す』の字の付く文字ということで、巻きす文字と言うわ」

「（売りに来て）巻きす文字は、どうどす？」

「もし、芋茎は入っておすか？」

「一体、何を言うてる？」

「京都はケチ臭いよって、干瓢の代わりに、芋茎を入れることが多い」

「そんなに、京都の悪口を言うもんやおへん。京都は、王城（おうじょう）の地どすえ」

「魚も食わんと、青物食（あおもんくろ）て、往生（おうじょう）の地や」

「まァ、あんなことを仰る。京都は一条から九条まで、法華経普門品（ほけきょうふもんぼん）が埋（うず）めておすえ」

「そんな物を埋めんと、石でも埋めとけ。京都は砂利（じゃり）道で、歩きにくいわ」

「そんなことを言うと、罰（ばち）が当たりますえ。京都の御所の砂を、お摑（つか）みてみ。どんな、いっかいオコリ（※酷（ひど）い熱病）でも落ちるえ」

「大坂の奉行所の砂を、お摑みてみ」

「オコリが落ちますか？」

「首が落ちるわ」

「阿呆なことを言うな」

「買わんよって、向こうへ行け！」

「へェ、買うてもらわんでも宜しおす。おチリに、アンポンタン！」

「ほんまに、憎（にく）たらしい女子や。阿呆らしなってきたよって、ここで寝たろ」

「コレ、お客さんよ。こんな所で寝てもろたら、困りますでのう。そこは船頭の通り道じゃで、退（ど）きなされ。コレ！」

「客の頭を、ドツく奴があるか」

「船頭はしとりますが、お客さんの頭を、ドツいたりはしません」

「いや、ドツいた。今、バァ――ンと、音がしたわ」

「いや、ドツきゃしません。退きなされと言うて突いたら、あんたのドタマが鳴ったんじゃろ。あァ、よう鳴るドタマ」

「人の頭を、太鼓みたいに吐(ぬ)かしてけつかる」

「最前から、ドツきゃしませんと言うとるわ。わしは、『ドツきゃしません』と言うし、あんたは『ドツかれた』と言う。ドツかれたという、書き証文でもあるか？」

「どこの世界に、書き証文をもろて、ドツかせる奴があるか。確かに、ドツいた！」

「いや、ドツきゃしません！」

「コレ、角よ。いつまで客人を摑まえて、話をしとる。コレ、お客さんよ。国から出てきて、まだ間も無い者じゃで、堪(こら)えまんよ」

「あんたみたいに優しゅう言うてくれたら、腹が立たん。わしの頭をドツいて、『あんたのドタマが鳴ったんじゃろ』と言うよって、ムカつく」

「それじゃよって、堪えまんよ」

「あんたみたいに言うてくれたら、わしも得心するわ。銭(ぜに)を出したら、客や。客の頭をドツいて、『よう鳴る、ドタマ』と言いやがって」

「コレ、お客さんよ。銭を出したら、客じゃと言いなさるが、この船は施行船(せんぎょうぶね)（※施しのための、無料の船）じゃありゃせんで、銭はいただきます。『堪えまんよ』と言うとるのに、堪えられんのか？　堪えられんなら、『堪えられん』と言うてみい。ドタマ、かち割るぞ！」

「わァ、此方の船頭の方が怖い」

「船頭の通り道で寝るよって、怒られるわ。昔から、『馬方船頭、御乳(おち)の人』と言うて、馬方や船頭は、無理を言うたり、言葉が荒いとされてる。荒い言葉を使うよって、気の荒い馬や、大きな船が動く。

そやけど、わからんことも言うてるわ。馬方が、馬の尻をしばいて、『ドゥドゥドゥ、ド畜生が！　長い面、さらしやがって。脛っぽし、歪んでるがな』。よう聞いたら、ケッタイなことを言うてる。『ド畜生』と断らんかて、馬は畜生や。『長い面、さらしやがって』と言うけど、この年になるまで、馬の丸顔は見たことが無い。『脛っぽしが歪んでる』も、馬の脛が歪むよって、シャンコシャンコと歩ける。真っ直ぐやったら、跳んで行くしか無いわ。丁寧が良えと言うて、京都の言葉で言うたら、馬は動かん。『チャイチャイ！　何をしておいやすな、阿呆くさ。いっかい、お顔どすな。おみや、歪んでおすがな』と言うたら、馬が『そうどすかいな』と言うて、寝てしまうわ。船頭、そうやろ？」

「喧しいわ！」

「あァ、わしまで怒られてるがな」

「出っそ、出っそ、出しまっそうォ――――ッ！〔ハメモノ／『水音』。大太鼓で演奏〕うどん屋、うどんの鉢を上げとけ。グズグスしてたら、この鉢は大坂まで行ってしまうわ。コレ、お客さんよ！　お女中じゃで、お一人だけ、お頼き申しますでのう」

「ギュウギュウ詰めになってるよって、後から来る人は、二番船に乗ってもろて」

「お女中じゃで、お一人だけ、お頼き申しますでのう」

「座る所が無いよって、次の船へ乗ってもろて。もっと乗せたかったら、わしらの頭の上へバランを敷いて、パラパラッと酢を掛けて、グッと押さえてくれ」

「何じゃ、寿司みたいに仰る。お女中じゃで、お一人だけ、お頼き申しますでのう」

「おタノキ（※狸）が、おキツネでもあかんわ。いや、堪忍して」

「船頭、お女中を此方へ呼んで！」

「座れんと言うて、断ってるわ」

「お宅は気が付いてないけど、船宿に二十歳ぐらいの、鼻筋の通った、色白の別嬪が居りました。まだ乗ってこんけど、下駄を鳴らして、カラコロカラコロカラコロ。『どこへ座らせてもろたら、宜しいやろ？』『姐さん、此方へ来なはれ。皆は、お宅を二番船へ乗せよとしてますけど、私は一番船に乗せてあげたい。そやけど、お宅の座る場所が無いわ。私の太股が空いてるよって、ここへお座りを』『殿方のお膝へ座らせていただくやなんて、ご勿体無い』『イヤラシイ気持ちは、ここから先も無いよって、ここへ座りなはれ』『ほな、そうさしていただきます』。ふっくらしたお尻を、私の太股へ乗せて、向こう向きに座ります。『向こう向きに座ったら、爪先で、前の人の尻を突きますわ。此方向きに、足を割って座りなはれ』『殿方の前で足を割るのは、恥ずかしい』『イヤラシイ気持ちは、ここから先も無いよって、足を割りなはれ』と言うと、女子が足を割って、此方向きに座りますわ。『船が揺れるよって、私の背中へ手を廻して、肩へ頭を乗せて、寝なはれ』『そんなことをしたら、髪の油が付いて、お召し物が汚れます』『肩へ手拭いを置くよって、大丈夫』『ほな、そうさしていただきます』と言うて、私の肩へ頭を乗せてきます。その内に、船は岸辺を離れますわ。波を食て、船が揺れると、しっかり二人が抱き合うたまま、（身体を前後に揺すって）こんな形になります。その内に、髪の油の匂いが、鼻へ入ってくる。太股の温もりが、ジワジワと伝わってくるわ。（感極まって）ウッウッウッ！」

「お宅は、色ボケか！」

「明日の朝、船が大坂へ着く」

「コレ、まだ続くか！」

「船が八軒家へ着いて、岸へ上がる。『ほんまに、お世話になりました。兄さんは、何方へ？』
『久宝寺町へ帰りますけど、姐さんは？』『私は、上町の和泉町で。同じ方角ですよって、一緒に帰りまひょ。歩いて帰るのも大儀ですよって、駕籠で帰りまひょか？』『ほな、横へ随いて歩きますわ』
『ほな、兄さんのお荷物をお預かりします。駕籠屋はん、駕籠屋はん！』」

「ほんまに、大きな声やな」

「女子が駕籠に乗って、駕籠屋が『ヘッホッ！』と行く横を、私が歩くわ。駕籠屋が『ヘッホッ！』、私がスタスタ。駕籠屋が『ヘッホッ！』、私がスタスタ。和泉町の松屋町を東へ入った所で、駕籠を止める。帯の間から、小さな銭入れを出して、駕籠賃を渡す。一軒路地を入って、表の戸を開けると、奥から女子衆が出てきて、『ご寮人さん、お帰り遊ばせ。夕べ、お帰りになると思て、お待ちしてました』『昨日の内に帰るつもりが、雨で一日遅れて。このお兄さんに、ご厄介をお掛けしました。お松からも、御礼を言うて』『主が、お世話になりまして。どうぞ、お入りを』『いえ、失礼致します』『そんなことを仰らんと、お入りを』『失礼』『お入り』『結構』『お入り』『失礼』（前の男の袖を引っ張って）ペリッ！」

「コレ、何をしなはる！　私の袖を引っ張って、破れてしもた」

「『ほな、一服さしてもらいます』と」

「わァ、まだ続いてるわ！」

「玄関先へ、腰を掛ける。『そこは、端近。どうぞ、此方へ』。上へ上がって、唐木の江戸火鉢の前へ、差し向かいに座る。渋いお茶に、甘いお菓子が出るわ。女子衆に目配せすると、『気があれば目も口ほどに　物を言う』。女子衆が表へ出て、暫くすると、紺のモジリを着た若い衆が、提げ箱を提げて、『毎度、おおきに』と言うて入ってきて、三ツ鉢を並べて帰る。横に菰樽をデンと据えて、女子衆が片口で受けて、呑口を捻ると、酒がドッドッドッと出るわ。タンポに入れて、銅壺に浸けると、燗が付く。酒を徳利に、お湯と盃を盃洗に入れて、お膳へ乗せる。女子衆が奥の座敷へ運ぶ時、肩と腰を七三に振って、チャブン、チリン、ドブン！」

「それは、何です？」

「女子衆が様子して歩くよって、盃洗のお湯が、チャブン。盃が盃洗に当たって、チリン。沈んで、ドブン！」

「ほんまに、言うことが細かいな」

「『何もございませんけど、ほんのお口汚し。ウチのお酒に、毒は入ってございません』と言うて、盃を取って、此方へくれるわ。一口呑んで、『姐さんも、如何？』。女子が呑んで、此方へくれる。此方が呑んで、女子に差す。遣ったり取ったりしてる内に、女子は色白や。目の縁が、ホンノリ桜色。私は色が黒いよって、色はクッキリ桜の皮色」

「何と、ややこしい色やな」

「良え塩梅になった頃、『ほんまに、長居しました。ボチボチ、失礼致します』『お帰りにならなんだら、お宅に角の生える方が居られますの？』『いえ、そんな野暮な者は居りません。角の生えるのは、ナメクジか、デンデン虫ぐらいで』『まァ、面白いことを仰る。今晩は、お泊まりやす。お松、どこぞへ泊まりに行っといで』。（感極まって）ウッウッウッウッ！」

「一遍、川へ放り込んだろか！　ほんまに、ケッタイな人や」

「お女中の荷物じゃで、其方へ受け取ってくれ」

「コレ、誰も触りなはんな！　ジワジワ、プゥ――ンの手付けが来た。（風呂敷包みを受け取って）皆、けなるい（※羨ましい）ことはおまへんか？　お宅らにも、お零れをいただかせたげます。（皆の頭へ、風呂敷包みを乗せて）さァ、温もりだけでも感じなはれ。荷物を置いたら、苦情を言うよって、天井へ吊るします。船頭、お女中を此方へ呼んでくれ！」

「（杖をついて）はいはい、親切な御方。どうぞ、宜しゅうに」

「（吹き出して）プッ！　ジワジワ、プゥ――ンの、お女中が来ました」

「違う、違う！　船頭、お女中は？」

「そこへ、杖をついて行ったわ」

「これは、お婆ンや」

「お婆ンでも、お女中じゃ！」

「お女中というたら、二十歳ぐらいやと思うわ。お婆ンは、八十ぐらいや」

「二十歳のお女中が、四人連れで行ったと思え」

「そんなことが思えるか！」

「あのォ、私の荷物は？」

「お婆さんの荷物やったら、この人が天井へ吊ってましたけど、これは何です？」

「家主の旦さんは、親切な御方でな。年寄りが船に乗って、オシッコをするのは難儀と言うて、瀬戸物の入れ物へ砂を敷いて、風呂敷に包んで下されたの」

「早い話が、オマルか？　こんな物を、皆の頭へいただかして！　温もりを感じなはれと言うたけど、何を感じる？　もし、お婆ン。このオマルは、新やろな？」

「最前、一遍しまして」

「わァ！　早う、オマルを下ろせ！」

「あァ、落とした。パチィ――ン！　わッ、割れた！」

「コレ、何をする！」

「出っそ、出っそ、出しまっそうォ――ッ！」〔ハメモノ／『水音』。大太鼓で演奏〕

三十石は、主船頭が一人と、四人の船頭で、京都と大坂の間を上り下りしたそうで。

船頭は、小豆島や岡山近辺の者が多かったようで、京都と大坂の間を行ったり来たりする内に、どこの言葉やわからんようになったと申します。

乗前が決まると、船の舫綱を解いて、歩み板を引き上げて、赤樫の櫂で、グゥ――ッと突くと、岸を離れる。

暫くは艫下げにして、川の真ん中まで来ると、舳先を大坂へ向けます。

深みへ出ると、櫂では間に合わんので、櫓に替わる。

大きな櫓を、川の中へ、ドボォ――ンと放り込むと、ガチャリと櫓臍へ嵌め込みます。

プッと霧水の一つも吹いた所で、パッと船頭が肌脱ぎになる。

肌は日に焼けて、赤銅色。

二挺の櫓に、四人の船頭が、腕に縒り掛け、漕ぎ出した。

「や、うんとしょう！」〔ハメモノ／『船唄』。三味線・大太鼓・当たり鉦で演奏〕

暫くすると、船頭が『三十石の船唄』を唄いますが、これは「今、船が出た」という報せにもなるし、遅れて来た人が「船に乗せてくれ！」と声を掛けると、船を岸へ寄せてくれたとも申します。

「(唄って)ヤレ、伏見中書島な、泥島なァれどよ。何故に撞木町ゃな、藪の中よ。ヤレサ、ヨイヨイヨォ――イ！」〔ハメモノ／銅鑼〕

中書島辺りまで来ると、橋の上から、お女郎衆が船頭に声を掛けてる。

「もし、勘六さんェのォ――ッ！　その船は上りかいの、下りかいのォ――ッ！」

「いつも船頭の相手をして、未だに上り下りがわからんのか。舳先が大坂の方を向いとったら、下りに決まっとるわ！」

「大坂へ行ったらなァ――ッ！　小倉屋の鬢付を買うてきてなァ――ッ！」

「お前の頭に、小倉屋の鬢付が似合うか。溝の泥でも、ぬすくっとけ！」

「勘六、えげつないことを言うな。ワレは、勘六の幻妻か？　いつも勘六が別嬪と言うとるが、顔を見せてくれ。暗て、顔が見えん。もっと、顔を突き出せ。(吹き出して)プッ！　おい、勘六。ワレは、あんな顔が好きか？　薄暗いでええが、暗闇から出てきたら、猪と間違て、鉄砲で撃ちよるぞ」

「コレ！　ワレは痘痕に見えても、勘六には笑窪に見える。昔の人は好みの違いを、『立って食う寿司も、スシスシ』と言うとるじゃろ」

「それは、何じゃ？」

「ワレは、言葉の数を知らんのう。立って食う寿司も、巻き寿司がええと言う人もあれば、稲荷寿司がええと言う人もある。好みの違いを、『立って食う寿司も、スシスシ』と言うのじゃ」

「ワレこそ、言葉の数を知らんわ。それを言うなら、『蓼食う虫も、ムシムシ』じゃ。や、うんとしょう！（唄って）ヤレ、淀の川瀬のな、あの水車よ。誰を待つやらな、クルクルとよ。ヤレサ、ヨイヨイヨォ――イ！〔ハメモノ／銅鑼〕コレ、お客さんよ。この辺りは、景色の良え所じゃ。船縁に居る人は、提灯の灯りを消してくれ。周りの景色が見えるし、舵取りがし易い。あんたは、何を震えとる？　何ッ、寒い？　寒けりゃ、舵取りを代わったろか？　それが嫌やったら、寒ても辛抱せえ。や、うんとしょう！（唄って）ヤレ、船の船頭はな、何着て寝やるよ。苫を敷き寝のな、舵枕よ。ヤレサ、ヨイヨイヨォ――イ！〔ハメモノ／銅鑼〕お客さんよ、早う寝なされ。いつまでもしゃべっとったら、明日がしんどいぞ。何ッ、寝られん？　おい、茂十よ。お客の中へ笊を持って行って、冥加銭を集めてこい。コレ、お客さんよ。その笊の中へ、一文、二文と放り込んでやってくれ。船頭の肥やしじゃのうて、川掘りの役銭になりますで。シィ――ンと、なりよった。寝なされと言うたら、ペチャクチャとしゃべって、銭の話をしたら、寝た振りをする。船が引っ繰り返っても、助けてやらんぞ。苫を捲って、何をしなさる？　何ッ、茶をくれ？　あんたは、最前も言うてきたな。晩飯に、何を食た？　塩物を食て、貧乏たらしやのう。この茶は、船頭が呑むために沸かした茶で、客の茶じゃないわ。欲しけりゃ、勝手に呑むがええ。何ッ、注いでくれ？　己の茶は、己で注ぐがええ。何ッ、邪魔くさい？　あんたが邪魔くさかったら、わしも邪魔くさいわ。そんな客に、誰がやるか！

川の水でも食て、土左衛門にでもなりくされ！　コレ、お女中。ゴソゴソと出てきなさったが、何をしなさる？　便所は、どこじゃ？　こんな船に、便所があるか。枚方の手前で岸辺に着けたるで、それまで辛抱しなされ。辛抱するだけして、シャ――ッとした方が、気持ちが良えぞ。辛抱が出来んで、ここでする？　そんな所でされたら、どんならん。わしが見張っとったるで、船縁から尻を突き出して、川の中へしなされ。船縁へバリ（※小便）が掛かったら、船霊様の罰が当たるわ。もっと、突き出しなされ。あァ、白いお尻じゃ。皆、集まってこい！　もっと、グッと突き出しなされ。（川に落ちて）アァ――ッ！」〔ハメモノ／『波音』。大太鼓で演奏〕

「あの阿呆、はまってしもた！　早う、引き上げてやれ。や、うんとしょう！　（唄って）ヤレ、奈良の大仏っつぁんをな、横抱きに抱いてよ。お乳吞ましたお乳母さんは、どんな大きなお乳母さんか、一遍、対面がしたいよ。ヤレサ、ヨイヨイヨイヨォ――イ！　〔ハメモノ／銅鑼〕（上り船に向かって）オォ――イ、上りかァ――ッ！」

「おォ、下りかァ――ッ！」

「伏見へ行ったら、萬屋の女将に『煙草入れを忘れたで、今度行くまで置いといてくれ』と伝えてくれ！」

「よし、心得た！　や、うんとしょう！　（唄って）ヤレ、ここはどこじゃとな、船頭衆に問えばな。ここは枚方な、鍵屋裏よ。ヤレサ、ヨイヨイヨォ――イ！」〔ハメモノ／銅鑼〕

枚方の手前まで来ると、くらわんか船という物売り船が近付いてきますが、この船の船頭は、口が荒いのが有名。

その昔、徳川家康の命を助けた功で、「悪口、お構い無し」という、大層なお墨付きをいただいたのが始まりやそうで。

この辺りは、北河内の河内弁で、言葉が荒て、「らりるれろ」になるだけに、「淀川の水呑んで、腹ダダ下り」と言うのが、「ヨロガワの水呑んれ、腹ララクラリ」になって、何でも言葉の下に、ワレという言葉が付く。

「どうしたんじゃ、ワレ！　顔色が悪いやないか、ワレ！　医者へ行かなあかんで、ワレ！」と言われると、気遣てるか、脅されてるか、わからん。


「おゥ、食わんか、食わんか！　枚方名物・くらわんか餅に、ゴンボ汁。ころもん寿司に、茶碗酒。よう食わんのか、ワレ！」

「わァ、えらい言葉やな。それは高いか、安いか？」

「枚方で高いのが、臺鏡寺の寺じゃ。まら高いのが、四百文出しての蒲団番。まらまら高いのが、枚方名物・チャブ屋のゴンボ汁じゃ。ワレ、よう食わんのか？　食うのやったら、銭から先じゃい！」

「ほんまに、舌の廻りの良え奴や。要らんよって、其方へ行け！　おい、船頭！　早う、船を出せ」

「直に岸へ着けたるで、もう一寝入りしなされ。や、うんとしょう！（唄って）ヤレ、鍵屋裏にはな、碇は要らぬよ。三味や太鼓でな、船止めるよ。ヤレサ、ヨイヨイヨォ――イ！」〔ハメモノ／銅鑼〕

ガックリガックリ、淀川を下ると、船中は白河夜船の高鼾。

その内に、東の空が、ジンワリと白んでくる。

川面には、白い靄が掛かって、それを突っ切るように、船が下って参ります。

両岸に建ってる葛屋葺きの家から、朝ご飯を炊く白い煙が、モウモウと上がってる。

お百姓が、朝ご飯前の一仕事に、藁打ちをする時の唄が、彼方此方から聞こえて参ります。

「(唄って) チワラバイチワラバイ、チワラバイブッサンキテチマワレタンワイ!」


どんな学者が聞いても、わからんという唄。

此方では、若い娘が姉さん被りで、機織りをしながら、「(唄って) お前、紺屋か、紺屋でないか。

お手が止まれば、藍となる。カッチャリコ、カッチャリコ!」。

夜明けを告げる鶏の刻の声が、コケコッコォ━━ッ!。

枚方の手前まで来た所で、ポイッと岸辺へ上がった男がある。


「あァ、骨を折らせやがった。大津八丁から枚方まで掛かって、ここで盗れなんだら、古い言い種やが、『権兵衛蒟蒻、辛度が利』。早い話が、『骨折り損の草臥儲け』。寝てる間に抜いたが、胴巻の中は、睨んだ通りの五十両。暫く、美味い酒が呑める。久し振りに、橋本か中書島。京都まで戻って、膳所裏辺りで一散財」

草鞋の紐を、キュッキュッと結んで、堤の上を歩いてくると、土手へ出てきた野良犬も、「賊で、怪しい奴」と思たか、ケッタイな啼き方をしてる。

「ゾク！　ゾク！　ドロボォ━━ッ！」

「何を吐かしてけつかる。（犬を蹴って）コラ、向こうへ行け！　安倍の保名の子別れよりも、（唄って）今朝の別れが尚辛い」


一匹の犬が啼くと、他の犬も共啼きをして、彼方此方から集まってくる。


「（大きな犬が啼いて）ウゥ━━ッ、ワンワンワンワンワン！」

「（元気な犬が啼いて）ワンワンワンワンワン！」

「（小犬が啼いて）キャンキャンキャンキャン！」

歯が抜けた年寄りの犬も、「わしも啼かなんだら、付き合いが悪い」という訳で、「ウム、ワン。ウム、ワン。（欠伸をして）ウワァ━━ン！」。

此方では、大きな犬と小犬が、メス犬の取り合いで揉めてる。

「ウゥ、ワン！　ワンワン！」

「（弱めに啼いて）ウゥ、ワン。ワンワン」

「ウゥ、ワン！　ワンワンワンワン！　（小犬に噛み付いて）ワワン！」

「キャイン、キャイン、キャイン！」

犬の喧嘩で目を覚ました乗合の一人が、懐に入れてた、五十両入りの胴巻が無いことに、気が付いた。

「あッ、船頭！　懐へ入れてた、五十両入りの胴巻が無くなってる」

「それは、えらいことじゃ！　わしの船で間違いが起こったら、三十石の名折れになる。最前、枚方の手前で下りた男が怪しい。彼方で下りたからは、上り船を摑まえて、京都へ戻るに違いないわ。この船を上り船に仕立てたら、乗ってくるじゃろ」


早速、キリッと船を廻して、上り船に仕立てて、岸辺へ曳き綱を放り投げると、四人の船頭が岸辺へ飛び下りて、曳き綱を担げる。

勘六が舵取りをして、「よいしょ、よいしょ！」と上ってくるとは知らん、最前の男。


「オォ━━イ、上り船かァ━━ッ！　此方へ寄せて、一枚頼む！」

「よし、心得た！」

「これで、京都まで寝られるわ」

「寝られるか、寝られんか、楽しみにせえ！　皆、行け！　どうじゃ、胴巻はあったか？」

「（胴巻を差し上げて）あァ、この通りじゃ！」

「あァ、良かった。お前は、誰じゃ？　京都大仏前の蒟蒻屋の職人・権兵衛で、金に困って、盗んだか。真面目に働かんと、盗みを働くとは、けしからん！　大坂へ着いたら、お上へ突き出したる。さァ、五十両の金が戻った」

「この五十両は、旦那から預かった金で、無くなったら、生きて帰れん。船頭さんのお蔭で、五十両を戻してもろて、助かりました。これは些少ですけど、納めていただきますように」

「ほゥ、五両！　こんなに、もらえん」

「そんなことを仰らず、お受け取りを」

「船頭、もろたらええわ。蒟蒻屋の権兵衛が『骨折り損の草臥儲け』で、船頭に五両の金が入るやなんて、わしらも話の種になる。なァ、皆」

「あァ、その通り！　これがほんまの、『権兵衛蒟蒻、船頭（※辛度）が利』じゃ」

『三十石夢の通い路』解説

昔から、落語・講談などで知られていた三十石船を、全国津々浦々まで伝えたのは、戦前戦後に亘り、絶大な人気を誇った浪曲の名人・広沢虎造の『石松と三十石船』でしょう。清水次郎長の恩人・深見村長兵衛の仇、代官・竹垣三郎兵衛と保下田久六を斬った刀を、讃岐の金比羅様へ奉納するため、森の石松という子分を代参に行かせた帰り、大坂八軒家から三十石に乗り、威勢の良い江戸っ子と、次郎長の子分の話で盛り上がるという話ですが、滑稽な遣り取りと、声・節・啖呵の妙味で、全国の浪曲ファンを魅了しました。

三十石船は、大坂（※八軒家・東横堀・淀屋橋の船着き場）と、京都の伏見を上り下りする淀川の定期船で、当時の京阪間の重要な庶民の足だったのです。

本当に米が三十石積めたそうで、船の長さが、五丈六尺（十七メートル）。堂の間の一番広い所の横幅が、八尺三寸（二・五メートル）。

船頭や定員の数は、時代で異なったようですが、船頭は四〜六名、定員は約三十名。笹葉型の苫船で、京阪間に鉄道が開通してからも、暫くの間は営業しましたが、その内に荷物運搬船に移行して行きました。

下り（※大坂行き）は川の流れに乗って進みますが、上り（※伏見行き）は曳き綱（※船頭が肩に担ぎ、船を曳く綱）で、船頭達が岸辺を歩きながら、船を曳き上げて行くだけに、船賃も時代で異なりますが、上りは下りの倍額ほどだったそうです。

歩いて行く方が速い場合もあり、「不衛生極まりなく、蚤や虱で困る」という記録も残っており、殊に雨の日は大変で、苫の屋根から雨が漏り、客がズブ濡れになることもあったそうですが、それでも歩かずに京阪間を一夜で移動出来るということで、人気がありました。

落語の『三十石夢の通い路』は、『三十石宝の入船』『三十石浮かれの舟唄』とも言われ、初代桂文枝が短編だったネタを集大成し、絶大な人気を得たと言われています。

幕末から明治にかけて、桂・笑福亭・林家の三派が、上方落語界で大きな存在となりましたが、その中で別格の扱いを受けていたのが初代桂文枝で、文政二年（一八一九）に生まれ、四代目桂文治（※三代目の弟子とも）の弟子となり、師匠の前名・桂文枝を名乗りました。

つまり、二代目桂文枝になったのですが、後の活躍が著しかった功績により、初代に格上げされた訳で、これは大正から昭和初期の人気者・初代桂春團治も同様です。

当時、前座噺程度だった『三十石』を、ドラマチックな大作に纏め、後世に残る名作に仕立て上げましたが、博打で大損をしたらしく、薬屋・五竜円の主人が百両を融通する代わりに、このネタの上演を禁じてしまいました。

しかし、再演を望んだ糸商・越後屋と、薬屋・三臓円の主人が質受けしたことが評判となり、再演会場の御霊神社の寄席は三十日間、連日大入りだったと伝えられています。

但し、この逸話は諸説あるだけに、真偽はハッキリしませんし、前座噺だったと言われる『三十石』を掲載している噺本も見当たりません。

また、初代桂文枝の人望を尊び、大坂の各寄席の主は、床の間に画像を掛けていたそうですが、それらも実物は発見されておらず、画像としては、私が東京の古書店で購入した「みっ茶（※疱痕面）のかへな」という大津絵の刷物が存在するのみです。

『三十石夢の通い路』は、後の噺家の工夫により、様々な場面が加えられたようで、上方落語の中でも屈指の長編となりました。

以前、名古屋で全編を演じた時は、一時間半を超えましたが、「意外に、体感時間が短かった」という感想をいただき、ホッとした次第です。

前半の『京名所』に始まり、『伏見の人形買い』に移り、本編の『三十石夢の通い路』となるだけに、一挙上演の場合、三つの落語を演じるのと同じで、演者も観客も体力勝負のネタと言えましょう。

楽しみ所の多い落語ですが、矛盾も多く、時代背景が江戸か明治か、不明瞭なままで演じることも多く、時代考証に詳しい方が聞かれると、疑問だらけかも知れません。

建て増しをした家や、吸収合併をした会社のような落語だけに、様々な色合いが同居していると捉えていただくのが一番で、事実検証より、夢の世界で遊ぶ落語と思って聞いていただく方が楽しいでしょう。

因みに、従来は人力俥が登場する場面を、私は駕籠に替えています。

船頭の船唄が聞かせ所のように言われますが、当時の雰囲気を出すとすれば、無骨に唄う方が良いでしょうし、夢見心地で楽しんでいただく場合は、良い声や、見事な節廻しで唄い上げる方が良いでしょう。

初代桂文枝と在原業平の首引きの絵「みっ茶のかへな」

保存会や民謡歌手の唄い方もあり、この落語を演じる噺家の各々の節廻しが少しずつ違うのも面白く、様々な唄い方を楽しんでいただけると思います。

近年、後半まで演じたのは桂米朝師で、その他の師匠連は、大抵、船唄を幾つか唄って、高座を下りました。

私の師匠・桂枝雀が演じた時は、宿屋の帳面付けで遊び、ノロケの部分で弾け、船唄を情緒タップリに唄い上げて終わるという構成になっていましたが、私に「全編通して、オチまで演じる者も必要やから、あなたが演りなさい」と勧められ、私の高座を見て、「これに工夫を加えて行ったら、大丈夫」と言われたのも、懐かしい思い出です。

東京落語では、明治十年代に四代目橘家圓喬が演じ出し、その後、五代目・六代目三遊亭圓生の十八番となりましたが、大阪生まれで、幼い頃に義太夫語りだった六代目圓生師は上方言葉に狂いが無く、船唄も音吐朗々、見事な世界を表現しました。

東京落語の『三十石』のラストは、上方落語の『兵庫船』の謎掛けの場面を付け足し、ろくろ首の話で終わります。

圓生師も時間がある場合は、ラストまで演じましたが、船唄を幾つか唄い、「追々、淀川を下る。『三十石』というお噺で」という台詞で終わることが多々ありました。どの部分を演じても、船唄の場面で終われば、一話完結となるだけに、屈指のトッピングネタと言えるのではないでしょうか。

上方落語の『三十石夢の通い路』の後半には、くらわんか船が出てきますが、飯・汁・酒などを売った時の勘定は、茶碗の数で確認していたようで、それを誤魔化すために、客が茶碗を川へ捨てたらしく、今でも枚方近辺の川底から、茶碗の残骸が見つかるそうです。

オチの「権兵衛蒟蒻、辛度が利」は、「骨折り損の草臥儲け」という意味で、わかりにくいという理由で、オチまで演じられなくなったようですが、予め台詞に入れ込むと、十分に理解してもらえることがわかりました。

京都の町の様子の説明から始まり、船宿・船中・船唄・捕物と、楽しく繋がる落語だけに、全編通して聞いていただくのも悪くないでしょう。

また、三十石の船出から始まる『水音』というハメモノは、細長い撥で、ドンドンドンと大太鼓を打つだけですが、川の流れと、船の進行を効果的に表現しますし、船唄の唄い終わりに打ち込む銅鑼も、夜の雰囲気を高めます。

淀川三十石の刷物

船唄の間に「オォ━━イ!」や、「ヤレサ、ヨイヨイヨイ!」という掛け声を、高座の噺家と舞台袖(そで)の者が一緒に唄い、複数の船頭が櫓(ろ)を漕(こ)ぐ様子を表現するという演出が加えられているだけに、このネタの後半は、立体的な演出効果が抜群と言えましょう。

　船唄の歌詞は、船が通る土地の名前を折り込みますが、中には地名の出てこない唄もあり、「船の船頭は、何着て寝やる。苫(とま)を敷き寝のな、舵枕(かじまくら)」という歌詞は、三十石の船頭が好んで唄ったようなので、採(と)り入れることに決めました。

　旅ネタで、海や川へ船を漕ぎ出す場面で使う曲を『艪唄(ろうた)』『船唄』と呼び、昔の歌舞伎下座(げざ)音楽・民謡・戯(ざ)れ唄から採り入れたと思われますが、原曲がわからないだけに、寄席囃子(よせばやし)独自の曲なのかも知れません。

　二上りの曲は『兵庫船』『小倉船(こくら)』に、本調子は『三十石夢の通い路』『地獄八景亡者戯(じごくばっけいもうじゃのたわむれ)』に使われ、二上りは「兵庫(または、小倉)浜か

八軒家（八けん屋。はちけんや）の三十石船の絵

淀（よど）の三十石船の絵

ら、船漕ぎ出す。よいよいよいよい、よいやなァ（よいとなァ）」、本調子は「伏見浜（または、三途川）から、船漕ぎ出す。もはや（明日は）お立ちか、お名残り惜しや」という歌詞ですが、何方も演者の「や、うんとしょう」というキッカケの台詞から、演奏が開始されます。

いろんな角度から検証が出来る落語だけに、改めて、三十石に関して、細かく語ってみたいと思いますので、その時は宜しくお付き合い下さいませ。

宿屋仇

やどやがたき

大坂日本橋の紀州屋源助という宿屋の前にお立ちになったのが、年の頃なら五十手前の立派なお侍。

髪を大髻に結い上げて、身には黒紋付の上下に、仙台平の袴。

腰に太身の大小を差して、手には南蛮鉄の鉄扇を持っております。


「あァ、許せよ」

「へェ、お越しやす」

「紀州屋源助とは、その方々であるか？」

「手前共が、紀州屋源助で」

「その方が、主の源助か？」

「いえ、私は当家の若い者で」

「若い者にしては、えろう頭が禿げておるな」

「これは、恐れ入ります。斯様な所へ奉公致しておりますと、幾つ何十になりましても、若い者と申しますので」

「あァ、左様か。名は、何と申すな？」

「私は、伊八と申します」

「何ッ、その方じゃな。鶏の尻から、生き血を吸うのは？」

「それは、イタチでございまして。私は、伊八と申します」

「あァ、左様か。イヤ何、伊八。些少ながら、これを遣わすぞ」

「これは、帳場へのお茶代で？」

「いや、そうではない。その方に、特別を以て、遣わすのじゃ」

「私への、お心付けで。誠に、有難うございます」

「あァ、そのように捻くり廻さんでもよい。中身は、銀一朱より入っておらん」

「ヘェ、恐れ入ります」

「その方に、特別を以て、銀一朱遣わすは、余の儀でないぞ。身共は明石の藩中にて、萬事世話九郎と申す者じゃが、夜前は泉州岸和田・岡部美濃守様の御城下に於いて、浪花屋と言える間狭な宿へ泊まり合わせし所、何が雑魚も藻艸も一つに寝かせおって。巡礼が詠歌を唱えるやら、六部が経を詠むやら、駆落ち者がイチャイチャ申すやら、相撲取りが歯軋りを噛むやら。夜通し、身共を寝かせおらなんだ。今宵は間狭にてもよい故、静かな部屋へ案内をしてもらいたい」

「ヘェ、畏まりました。二階の八番へ、ご案内！」

静かな部屋を頼んだ侍を、二階の八番という部屋へ通しました。

その後から、喧しゅう言うて参りましたのが、お伊勢参りの帰りの兵庫の三人連れ。

「オォ――イ、早う来い！」

「コラ、そんなに先へ行く奴があるか。奈良の印判屋から、大坂へ行ったら、日本橋の紀州屋源助へ泊まったってくれと、指し宿をされてる。同じことやったら、紀州屋へ泊まってやりたい。先へ行くと、紀州屋を通り過ぎてるかも知れんわ」

「どうぞ、お泊まりを」

「あァ、若い衆。奈良の印判屋から、紀州屋源助へ泊まったってくれと、指し宿をされてる。次の折に泊まらせてもらうよって、今日は紀州屋へ泊まるわ」

「へェ、有難うございます。手前共が、紀州屋で」

「何ッ、ワレとこか？　わかった、このガキや」

「ボンボォ――ンと、ドツけ！」

「阿呆なことを仰らんように。どうぞ、お泊まりを。何人さんが、お泊まりで？」

「始終、三人や」

「四十三人さんとは、仰山のお泊まり、有難うございます。風呂は小さい方やのうて、大きい方を沸かせ。焼物は鰆が良えよって、四十三人分を切って、焼きに掛かれ。ご飯も、ドンドン炊いて。誠に、有難うございます。あんさん方は、宿取りさんで？」

「あァ、宿を取る」

「お笠を一蓋、拝借願います」

「何で、そんなことをする？」

「あんさん方は、宿取りさんで？」

「あァ、宿を取ると言うてるわ」

「お笠を、表へ掛けさせていただきます」

「それは、何でや？」

「あんさん方は、宿取りさんで？」

「ゴォ――ンと、ドツくで。何遍、同じことを聞く。わしらは、宿を取るわ」

「お笠を表へ掛けさせていただきますと、その笠を目印に、後の四十人さんがお越しになりますので」

「おい、聞いたか。ほんまに、欲の皮が突っ張ってけつかる。後は、誰も来んわ」

「先程、四十三人と仰いました」

「人の言うことは、あんじょう聞け。わしらは、兵庫の気性合いや。芝居に行くのも三人、一杯呑むのも三人、花見をするのも三人。どこへ行くのも三人で、始終三人と言うてる。いつも三人で、始終三人や」

「始終三人で、四十三人と違いますか？　あァ、えらい間違いや。コレ、風呂は小さい方でええ。何ッ、大きい方を焚き付けてしもたか。鰆も四十三人分、切ってしもた。何ッ、ご飯は吹いてるか！　何で、今日は段取りが良え。そんな大層にせんかて、客は、たった三人や」

「一寸、待った！　いろんな宿屋へ泊まったけど、たった三人と言われたのは初めてや。三人で悪かったら、余所へ泊まるわ」

「あァ、聞こえましたか？　今のは、ほんの内緒話で」

「何と、大きな内緒話やな。ほな、上がってもええか？」

「どうぞ、お上がりを」

「派手に上がろか、陽気に上がろか、陰気に上がろか、哀れに上がろか？」

「ほゥ、いろんな上がり方がございますな。こんな商売は、陰気より陽気な方が結構で」

「ほな、派手で陽気に、賑やかに上がるわ。（『伊勢音頭』を唄って）ャァとこせ、よいやな。アレはいせ、コレはいせ、ササ、何でもせェ！　部屋は、どこや、どこや！」

「わァ、派手な上がり方やな。あァ、一番後ろの御方」

「伊勢参りの帰りに、音頭を取ったらあかんか？」

「音頭は大事ございませんけど、右足の草鞋が履いたままになってございます」

「いや、草鞋は脱いだわ。あァ、履いてるな。確かに、右足の草鞋の紐を解いたわ」

「やっと、謎が解けた。お前と並んで、草鞋の紐を解いた時、わしが右足の草鞋の紐を解いてたら、お前が一生懸命、わしの左足の草鞋の紐を解いてくれる。親切なことがあると思たけど、足を間違たのと違うか？」

「あれは、お前の足？」

「おい、ええかいな！　人の足も、自分の足もわからんか？　若い衆、堪忍して。こいつは、こんな男や。こないだも、風呂屋で湯に浸かりながら、『尻が痒いけど、掻いてもええか？』と聞くよって、『自分の尻やよって、勝手に掻け』『そうか』と言うて、ガリガリ掻いた。『一寸も、良え塩梅にならん』と言うよって、ヒョイと見たら、隣りのお爺さんの尻を掻いてたわ。お爺さんの尻から血が吹いて、『阿呆か！』と言うて、湯の中へ沈められてた。早う、草鞋を脱げ」

「（草鞋を脱いで）ほな、其方へやっといて。部屋は、どこや、どこや！」

「わァ、大きな声やな。ご案内致しますよって、どうぞ、此方へ」

最前、静かな部屋へ泊めてくれと頼んだ侍の隣りの部屋へ、賑やかな連中を放り込んでしもた。

「ほゥ、十二畳か。これやったら、辛抱したろ。さァ、一杯呑もか」

「えッ、もう呑む？」

「『大坂の宿屋で、兵庫の三人連れが、酒も呑まんと寝た』と言われたら、国の名折れになるよって、兵庫のためにも呑むわ。（ポンポンと、手を鳴らして）オォ――イ！」

「ヘェ――イ！（襖を開けて）ヘェ、お呼びで？」

「呼んだよって、来たんやろ」

「はァ、御用は？」

「用があるよって、呼んだ」

「そう言われたら、返事が出来ませんわ」

「あんたは、何という名前や？　あァ、伊八っとんか。早速、酒の段取りをしてくれ。わしらは兵庫の三人連れで、近場に灘という日本一の酒所があって、年柄年中、灘の生一本を呑んでる。ケッタイな酒を持ってきたら、承知せんわ」

「当家は、特に上酒を吟味致しております」

「あァ、それは結構。それから、魚は言うてやれん。兵庫は、『明石の浦の一夜活け』と言うわ。目の前が海やよって、年柄年中、ピチピチした、イキの良え鯛を食べてる。それに比べて、どうしても大坂は魚が古なるけど、板場の庖丁の腕で食わしてくれ。その辺りに、糞しの良えメンタは居らんか？」

「はァ、糞しの良えメンタ？　何やら、猫みたいですな」

「猫というのは、芸者のことや」

「ミナミだけに、芸者衆は、坂町・堀江と、どこからでも呼んで参ります」

「イキの良えのを三匹、生け捕ってきてもらいたい。面(つら)の良えのは、具合が悪い。別嬪(べっぴん)の芸者は、座敷へ来ても、『別嬪でござい』が鼻の先にブラ下がって、面白無い。顔はあっても無かっても構わんと言うて、無かったら具合悪いけど、そこそこの器量で結構。三味線の腕の確かな、年増(としま)が良えわ。締(し)めたら、キュッと言うような」

「いよいよ、イタチや。芸者を三人、段取り致します」

「酒も肴(さかな)も、此方(こっち)が言わなんだら持ってこんのはあかん。『もうええ』と言うまで、ドンドン持ってきて。勘定は、何ぼ安う付いても構わん！」

「あァ、左様でございますか」

「早せんと、風の吹く日に、この宿屋へ油を掛けて、火を点(つ)けるわ！」

「どうぞ、お静かに！」

伊八はビックリして、下へ下(お)りてしまいます。

暫(しばら)くすると、酒や肴が運ばれる。

チビチビ呑んでる所へ、綺麗所(きれいどころ)が「おおきに」と繰り込んで参りましたが、こんな座敷へ呼ばれた芸者こそ災難で。

大抵、お座敷遊びは、芸者や舞妓に「まァ、お一つ」と、盃の一つも差します。

この連中は、盃を差そかやれとも致しません。


「さァ、此方へ入って。一服は後で、先に三味線を出して、調子を合わしてくれ。調子が合うたら、陽気に行こか。ヤッタヤッタ、コラコラ！〔ハメモノ／『負けない節』。三味線・〆太鼓・大太鼓・篠笛・当たり鉦で演奏〕さァ、酒を注いでくれ。もっと、尻を上げて。お前の尻やのうて、徳利の尻。お前の尻を上げて、酒が注げるか。もっと、賑やかにやれ！　ヤッタヤッタ、コラコラ！」


一方、隣りの部屋のお侍。

手紙を書いてから休もうと、墨を磨って、筆を手に取る。


「（隣りの騒ぎが気になり、筆を置き、ポンポンと手を鳴らして）伊八ィ――ッ！　伊八ィ――ッ！」

「ヘェ――イ！　伊八っとん、八番さんや」

「あァ、わかった。（襖を開けて）何か、御用で？」

「おォ、伊八か。敷居越しでは、話が出来ん。もそっと、これへ出え！　泊まり合わせし折、その方に銀一朱遣わしたな？」

「確かに、頂戴致しました」

「あの折、その方に何と申した？　夜前は泉州岸和田・岡部美濃守様の御城下に於いて、浪花屋と言える間狭な宿へ泊まり合わせし所、何が雑魚も藻艸も一つに寝かせおって。巡礼が詠歌を唱えるやら、六部が経を詠むやら、駆落ち者がイチャイチャ申すやら、相撲取りが歯軋りを噛むやら。夜通し、身共を寝かせおらなんだ。今宵は間狭にてもよい故、静かな部屋へ案内をしてくれと頼んでおったのに、隣りの騒ぎは何じゃ！　定めし、今宵も寝かしおるまい。早々に、静かな部屋へ取り替えてもらいたい！」

「実は、あれから道者がお泊まりになりまして、他にお部屋がございません。隣りの騒ぎを静めて参りますので、此方のお部屋で、ご辛抱願います」

「手紙の一本も書けん故、早うしてくれい！」

「暫く、お待ちを。（廊下に出て）あァ、賑やかや。（襖を開けて）えェ、お邪魔致します」

「伊八っとん、此方へ入れ！　大きい物で、グッと行け！　帳場にし残した用事があったら片付けてこい。手の空いてる者は、二階へ上がれ。今日は夜通し、ウワァーッと騒いで、寝んよって！」

「あァ、さよか。実は、お願いがございまして」

「酒の席で、何を野暮なことを言うてる。一体、何や？」

「もう少々、お静かに願いたい」

「何ッ、お静かに？　コラ、伊八！　寝言やったら、寝てから言え。伊勢参りの帰りで、明日、兵庫へ帰るという、打ち上げの日や。酒と肴に、芸者が三人。この場を見て、お静かに出来る場か、出来ん場か、わからんか？　お静かが良かったら、始めから芸者を呼ばすな。この宿屋は、芸者を呼んで、念仏でも唱えたら、気が済むか？」

「ご陽気は結構でございますが、お隣りのお客様が、喧しいと仰っておられますので」

「隣りの客が、ゴジャゴジャ言うてるか。ほな、隣りの客に『お静かが良かったら、この宿屋を買い切れ』と言え。言うてもわからなんだら、ここへ引っ張ってこい！」

「どうぞ、お静かに。お隣りのお客様は、只者やございませんので」

「何ッ、只者やない？　ほな、化け物か？」

「化け物やのうて、お侍で」

「何ッ、侍？　先に言え、阿呆！　客と侍は、別や。わしは、侍が一番嫌いや。一本半の人斬り庖丁を、腰に差してる。斬り捨て御免だけに、ズバッと斬って、『御免』と言うだけや。わしは、侍と人参とボッカブリ（※ゴキブリ）が大嫌い。静かにするよって、あんじょう言うといて。芸者、帰れ！阿呆声を出して唄うな。ほな、静かにするわ」

「誠に、相済まんことで。お静かに、お騒ぎを」

「そんなことが出来るか！　ほな、宜しゅう頼むわ」

「へェ、わかりました。（襖を開けて）えェ、遅なりまして」

「伊八、如何であった？」

「あのように、騒ぎを静めて参りました」

「あァ、いかい造作であった。その方も、早う休むがよい」

「へェ、有難うございます」

「しかし、ムカつかんと居られんな。ワァ━━ッと騒いだら、『お静かに』や。ほな、もう寝よか」

「飯は？」

「飯が食えるか！」

「わしに怒っても、知らんがな」

「あれだけ騒いだら、もうええわ。（ポンポンと、手を鳴らして）オォ――イ！」

「へェ――イ！（襖を開けて）へェ、お呼びでございますか？」

「一寸、蒲団を敷いて」

「もう、お休みで？　わッはッはッは！」

「笑うな、阿呆！　わしらは、休みとない。夜通し騒ぎたいけど、『お静かに』を食たよって、仕方無しに寝るわ。早う、寝間を敷いて」

「ほな、直に敷かせていただきます」

「蒲団を、横に三枚並べる奴があるか。ほんまに寝る訳やのうて、蒲団に入って、思い出話をするのも、旅の楽しみや。そんな蒲団の敷き方をしたら、真ん中の者は二人の顔が見えるけど、両端の者が見えん。話がしにくいよって、巴寝に敷いてくれ」

「ほゥ、巴寝と申しますと？」

「宿屋に奉公してる者が、巴寝を知らんか？　頭を三つ、真ん中へ寄せる。それで足を曲げたら、三ツ巴の形になるよって、巴寝と言うわ。ちゃんと、覚えとけ！」

「はァ、勉強になります。どうぞ、ごゆっくり」

「そこを、ピシャッと閉めといて。さァ、寝よか。（蒲団に入って）これが、兵庫へ土産話になるわ。柄にも無う、大坂の宿屋で芸者を揚げて、隣りの侍から『お静かに』を食て、ビックリ寝に寝たというのが、話の種になる」

「しかし、今度の旅は面白かったな」

「『三人旅は、一人乞食』と言うて、三人で旅をすると、一人は退け者になるけど、わしらは気性合いや。ほんまに、こんなに面白い旅は無かったわ」

「この旅で嬉しかったのは、どこへ行っても、兵庫のことを知ってくれてた」

「それは、当たり前や。日本国中、兵庫を知らん者は無いわ。兵庫が有名というのは、良え相撲取りが出てるよってや」

「良え相撲取りが出たら、その土地が有名になるか?」

「相撲の番付は、相撲取りの名前の上に、どこそこの誰々と、出生が書いてある。自分の生まれた土地を頭の上にいただいて、日本国中を廻り歩いてるよって、良え相撲取りが出たら、その土地が有名になるわ」

「相撲やったら、須磨寺の坊ンさん。とうとう、相撲取りになったな」

「坊主が相撲に凝って、還俗して、玄人の相撲取りになった。シコ名が、捨衣。坊ンさんを止めて、捨衣やなんて、洒落てるわ。こないだ見に行ったけど、中々強かった。小兵でも、手取りや。相手の前ミツを取ったら、一寸やそっとでは離さん」

「一寸、待った！　相撲の話はええけど、わしの褌を引っ張るな」

「一遍摑んだら、離さん」

「おい、無茶をするな。ほんまに、やる気か?　本気で取ったら、お前らには負けんわ。後ろから、褌の紐を摑んで」

「それを、頭で捩じ上げて」

「一寸、待った！　本気で、相撲を取る奴があるか。立ったら、危ない。あァ、立った。しかし、よう取るわ。素人で、これだけ取れたら立派や。残った、残った！　ハッケヨイ、残った！　勝負あった！　痛いィ――ッ！」

「（ポンポンと、手を鳴らして）伊八ィ――ッ！　伊八ィ――ッ！」

「へェ――イ！　伊八っとん、八番さんや」

「あァ、またやがな。（襖を開けて）何か、御用で？」

「おォ、伊八か。敷居越しでは、話が出来ん。もそっと、これへ出え！　泊まり合わせし折、その方に銀一朱遣わしたな」

「最前から、アレばっかりや。確かに、頂戴致しました」

「あの折、その方に何と申した？　夜前は泉州岸和田・岡部美濃守様の御城下に於いて、浪花屋と言える間狭な宿へ泊まり合わせし所、何が雑魚も藻艸も一つに寝かせおって。巡礼が詠歌を唱えるやら、六部が経を詠むやら、駆落ち者がイチャイチャ申すやら、相撲取りが歯軋りを噛むやら。夜通し、身共を寝かせおらなんだ。今宵は間狭にてもよい故、静かな部屋へ案内をしてくれと頼んでおったのに、隣りの騒ぎは何じゃ！　ドンチャンドンチャンが済んだと思えば、今度は相撲。ドタンバタン！『勝負あった！　痛いィ――ッ！』とは、何事じゃ！　この分では、今宵も寝かしおるまい。早々に、静かな部屋へ取り替えてもらいたい！」

「最前も申しましたように、替わっていただくお部屋がございません。隣りの騒ぎを静めて参りますので、この部屋で、ご辛抱願います」

「あァ、何でもよい。眠くてならぬ故、一刻（いっこく）も早う静めてもらいたい！」

「暫く、お待ちを。（襖を開けて）えェ、お邪魔致します」

「よォ、伊八っとんか！　今度は、ワレと一番！」

「（制して）シャイ！」

「一体、どうした？　何ッ、隣りの侍？　すまん、謝る。大人しゅう寝るよって、あんじょう言うといて」

「ほんまに、宜しゅうに。（襖を開けて）あのように騒ぎを静めて参りましたが、如何でございます？」

「あァ、いかい造作であった。その方も、早う休むがよい」

「ヘェ、有難うございます」

「源兵衛の阿呆！　良え年して、大きな声で『ハッケヨイ、残った』やなんて」

「お前らが相撲を取ったら、わしが行司をするしか無いわ。皆が相撲好きやよって、どうしても話に力が入ってしまう。もう一寸、力の入らん話をしょうか？」

「力の入らん話とは、何や？」

「（小指を立てて）色事の話やったら、力が入らんわ。話が盛り上がれば盛り上がるほど、段々、声が小そなる」

「一寸、待った！　これが、色事の話をする顔触れか？　どう見ても、夜逃げの話をする顔触れや」

「阿呆なことを言うな。わしを忘れてもろたら、困るわ」

「その顔で、色事の話があるか？」

「色事は、顔と違うわ。男は、（顔を指して）ここより、（胸を指して）ここじゃ！」

「やっぱり、胃の丈夫な方が？」

「何を言うてる。わしの色事を聞いて、ビックリするな。人の嫁と、間男した。その辺りの嫁やのうて、侍の嫁や。お歴々の嫁と間男して、人を二人殺して、五十両の金を持ち逃げして、未だに捕まらん。同じ色事をするのやったら、これぐらいの色事をしてもらいたい！」

「何と、えらいことを言い出した。それは、いつのことや？」

「八年前、兵庫の親父をしくじって、高槻の叔父貴の所へ逃げたことがあったやろ」

「あァ、あった」

「叔父貴の商売は小間物屋で、高槻藩の武家屋敷を廻り歩いてた。わしも気兼ねやよって、荷物を背負て、お供をしたわ。暫くすると、商売の段取りもわかってくる。半月も経った頃、叔父貴が風邪で寝込んで、今日は休むと言うのを、『商売のコツもわかったよって、わしが一人で行ってくる』と言うて、荷物を背負て、一人で廻った。日が暮れ小前に行ったのが、高槻藩の重役で、小柳彦九郎という侍の屋敷。裏口から『小間物屋でございますが、御用の品はございませんか？』と言うて入って行くと、屋敷の中は、シィ――ンとしてる。帰ろとしたら、奥の方から、サヤサヤサヤと衣擦れの音。出てきたのが、ここの奥方や。それは別嬪で、髪は烏の濡れ羽色、三国一の富士額。鼻は高からず低からずで、色が抜けるほど白い。奥方が『これは良い所へ、小間物屋。旦那殿は、留守なり。女中共は皆、宿下がり。わらわ一人が、徒然の折。ちと其方に誂えのしたい品があるほどに、どうぞ、此方へ上がってたも』と来た。『左様ならば、御免なされて下さりませ』と、荷物を下ろして上がったら、通されたのが、奥にある奥方の居間や。わしが座ると、奥方が『コレ、小間物屋。其方、ササは食べぬかえ？』と仰るよって、『筍は食べますけど、笹は食べません』と」

「一体、何を言うてる。ササというたら、酒のことや」

「いつもやったらわかるけど、ボォ――ッとして、ケッタイなことを言うてしもた」

「源やんは酒が好きやよって、喜んで、よばれたやろ？」

「そこが、お前とは違うわ。『何ぼでも、よばれます』と言うたら、酒癖が悪いと思われるし、『いただきません』と言うのも愛想が無いよって、程の良え返事をして」

「一体、どう言うた？」

「『お酒でございますれば、いただけますれば、いただきますし、いただけませんければ、いただきません』と」

「ほんまに、ややこしい返事やな」

「奥方も吹き出して、『ササ、一つ』と、盃をくれて、お酌までしてくれた。『奥様のお酌で、恐れ入ります』と言うて、キュッと呑んだら、『コレ、小間物屋。その盃、わらわに、たもらぬか？』『あァ、失礼致しました』と、盃洗の水で盃を洗て、『ご返盃』と、盃を返した。わしが注ぐと、奥方がキュッと呑んで、此方へ返す。此方がキュッと呑んで、向こうへ。向こうがキュッと呑んで、此方へ返す。此方がキュッ！」

「いつまで、やってる！」

「奥方と遣ったり取ったりしてる内に、相手は女子や。酒の酔いが、ポッと顔に出てくる。色の白い所へ赤味が差すよって、顔はホンノリ桜色。大坂の火事を、枚方から眺めてるような塩梅や。わしも酔うてきたけど、此方は地が黒いよって、顔はクッキリ桜の皮色という、ややこしい色になる。頃合は良しと思た所で、『さて、奥様。お誂えの品は？』『コレ、小間物屋。其方が初めて当家へ見えし折、女中共の噂話。フと垣間見た、その姿。ても良き殿御と、思い染め』」

「一寸、待った！　話の腰を折ってすまんけど、ても良き殿御とは、誰のこと？」

「お前は、話を聞いてないか？　（自分を指して）これや！」

「（源兵衛を指して）えッ、これか？」

「コラ、指を指すな」

「八年前は、ても良き殿御？」

「そうや」

「八年の間に、何があった？」

「喧しい！　その時分は若て、良え男やったわ。『寝ては夢、醒めては現、幻の。煩悩の犬は追えども去らず、菩提の鹿は招けども来たらず。日毎に募る、この思い。どうぞ、この恋、叶えてたも』と来た」

「わァ、えらいことになったわ！　源やん、喜んだやろ？」

「何の、喜ぶか。『あなた様とは、身分が違います。〔提灯に釣り鐘、月とスッポン。釣り合わぬは、不縁の元〕と申します』『ならば、この恋、叶わぬか？』『この儀ばかりは、お許しを』。暫く考えて、『女の口から、このようなことを言い出して、恥ずかしい。思い叶わぬ、その時は！』。帯の間から、懐剣を取り出して、鞘を払て、喉へ突き立てようとする。その手を摑んで、『何ということをなさいます！　それは、あんまり、ご短慮な』『ならば、この恋、叶えてたもるか？』『その儀ばかりは、お許しを』『そんなら、死のうか？』『さァ、それは』『さァ！』『さァ！』『さァさァさァ、小間物屋！返事は、どうじゃ？』（役者気取りになって）『是非に及ばぬ！』」

「コレ、芝居してるのやないわ」

「とうとう、ややこしいことになってしもた。その折に、間の唐紙が、サッと開く。飛び込んできたのが、小柳彦九郎の弟で大蔵という、家中きっての剣術の遣い手。『姐上は、淫ら千万。不義の相手は、小間物屋。そこを動くな！』と言うと、長い奴をズラッと抜いて、追い掛けてきた。斬られてたまるかと思て、縁側へ走って逃げたら、後ろから大蔵が『待てェ━━ッ！』。刀を大上段に振り上げて、追い掛けてくる。わしが庭へ、ポォ━━ンと飛んで逃げたら、大蔵も飛び下りようとした。廊下が拭き込んであって、足袋が新。ズデンドウと引っ繰り返った時、刀を持つ手の肘を、庭石にぶつけた。わしの前へ、チャリンと刀が飛んできたわ。刀を拾い上げると、後は無我夢中。倒れてる大蔵を、（斬る振りをして）エェ━━イ！　奥方の顔色は、真っ青。『小間物屋、えらいことをしてくれた。もう、この家には居られぬ。わらわを連れて、逃げてたも』『えェ、宜しゅうございます！　こうなれば、毒食えば皿まで。唯、先立つ物がございません』『ここに五十両の金がある程に、これを其方に預けおく』『へェ、畏まりました』と、五十両を懐に入れると、奥方の手を引いて、裏木戸から逃げようと、植え込みの蔭まで来て、奥方を先に遣り過ごして、後ろからザックリ！」

「コレ、無茶をするな！　何も、奥方まで殺さんでもええわ」

「別嬪を連れて逃げて、行く先々の宿屋で楽しもうと思ても、こんな足弱を連れてたら、直に捕まってしまう。此方の命が大事やよって、一思いにザックリ！　金を持って、シュ━━ッと逃げた。さァ、どうや？　侍の嫁と、間男した。人を二人殺して、五十両の金を持ち逃げして、未だに捕まらん。同じ色事をするのやったら、これぐらいのことをしてもらいたい！」

「へェ━━ッ！　清やん、聞いた？　源やんが、こんな色男とは知らなんだ。ほんまに、源やんは色事師や。（節を付けて）源やんは、色事師！　色事師は、源やん！　源やんは、色事師は、源やん！」

「（ポンポンと、手を鳴らして）伊八ィ━━ッ！　伊八ィ━━ッ！」

「へェ――――イ！　伊八っとん、八番さんや」

「ほんまに、寝かせよらんな。（襖を開けて）何か、御用で？」

「おォ、伊八か。敷居越しでは、話が出来ん。もそっと、これへ出え！　泊まり合わせし折、その方に銀一朱遣わしたな？」

「あァ、もらわなんだら良かった。確かに、頂戴致しまして」

「あの折、その方に何と申した！」

「夜前は泉州岸和田・岡部美濃守様の御城下に於いて、浪花屋と言う間狭な宿へお泊まりになりまして」

「黙れ、黙れ！　それは、身共より申す所じゃ。この家に泊まり合わせし折、身共は明石の藩中にて、萬事世話九郎と申したな？」

「宿帳にも、そのように書いてございます」

「それは、世を忍ぶ仮の名。誠、高槻の藩中にて、小柳彦九郎と申す！」

「何で、お名前を替えて？」

「おォ、さればさ。八年以前、妻・弟が人手に掛かり、逆縁ながら仇討ちと、諸所方々を経巡った。伊八、喜んでくれ。今宵、図らずも、仇の在り所がわかったわい！」

「それは、おめでとうございます。仇は、どこに居りますので？」

「隣りの部屋の、三人連れ。中なる源兵衛といえる者が、妻・弟の仇に紛れなし！　今、己の口から吐きよった。先方より、仇と名乗って討たれに来るか、この方より踏み込んで討つか。二つに一つの返答を、即刻、聞いて参れ！」

「わァ、えらいことになってるわ！　暫く、お待ちを！　（廊下へ出て）あァ、何という客を引き受けた。

（襖を開けて）えェ、お邪魔致します」

「（節を付けて）源やんは、色事師！　色事師は、源やん！　わァ、すまん！　スッと、大人しゅう寝る」

「今度は、起きてもらわんと困ります。この中で、源兵衛という御方は？」

「源兵衛は、わしや」

「八年程前、高槻の方で、お間違いがあったそうで？」

「何や、聞いてたか。源やんは色事師で、侍の嫁と間男して、人を二人殺して」

「もし、ダメ押しをしなはんな。隣りの部屋のお侍が、高槻藩の小柳彦九郎という御方ですわ。『八年の間、妻・弟の仇を捜し歩いた。ここで逢うたが、百年目。仇と名乗って討たれに来るか、此方から踏み込もうか。二つに一つの返事を聞いてこい！』と仰いましたけど、何方にしなはる？」

「隣りの侍が、小柳彦九郎？　また、拍子の悪い奴が泊まってけつかる。いや、アレは嘘や。散財しては怒られ、相撲を取っては怒られ、若い者が宵寝も出来ん。女子の話をすることになったけど、そんな話は無いわ。三十石の船の中で、隣りの人が面白い話をしてるのを小耳に挟んだのを、我が事のようにして言うたまでや。この顔を、女子が惚れると思うか？　嘘やよって、あんじょう言うといて」

「嘘やったら嘘で宜しいけど、しょうもない嘘を吐きなはんな。その通りに言うてみますけど、えらい怒ってはるよって、承知しはるかどうか、わかりませんわ。ほな、行ってきます。（襖を開けて）えェ、行って参りました」

「さァ、何と申しておった！」

「本人に聞きましたら、『アレは嘘や』と申しております。三十石の船の中で聞いた話を、我が事のようにして言うたまでやそうで。顔を見ましても、大それたことの出来るような者には見えませず。嘘が、ほんまかと思います。どうか、お聞き流し下さいませ」

「黙れ、黙れ！　この期に及んで、嘘じゃ何ぞとは、卑怯未練な奴。最早、問答無用。踏み込んで、討つ！」

「暫く、お待ちを！　そのようなことをされますと、『あの宿屋で、血が流れた。人殺しがあった』と言われて、手前共の商いに障ります。どうか、お待ち下さいませ！」

「おォ、左様であった。『鹿を追う猟師、山を見ず』の譬え。然らば、明日の正巳の刻、日本橋にて出合い仇と致そう。連れの二人は、朋友の間柄であれば、定めし、『助太刀を致す』と申すであろう。『助太刀は、幾何十人あっても苦しゅうない』と、左様伝えよ。助太刀をするせんに拘らず、ついでに二人の首も撥ねてしまう。その方に、三人を預け置く。一人たりとも逃がしなば、家内中、撫で斬りに致す故、左様心得よ！」

「どうか、お静かに！（襖を開けて）えェ、行って参りました」

「あァ、あんじょう言うてくれたか？」

「いや、あきません！　頭から湯気を立てて、えらい勢いで怒ってはります。『嘘じゃなんぞとは、卑怯未練な奴。踏み込んで、討つ！』と仰るのを、私が止めまして、明日の正巳の刻、日本橋で出合い仇になりました。お侍が、『連れの二人も、助太刀致すであろう』と言うてはりましたわ」

「せえへん、せえへん！　助太刀なんか、するかいな。わしらは、連れと違うわ。源兵衛という人は、誰？」

「薄情なことを言いなはんな。『助太刀をするせんに拘らず、ついでに二人の首も撥ねてしまう』と」

「何ッ、ついで？　コラ、源兵衛！　お前が、しょうもないことを言うよって、ついでに首を撥ねられてしまうわ。アノ、一寸」

「もし、どこへ行きなはる？」

「一寸、お手水へ」

「いや、行ってもろたら困ります。『一人でも逃がしたら、家内中、撫で斬りにする』と言われてますよって、この部屋を出てもろたら困ります」

「もう、辛抱が出来ん！」

「ほな、ここへ溲瓶を持ってきますわ」

「実は、大きい方や」

「ほな、オマルを持ってきます」

「そんな物では、ようせん」

「ほな、床の間へでもしなはれ。この部屋を、一足も出てもろたら困りますわ！」


三人は真っ青になって、震え上がってしもた。

そうなると、却って、お侍は胆が据わるものか、グゥ━━ッと高鼾で寝てしまう。

ガラリ夜が明けて、明くる朝。

お侍は、早うに目を覚ますと、嗽手水で身を清めて、朝ご飯も十分にお食べになって、旅仕度を調える。

「（ポンポンと、手を鳴らして）伊八ィ━━ッ！　伊八ィ━━ッ！」

「へェ――イ！　あの声は、生涯、よう忘れんわ。もう、名前を替えたろ。（襖を開けて）えェ、お早うございます」

「おォ、伊八か。夜前は、いかい造作になった。これは決めの宿銭で、これは些少ながら、その方への茶代じゃ」

「有難く、頂戴致します」

「縁あらば、また参るであろう。あァ、さらばじゃ！」

「暫く、お待ちを！　一寸、そこを開けなはれ。どうぞ、御覧下さいませ。廊下に、隣りの部屋の三人を並ばしております。逃げんように、縄で縛って、源兵衛・清八・喜六。三人は、如何致しましょう？」

「ほゥ、えらい形を致しておるな。発ちたいと申さば、発たせてやれ。泊まりたいと申さば、泊めてやるがよかろう」

「へッ、日本橋の出合い仇の一件は？」

「何ッ、出合い仇？　伊八、許せ。アレは、嘘じゃ」

「えッ、嘘ォ！　あァ、そんな殺生な。此方も嘘やったら、お武家様も嘘やなんて。お宅らは嘘の吐き合いで宜しいけど、夕べは家内中、一日も寝ておりません。何で、そんな大きな嘘を吐きはりました？」

「伊八、許せ。あのように申さねば、また夜通し、寝かせよるまい」

『宿屋仇』解説

この落語は、元禄時代の浄瑠璃・歌舞伎作家の近松門左衛門が創作した『堀川波の鼓』の、鳥取藩士・小倉彦九郎の仇討ち物語を採り入れ、大坂日本橋の宿屋のドタバタ騒動に仕立て上げた物語です。

『東の旅』は『三十石夢の通い路』で完結していますし、『三人旅』で登場した源兵衛まで同道している上、喜六・清八が兵庫の者という設定になっているだけに、『東の旅』には入れにくいのですが、お伊勢参りの帰りということで、『東の旅』の番外編として、付け加えられました。

東京落語では『宿屋の仇討』と言い、三代目桂三木助の名演が有名です。

因みに、このネタとは別に、五代目古今亭志ん生が演じ、同じような趣向の『庚申待』という落語があるのを御存知でしょうか？

庚申の日（※帝釈天の縁日）の夜、仏教徒は帝釈天や青面金剛を、神道は猿田彦を祀り、寝ずに過ごす風習があり、「その夜に眠ると、身体に居る、三尸の虫（※道教で、人の腹中に棲んでいると言われる三匹の虫で、庚申の夜、人が眠っている間に天へ上り、その者の罪悪を告げる）が現れ、命を縮める」と言われているため、皆が寝ないことを題材に纏められたのが、『庚申待』というネタになりました。

庚申待の晩に泊めた侍により、一晩中寝られないという趣向や、オチも同じです。一つのオチで、幾つもの落語に枝分かれするということも時折ありますが、この二つのネタは代表的な例と言えましょう。

『宿屋仇』を演じるのは大変難しく、約三十年前、桂米朝師が旅先で「一度でええよって、『宿屋仇』を気持ち良う演ってみたい」と仰ったことを聞き、私の師匠・桂枝雀が「最近、『宿屋仇』を調子良う演れると思てたけど、まだまだ先は長いなァ」と、溜め息を吐いた姿が忘れられません。

台詞の言葉数も多く、それも緻密に組み上げられ、登場人物の演じ分けも大変です。

登場人物の喜怒哀楽が、これほど鮮やかに描かれている落語も少ないでしょう。

古い速記本で目にすることも多く、四代目笑福亭松鶴の「笑福亭松鶴落語全集」（三芳屋書店）では、細かい演出で紹介されていますし、二世曾呂利新左衛門の「滑稽大和めぐり」では、お伊勢参りの帰路の伊勢別街道辺りの宿場が舞台になっています。

喜六・清八・源兵衛が、酒を呑んで騒ぐ場面で使うハメモノの『負けない節』は、曲の強弱を付けることで、隣り座敷との遠近感を出しているため、長編に一箇所入るだけのハメモノですが、極めて効果的な使われ方になっていると言えましょう。

まとめとして

桂　文我

『東の旅』、如何でしたか？

ある時、「何故、私は『東の旅』にこだわるのか？」と思い、改めて思い返すと、「三重県松阪市生まれで、伊勢の近くで育ったことも否めないが、幼い頃、『東海道中膝栗毛』を貪るように読んだことが大きかった」ということに、気が付きました。

江戸時代、彌次郎兵衛・喜多八が、お伊勢参りの旅をしている様子を、子ども心に想像し、夢見心地になっていたことを思い出しながら、この度、落語バージョンで体験し直すことは、とても充実した作業となったのです。

但し、旅ネタは『東の旅』だけではなく、西の旅は『播州巡り』『兵庫船』、北の旅は『池田の猪買い』『池田の牛ほめ』、南の旅は『紀州飛脚』『南海道牛かけ』、異国の旅は『島巡り』、天の旅は『月宮殿星の都』、海中の旅は『龍宮界龍の都』、冥土の旅は『地獄八景亡者戯』と、数多くあるだけに、改めて、そのような旅ネタの本も刊行出来ればと考えていますが、どうなりますことやら……。

最後になりましたが、元版の刊行に於いて、木目の細かい添削を繰り返して下さった青蛙房（あぼう）・加藤千秋さんと、「一筆、お願い出来ませんでしょうか？」という依頼を快諾していただき、玉稿を寄せて下さいました神崎宣武先生、素敵な写真を提供していただきました写真家・御堂義乗氏、そして、この度（たび）、改訂版発刊にあたり、ご理解・ご協力いただきました、パンローリングの後藤康徳社長、岡田朗考部長、鈴木綾乃さん、校正の大沼晴暉氏に、厚く御礼を申し上げます。

著者近影（撮影／御堂義乗）

■著者紹介

四代目 桂 文我（かつら ぶんが）

昭和35年８月15日生まれ、三重県松阪市出身。昭和54年３月、二代目桂枝雀に入門し、桂雀司を名乗る。平成７年２月、四代目桂文我を襲名。全国各地で、桂文我独演会・桂文我の会や、親子で落語を楽しむ「おやこ寄席」も開催。平成25年４月より、相愛大学客員教授に就任し、「上方落語論」を講義。国立演芸場花形演芸大賞、大阪市咲くやこの花賞、NHK新人演芸大賞優秀賞、芸術選奨文部科学大臣新人賞など、多数の受賞歴あり。

・主な著書

『復活珍品上方落語選集』（全３巻・燃焼社）
『桂文我 上方落語全集 第一巻』（パンローリング）
『らくごCD絵本　おやこ寄席』（小学館）
『落語まんが　じごくごくらく伊勢まいり』（童心社）
『ようこそ！　おやこ寄席へ』（岩崎書店）など。

・主なオーディオブック（CD）

『桂文我 上方落語全集 第一巻【上】』
『桂文我 上方落語全集 第一巻【下】』
『上方落語 桂文我 ベスト ライブシリーズ１』
『上方落語 桂文我 ベスト ライブシリーズ２』
『おやこ寄席ライブ 1～10』（いずれもパンローリング）など。
他に、CDブック、DVDも多数刊行。

本書は『上方落語『東の旅』通し口演　伊勢参宮神賑』（2014年10月、青蛙房）を加筆修正したものです。

2021年1月2日　初版第1刷発行

上方落語『東の旅』通し口演　伊勢参宮神賑

著　者　桂文我
発行者　後藤康徳
発行所　パンローリング株式会社
〒160-0023　東京都新宿区西新宿7-9-18　6階
TEL 03-5386-7391　FAX 03-5386-7393
http://www.panrolling.com/
E-mail　info@panrolling.com
装　丁　パンローリング装丁室
組　版　パンローリング制作室
印刷・製本　株式会社シナノ

ISBN978-4-7759-4243-7